Sizilien
im Spiegel antiker Zeugnisse

Ein kulturhistorischer Reisebegleiter

Kurt Roeske

SIZILIEN
im Spiegel
antiker Zeugnisse

Ein kulturhistorischer
Reisebegleiter

Mit einer Einführung von Erika Simon

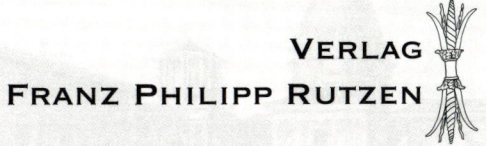

VERLAG
FRANZ PHILIPP RUTZEN

Der Autor dankt der Gerd und Margarethe Krämmer Stiftung, Mainz
sowie der Franz-und-Eva-Rutzen-Stiftung für die finanzielle Unterstützung
der Vorarbeiten zu diesem Buch.

©2011 Verlag Franz Philipp Rutzen
Ruhpolding und Mainz

Mein Verlagsprogramm finden Sie unter: http://www.rutzen-verlag.de
Sie erreichen mich per E-Mail: franz-rutzen@t-online.de

ISBN 3-447-06436-6 · EAN 9783447064361

Gestaltung des Umschlags: Gerd Habel, scancomp

Satz und Litho: stm-media GmbH, Köthen

Herstellung: druckhaus köthen

Printed in Germany / Imprimé en Allemagne
Printed on fade resistant and archival quality paper (PH 7 neutral) · tcf

Meinen akademischen Lehrern
Harald Patzer
und
Heinrich Weinstock
In Dankbarkeit

Kontinuität

... lehrt Rom: Es gibt sie nicht?
Weil ein Imperium untergeht?
Und selbst ein Marmor, noch im Licht
... auch Sterbe-Nähe schon umweht?
Nein! Der Mensch – nicht Stein
bemisst der Dinge Wert und Zeit!

Rolf Hochhuth

INHALTSVERZEICHNIS

Einführung		11
Vorwort		13
1. Kapitel.	Skylla und Charybdis, Laistrygonen und Kyklopen	15
	1, 1 Die Besiedlung Siziliens	15
	1, 2 Skylla und Charybdis	16
	1, 3 Die Laistrygonen und die Kyklopen	18
	1, 4 Homer und Thukydides	18
2. Kapitel.	Sikaner und Elymer, Sikuler und Phönizier	20
	2, 1 Die Besiedlung Siziliens – Fortsetzung	20
	2, 2 Die Sikaner, Trinakria und Helios	20
	2, 3 Die Elymer, die Trojaner und Vergil	21
	2, 4 Die Sikeler	23
	2, 5 Die Phönizier	23
3. Kapitel.	Die Ankunft der Griechen	25
4. Kapitel.	Himera: Phönizier und Griechen	31
5. Kapitel.	Himera: Stesichoros und Pindar	34
6. Kapitel.	Die Römer	37
	6, 1 Geschichte und Verwaltung	37
	6, 2 Die Sklavenaufstände	38
7. Kapitel.	Palermo: die Metopen aus Selinunt	45
	7, 1 Ankunft	45
	7, 2 Mythen	45
	7, 3 Die Welt der Götter	46
	7, 4 Zeus und Europa (*Abb. 2*)	48
	7, 5 Perseus und die Medusa (*Abb. 3*)	50
	7, 6 Herakles und die Kerkopen (*Abb. 4*)	51
	7, 7 Die Götter und die Giganten (*Abb. 8*)	52
	7, 8 Zeus und Hera (*Abb. 5*)	52
	7, 9 Artemis und Aktaion (*Abb. 6*)	53
	7, 10 Herakles und die Königin der Amazonen (*Abb. 7*)	54
8. Kapitel.	Egesta – Segesta	55
	8, 1 Die Egestaier als Täter	55
	8, 2 Die Egestaier als Opfer der Griechen	56
	8, 3 Die Segestaner als Opfer der Römer	57
	8, 4 Diana und Artemis	60
	8, 5 Der Tempel (*Abb. 10*) und das Theater	60
9. Kapitel.	Der Eryx und das Heiligtum der Astarte	63
	9, 1 Herakles und die Instrumentalisierung des Mythos	63
	9, 2. Astarte und die Tempelprostitution	64

10. Kapitel. Selinus – Selinunt 66
    10, 1   Daten zur Geschichte 66
    10, 2   Die Tempel (*Abb. 9*) 68
    10, 3   Mysterien 70
    10, 4   Demeter Malophoros und Zeus Meilichios 71
11. Kapitel. Akragas – Agrigent 74
    11, 1   Auf dem Weg nach Akragas: Minoa Eraclea 74
    11, 2   Der Reichtum der Stadt Akragas 75
    11, 3   Phalaris und sein Stier (*vgl. Kap. 5*) 76
    11, 4   Theron und Pindar 77
    11, 5   Die Zerstörung der Stadt durch die Karthager 80
    11, 6   Die Eroberung durch die Römer 81
    11, 7   Empedokles und die Vorsokratiker 82
    11, 8   Polos und Sokrates 85
12. Kapitel. Akragas: das Tal der Tempel 87
    12, 1   Der sog. Tempel der Juno Lacinia
           und das Ritual des Opfers 87
    12, 2   Der sog. Tempel der Concordia (*Abb. 11*) 89
    12, 3   Der sog. Heraklestempel und die Polychromie 90
    12, 4   Das sog. Grabmal des Theron
           und der Asklepiostempel 91
    12, 5   Der Tempel des Olympischen Zeus 92
13. Kapitel. Akragas: das Heiligtum der chthonischen Gottheiten
            und der Tempel des Hephaistos 95
    13, 1   Das Heiligtum der chthonischen Gottheiten 95
    13, 2   Therons Süßwassersee und der Tempel
           des Hephaistos 98
14. Kapitel. Akragas: die Agora und der Phaidra-Sarkophag 100
    14, 1   Die Agora 100
    14, 2   Der Phaidra-Sarkophag 101
15. Kapitel. Die Villa del Casale in Piazza Armerina 104
    15, 1   Auf dem Weg nach Piazza Armerina: Gela 104
    15, 2   Die Geschichte der Villa 105
    15, 3   Das Peristyl: Die Hausgötter und Orpheus 107
    15, 4   Das Ambulacrum: Die große Jagd 107
    15, 5   Wohnbezirke: Odysseus und Arion 108
    15, 6   Das Triclinium und Herakles 111
    15, 7   Die Kultur des Muße 113
16. Kapitel. Die Villa del Casale: die Thermen 115
    16, 1   Thermen 115
    16, 2   Die Thermen der Villa del Casale 117
17. Kapitel. Enna: Ceres und die „Religio" der Römer 119

18. Kapitel. Syrakus: Geschichte und Kultur   122

         18, 1   Gründung und Stadtentfaltung   122

         18, 2   Hieron I. und die Dichter der Chorlyrik   123

         18, 3   Athens sizilische Expedition (415–413 v. Chr.)   128

         18, 4   Dionysios I., Dionysios II., Platon und Aristipp   131

         18, 5   Dionysios II., Schillers „Bürgschaft"

                  und das Schwert des Damokles   136

         18, 6   Glanz und Elend: Syrakus von 344–212 v. Chr.   137

         18, 7   Theokrit und die Geburt der Bukolik   138

         18, 8   Archimedes, Mathematiker, Physiker

                  und Konstrukteur   141

19. Kapitel. Syrakus: Ciceros Stadtbeschreibung   146

20. Kapitel. Syrakus: Ortygia   148

         20, 1   Die Arethusaquelle (*Abb. 14*)   148

         20, 2   Der Apollon- und der Athenatempel (*Abb. 12*)   152

21. Kapitel. Syrakus: Der Archäologische Park   156

         21, 1   Das griechische Theater (*Abb. 13*)   156

         21, 2   Das römische Amphitheater   159

         21, 3   Der Altar des Hieron

                  und das „Ohr des Dionysios" (*Abb. 15/16*)   162

22. Kapitel. Syrakus: die Kyanequelle   164

23. Kapitel. Der Ätna   166

         23, 1   Auf dem Weg zum Ätna: Gorgias aus Leontinoi   166

         23, 2   Der Ätna   170

24. Kapitel. Taormina – Nausikaa   178

25. Kapitel. Messana/Messene/Messina – Euhemeros   181

Zitate antiker Autoren   185

Synopsis zu Literatur, Philosophie/Religion, Wissenschaft   188

Antike Namen   189

Orte in Sizilien   214

Glossar zur Architektur   216

Literatur   218

Abbildungsnachweis   224

Einführung

Als mir der Verleger Franz Philipp Rutzen das Manuskript des vorliegenden Buches sandte, machte ich mich ans Lesen und konnte damit nicht aufhören bis zum letzten Kapitel (25). So faszinierend hat Kurt Roeske über das antike Sizilien geschrieben. Er lässt griechische und römische Dichter zu uns sprechen, dazu Redner, Historiker und Philosophen, fast immer in seiner eigenen Übertragung. Sie ist sprachlich und sachlich hervorragend und trägt zum einheitlichen Charakter des Werkes bei. Zusammen mit den antiken Texten führen die glänzenden Kommentare des Verfassers durch die wechselvolle Geschichte der Insel bis zur Spätantike. Darüber hinaus kommt Goethe mit seinen Reisenotizen zu Wort und J. G. Seume mit seinem „Spaziergang nach Syrakus". Natürlich fehlt auch Schillers „Bürgschaft" nicht im Zusammenhang mit Dionysios II von Syrakus (18, 5). Besonders oft ist Cicero zitiert, der als römischer Quästor wie als Ankläger gegen Verres mit Sizilien vertraut war.

Durch die klare Art der Darstellung lernen wir wie nebenbei über die Geburt von Chorlyrik und Bukolik durch Stesichoros und Theokrit. Die beiden genialen Dichter, der früharchaische und der hellenistische, erscheinen in den Kapiteln über ihre Heimatstädte Himera (5) und Syrakus (18, 7). Gleiches gilt für den Naturphilosophen Empedokles von Akragas (11, 7), den Physiker Archimedes von Syrakus (18, 8) und den Redner Gorgias von Leontinoi (23, 1), den Begründer des Faches Rhetorik. Wir kennen seinen Namen aus dem Dialog des Platon, der selbst drei Reisen nach Sizilien unternommen hat (18, 4).

Dichter aus dem Mutterland wurden von Herrschern wie Theron (11, 4) und Hieron (18, 2) eingeladen, so die Chorlyriker Pindar, Simonides und Bakchylides. Sie verfassten Oden auf die Siege von Mitgliedern der Tyrannenfamilie bei Pferde- und Wagenrennen in Olympia und Delphi. Die Lieder wurden in Chören aufgeführt. Der Tragiker Aischylos wiederholte eine Aufführung seiner „Perser" im Theater von Syrakus und verstarb in Gela (15, 1; 21, 1).

Der Verfasser gab den Städten Akragas (11–14) und Syrakus (18–22) zu Recht mehr Kapitel als den übrigen Orten. Zwar sind auch in Segesta (8) und Selinunt (10) großartige Beispiele antiker Architektur zu sehen. Doch die Städte selbst existieren nicht mehr, im Gegensatz zu Agrigent und Syrakus. Der dortige frühklassische Athenatempel blieb erhalten, da er in eine frühchristliche Basilika verwandelt wurde (20, 2). Während der arabischen Zeit diente er als Moschee und seit 1093 als Bischofsdom. Es handelt sich also um ein Bauwerk, in dem seit seiner Errichtung vor zweieinhalb Jahrtausenden bis heute ununterbrochen Kult ausgeübt wurde. Das macht Syrakus unvergleichlich. Entsprechendes gilt für die Quelle Arethusa (20, 1), deren Kopf seit archaischer Zeit die Münzen der Stadt zierte (*Abb. 14*). Sie konnten in dem vorliegenden Buch nicht behandelt werden, doch sei angemerkt, dass sie zu den schönsten der Antike zählen. Noch heutige Künstler, die italienische Münzbilder entwerfen, stammen aus Sizilien.

Wie die Persönlichkeiten aus Geschichte und Literatur so treten auch die mythischen Gestalten in Kapiteln über bestimmte Orte auf. Da die Metopen aus Selinunt im Museum von Palermo zu sehen sind, findet sich die Beschreibung ihrer Sagenbilder dort (7, 4–10). Ein eigenes Kapitel gilt den Tempeln, von denen sie stammen (10). So wird im Text immer wieder voraus- und zurückverwiesen, wodurch sich das Ganze überzeugend zusammenfügt. Eine Fülle von Mythen findet sich dargestellt in den Fußboden-Mosaiken der spätantiken Villa von Piazza Armerina (15, 3–6). Auch über den Ätna und seine vulkanische Tätigkeit wurde viel Mythisches erzählt. Der Autor übersetzt dazu unter anderem Texte aus Hesiod und Pindar (23).

In einer ganzen Reihe von Kapiteln spielt die Religion eine wichtige Rolle. So gilt ein interessanter Beitrag dem Berg Eryx in Westsizilien mit seinem Aphroditekult, der aus dem Vorderen Orient stammte (9). Hauptgöttin Siziliens war Demeter, die auch von den Römern als Ceres hoch verehrt wurde — Sizilien war die Kornkammer Roms. Ein wichtiges Heiligtum der Göttin lag in Enna im Zentrum der Insel (17). Dort soll Hades die Tochter der Demeter geraubt haben. Die Getreidegöttin wurde schon vor der griechischen Kolonisation dort verehrt. Die antiken Mysterien und der Demeterkult sind auch im Zusammenhang mit Selinunt behandelt (10, 3–4).

Der Sieg über die Karthager bei Himera (4) fällt in das gleiche Jahr wie der Seesieg über die Perser bei Salamis (480 v. Chr.). Es folgte eine Epoche von rund zwei Generationen, die für die Griechen in Ost und West glücklich war. Diese Zeit ist in einer ganzen Reihe von Kapiteln präsent. Das Buch ist ein idealer Reisebegleiter nach Sizilien und gewiss auch allen willkommen, die an der Kultur der Antike interessiert sind.

Erika Simon

Vorwort

Ein Ehepaar hat die Mosaiken in der Villa del Casale in Piazza Armerina bewundert. Von den Holzstegen haben beide, der Mann und die Frau, fasziniert hinabgeschaut auf die lebendigen farbenprächtigen Darstellungen, interessiert haben sie den kundigen Erklärungen einer charmanten Führerin zugehört. Nun gönnen sie sich eine Pause bei einer Tasse Kaffee. Sie sind beeindruckt, aber nicht zufrieden. Zu viele Fragen, auf die sie gern Antworten hätten. Gab es Regeln für die Benutzung der Thermen? Namen schwirren ihnen durch den Kopf: Polyphem, Arion, Orpheus, von denen Homer, Herodot, Ovid erzählen. Wie soll man sich das alles merken? Man müsste es irgendwo nachlesen können.

Oder Akragas zum Beispiel: die vielen Götter, Zeus oder Jupiter, Aphrodite oder Venus. Was war das für eine Religion? Oder gab es eine griechische und eine römische Religion?

In der Tat: Man bedarf einiger Vorbereitung oder Nachbereitung, um mehr wahrzunehmen als Säulen, Metopen, Mosaiken. In Sizilien entfaltet sich der ganze Reichtum der antiken Kultur, nicht nur der Architektur und Kunst, sondern auch der Dichtung von Homer bis zu Ovid und der Philosophie von den Vorsokratikern bis zu Platon.

Das Buch will einen Beitrag zum Verständnis dessen leisten, was sich hinter dem äußerlich Wahrnehmbaren verbirgt. Es will die Antike lebendig machen, indem es ihren Autoren selbst so oft wie möglich das Wort erteilt.

In Sizilien verknüpfen sich die Namen der Orte mit Mythen, mit den Namen von Göttern und Heroen und mit den Namen bedeutender Persönlichkeiten der antiken Geistesgeschichte.

Die Straße von Messina ruft Skylla und Charybdis und mit ihnen Odysseus und Homer ins Gedächtnis, in Himera lernen wir Pindar und mit ihm die Chorlyrik kennen, in Akragas beschäftigen wir uns mit Empedokles und den Vorsokratikern, bei der Betrachtung des Phaidrasarkophags mit Euripides und der Tragödie. Syrakus war ein Zentrum griechischer Kultur: Aischylos´ „Perser" sind hier aufgeführt worden; Archimedes, der geniale Mathematiker, Physiker und Erfinder, hat hier gelebt, Theokrit, der Dichter der Bukolik, ist hier geboren worden, und Platon hat dreimal versucht, aus einem Tyrannen einen Philosophen zu machen, dreimal vergeblich. Der Sophist und Rhetor Gorgias stammt aus Leontinoi.

Viel Raum nimmt Sizilien in dem Geschichtswerk des Thukydides ein. Aufschlussreiche Detailkenntnisse verdanken wir Diodor, einem Sizilianer. Er war kein bedeutender Historiker, aber er ist ein wichtiger Informant.

Zu den Persönlichkeiten, die mit der Geschichte Siziliens verknüpft sind, gehört der Römer M. Tullius Cicero. Er prozessierte gegen C. Verres, der als Prätor im Auftrag Roms die Provinz Sizilien verwaltet und dabei schamlos ausgebeutet hat. Cicero vertritt in dem Prozess das andere Rom, das den Untertanen Gerechtigkeit widerfahren lässt, das sich dessen bewusst ist, was es den unterworfenen Griechen und ihrer Kultur verdankt. Cicero selbst war einer der hervorragendsten Vermittler ihres Erbes an die Römer.

Die Geschichte Siziliens ist eine Geschichte der Kriege und Schlachten, der Siege und Niederlagen und eine Geschichte unvorstellbarer Grausamkeiten, die Menschen einander angetan haben, Phönizier den Griechen und Griechen den Phöniziern, Griechen den Griechen, Römer den Sklaven und Sklaven den Römern. Sie sollen nicht verschwiegen werden.

Wenn es dem Buch gelingt, einen Begriff von der Bedeutung Siziliens in der Antike zu vermitteln und dazu zu ermuntern, den einen oder anderen griechischen oder lateinischen Autor zur Hand zu nehmen, um ihn näher kennenzulernen, hätte es seinen Zweck mehr als erfüllt.

Dass auch die bewundernswerten antiken Baudenkmäler, insbesondere die großartigen Tempel, gebührend gewürdigt werden, ist selbstverständlich.

Die Anregung zu diesem Buch verdanke ich den Gruppen der „Freunde der Universität Mainz", mit denen ich durch Sizilien gereist bin. Ihre Fragen haben mich ermutigt, die Fahrten am Schreibtisch noch einmal nachzuvollziehen und zu notieren, was wir an Ort und Stelle gelesen, besprochen und diskutiert haben.

Das Buch bietet keine eigenen Forschungen. Es stützt sich auf die im Verzeichnis aufgeführte Literatur. Es wendet sich an alle, die an der antiken Kultur interessiert sind. Es setzt keine Vorkenntnisse voraus.

Die Texte habe ich, sofern nicht anders angegeben, selbst übersetzt.

Ein Wort zu den Eigennamen: Aischylos, Achaier, Phaiaken oder Äschylus, Achäer, Phäaken? Im Allgemeinen ist die griechische Form gewählt worden, die lateinische dort, wo sie sich im Sprachgebrauch eingebürgert hat, also Ödipus statt Oidipus, Böotien statt Boiotien, Delphi statt Delphoi. Die Entscheidung ist gewiss subjektiv und angreifbar.

Ein herzlicher Dank gilt Frau Professor Dr. Dr. h. c. Erika Simon, die den archäologischen Teil kritisch gelesen und, wo nötig, korrigiert hat. Ihr sowie Herrn Verleger Franz Philipp Rutzen danke ich für die Auswahl der Bilder, Herrn Rutzen nicht zuletzt für die Betreuung und Gestaltung des Buches. Er hat meine Idee aufgegriffen und immer wieder beharrlich darauf bestanden, sie zu realisieren. Dass das Buch nun erscheint, ist sein Verdienst.

1. Kapitel

Skylla und Charybdis, Laistrygonen und Kyklopen

1, 1 Die Besiedlung Siziliens

Wer Sizilien kennt, wird sich nicht wundern, dass die Insel – man möchte sagen – schon von jeher Menschen angezogen hat. Sie war schon lange bewohnt, als vor ca. dreißigtausend Jahren die ersten Werkzeuge hergestellt wurden. Im 10. Jahrtausend entstanden Höhlenmalereien. Die Minoer integrierten die Insel in ihr Netz von Handelsbeziehungen. Sie hatten in der ersten Hälfte des 2. Jahrtausends v. Chr. ihr Herrschaftszentrum auf der Insel Kreta. Minoer nennt man sie nach einem König, der angeblich Minos hieß, tatsächlich bedeutete der Name wohl nichts anderes als „Herrscher". Der Name der Stadt Minoa Eraclea an der Südküste Siziliens bewahrt die Erinnerung an die frühen Kontakte der Inseln untereinander (vgl. Kap. 11, 1). In der zweiten Hälfte dieses Jahrtausends mussten die Minoer den Mykenern weichen. Mykene in der Peloponnes war eines ihrer Machtzentren. Es war ihnen gelungen, ihre Herrschaft auf Kreta auszudehnen.

Über die Besiedlung Siziliens informiert uns der griechische Historiker Thukydides, der in der zweiten Hälfte des 5. Jahrhunderts v. Chr. lebte. In seinem Geschichtswerk schildert er die Ereignisse des Peloponnesischen Krieges, in dem sich von 431–404 v. Chr. die beiden mächtigsten Stadtstaaten der damaligen Zeit, Athen und Sparta, gegenüberstanden. Der Bericht des Thukydides beginnt folgendermaßen:

„Sizilien war schon seit alter Zeit besiedelt, insgesamt hatten folgende Stämme die Insel besiedelt: Die ältesten Einwohner sollen in einem Teil des Landes die Kyklopen und die Laistrygonen gewesen sein. Was sie betrifft, so kann ich weder über ihre Abstammung etwas sagen, noch, woher sie eingewandert, noch, wohin sie ausgewandert sind. Man muss sich mit dem begnügen, was die Dichter berichtet haben, oder mit dem, was jeder selbst über sie in Erfahrung gebracht hat."

6,2,1

Wer sich mit den Griechen beschäftigt, wird auf Homer verwiesen. Ihn meint Thukydides in erster Linie, wenn er von „den Dichtern" spricht. Über die Laistrygonen und die Kyklopen erfahren wir etwas in der „Odyssee", dem Epos, das von der Heimfahrt des griechischen Helden Odysseus nach der Zerstörung Trojas handelt. Bald nach 700 v. Chr. dürfte das Werk entstanden sein. Bevor wir uns mit diesen Unholden beschäftigen, wenden wir uns zwei Scheusalen zu, die diesseits und jenseits des Sundes hausen, der Sizilien von Italien trennt.

1, 2 Skylla und Charybdis

Wenn man auch den Versuchen, die Fahrtroute des Odysseus auf der Land-
karte zu verorten, eine Absage erteilen muss, so darf man doch mit Sicherheit
annehmen, dass sich in der Erzählung die Zeit der in den Westen ausgreifen-
den Kolonisation spiegelt. Immer schon und mit Recht hat man die gefähr-
liche Enge zwischen Skylla und Charybdis, die Odysseus zweimal passiert,
mit der Straße von Messina identifiziert. Vor den Gefahren, die sie für die
Seefahrer birgt, wird Odysseus gewarnt.

> *„Von zwei Klippen ragt die eine bis weit in den Himmel*
> *Mit ihrem spitzen Gipfel, und rings umhüllt sie eine*
> *Dunkle Wolke; niemals weicht sie, und niemals erhellt den*
> *Gipfel die Helle des Tages, im Herbst nicht und auch nicht im Sommer.*
> *Keiner der sterblichen Menschen kann den Fuß auf sie setzen,*
> *Kann sie besteigen, selbst wenn er zwanzig Hände und Füße*
> *Hätte; denn glatt ist der Fels, als wäre er ringsum behauen.*
> *Mitten in der Klippe befindet sich eine Höhle,*
> *Sie ist dunkel, gewandt zur Unterwelt hin, nach Westen …*
> *Selbst wenn ein rüstiger Mann mit dem Pfeil auf die hohle Grotte*
> *Zielte von seinem gewölbten Schiff aus, er kann sie nicht treffen.*
> *Hier in dieser Höhle wohnt die bellende Skylla.*
> *Ihre Stimme klingt wie die eines jungen Hundes,*
> *Aber sie selbst ist ein furchtbares Scheusal, für keinen ist ihr*
> *Anblick erfreulich, auch wenn ein unsterblicher Gott ihr begegnet.*
> *Unförmig sind ihre Füße alle, zwölf davon hat sie.*
> *Hälse hat sie sechs, von gewaltiger Länge, auf jedem*
> *Sitzt ein grässlicher Kopf, in ihm sind drei Reihen von Zähnen*
> *Dicht gedrängt beieinander, voll des schwarzen Todes.*
> *Bis zur Mitte steckt sie in dem Hohlraum der Höhle.*
> *Aber die Köpfe streckt sie heraus aus der furchtbaren Tiefe,*
> *Dort zu fischen; tastend blickt sie umher nach Delphinen*
> *Und nach Seehunden, hätte auch gern ein größeres Untier*
> *In ihren Fängen, wie sie die brausende Amphitrite*
> *Nährt zu Tausenden. Noch kann kein Schiffer sich rühmen, dass er*
> *Unversehrt ihr entkam. Mit jedem ihrer Köpfe*
> *Raubt sie sich einen Mann aus den dunkelbugigen Schiffen.*
> *Niedriger ist die zweite Klippe, die du erblicken*
> *Wirst, Odysseus, nah bei der anderen, nicht mehr als einen*
> *Pfeilschuss entfernt. Darauf wächst ein großer, reich belaubter*
> *Feigenbaum. Darunter schlürft das schwarze Wasser*
> *Ein die hehre Charybdis. Dreimal speit sie es aus am*
> *Tage, um es dreimal furchtbar einzuschlürfen.“*

12, 73–106

Es folgt der Ratschlag, wie es Odysseus gelingen kann, dem Verhängnis zu entkommen. Tatsächlich war er der erste Seefahrer, der die Enge unversehrt passiert hat – wenn man davon absieht, dass er nicht weniger als sechs seiner Männer der Skylla opfern musste.

Goethe erinnert sich, als er von Messina aufbricht, an Homers Odyssee. Er hält die Schilderung der Gefahr für übertrieben. Er schreibt in seiner „Italienischen Reise".

„Nun der freie Blick in die Meerenge nord- und südwärts, bei einer ausgedehnten, an beiden Seiten schön beuferten Breite. Als wir dieses nach und nach anstaunten, ließ man uns links in ziemlicher Ferne einige Bewegung im Wasser, rechts aber etwas näher einen vom Ufer sich auszeichnenden Felsen bemerken, jene als Charybdis, diesen als Skylla. Man hat sich bei Gelegenheit beider in der Natur so weit auseinanderstehenden, von dem Dichter so nah zusammengerückten Merkwürdigkeiten über die Fabelei der Poeten beschwert und nicht bedacht, dass die Einbildungskraft aller Menschen durchaus Gegenstände, wenn sie sich solche bedeutend vorstellen will, höher als breit imaginiert und dadurch dem Bilde mehr Charakter, Ernst und Würde verschafft. Tausendmal habe ich klagen hören, dass ein durch Erzählung gekannter Gegenstand in der Gegenwart nicht mehr befriedige; die Ursache hievon ist immer dieselbe: Einbildung und Gegenwart verhalten sich wie Poesie und Prosa, jene wird die Gegenstände mächtig und steil denken, diese sich immer in die Fläche verbreiten.

> *Freitag, den 11. Mai 1787*

Der Dichter hat offenbar die Bedingungen der antiken Schifffahrt nicht bedacht. Immerhin hebt schon Thukydides die besonderen Risiken des Sundes hervor:

„Der Sund ist das Meer zwischen Rhegion und Messene. Dort ist die Entfernung zwischen Sizilien und dem Festland am geringsten. Dies ist die sogenannte Charybdis, die Odysseus durchfahren haben soll. Die Durchfahrt galt mit Recht als schwierig wegen der Enge und weil das Wasser von zwei großen Meeren, dem Tyrrhenischen und Sikelischen, hier aufeinander stößt. So bildet sich eine reissende Strömung."

> *4, 24, 5*

Ebbe und Flut sind übrigens tatsächlich spürbar und messbar, wenn auch nicht sehr stark und nicht dreimal täglich, sondern nur zweimal. Kleinere Erdbeben und Tsunamis bergen zusätzliche Risiken.

Dass Homer die Klippen personifiziert, ist nichts Ungewöhnliches; denken wir an den Okeanos, der als Fluss oder Meer die Erdscheibe umgibt und zugleich Vater der Okeaniden ist, oder an Altas, der ein Gebirge ist und zugleich der Träger des Himmelsgewölbes.

Heute plant man, die Meerenge zu überbrücken.

1, 3   Die Laistrygonen und die Kyklopen

Moderne Autoren wie Armin und Hans-Helmut Wolf sind Thukydides gefolgt und haben die Laistrygonen an der Westküste Siziliens in der Gegend der heutigen Stadt Marsala lokalisiert. Homer beschreibt sie als „Giganten, die keine Ähnlichkeit mit normalen Menschen haben". „Männertötende Steine" warfen sie von den Felsen hinab auf die im Hafen ankernden Schiffe des Odysseus. Sie vernichteten die Flotte, nur Odysseus selbst konnte mit seiner Schiffsmannschaft entkommen (Odyssee 10, 120 ff.).

Um Riesen handelt es sich auch bei den Kyklopen, die „Rundaugen" heißen, weil sie in der Vorstellung Homers nur ein Auge in der Mitte der Stirn hatten. Man nahm an, dass sie in vulkanischen Gebieten lebten, auf der Insel Lemnos, am Vesuv oder eben auch am Ätna (Euripides, Kyklop 297/98. 599). Homer schildert im 9. Gesang der Odyssee die unheilvolle Begegnung des Odysseus mit Polyphem, in dessen Wohnhöhle er aus purer Neugier eingedrungen war. Er musste mit ansehen, wie der Unhold einen Gefährten nach dem anderen genüsslich verspeiste, bis es ihm schließlich gelang, mit denen, die überlebt hatten, zu entkommen: Mit Wein hatte er den Riesen eingeschläfert, mit einem an der Spitze erhitzten Pfahl hatte er ihn der Sehkraft beraubt, und, unter die Schafe gebunden, hatte er mit denen, die noch übrig waren, der tastenden Kontrolle des Geblendeten entgehen können. Die Geschichte belegt ebenso eindringlich die den Griechen auszeichnende Neugier, seinen unbändigen Wissensdrang wie die Gefahr, die mit bedenkenlosen Experimenten verbunden sein kann (vgl. Kap. 15, 4).

1, 4   Homer und Thukydides

Beginnt mit Homer die griechische und damit auch die europäische Literatur, so beginnt mit Thukydides die wissenschaftliche Geschichtsschreibung.

Wir wissen von Homer nicht mehr als das, was sich aus seinen Werken, der Ilias und der Odyssee, erschließen lässt. Sie sind wohl in der ersten Hälfte des 7. Jahrhunderts v. Chr. entstanden, die Ilias früher als die Odyssee.

Die Überlieferung, dass Homer blind war, wird man in das Reich der Fabel verweisen. In Kleinasien hat er gelebt und gewirkt. Seine Dichtung markiert einen Einschnitt. Er kannte die Buchstabenschrift. So konnte er Werke schaffen, in denen die einzelnen Teile beziehungsreich miteinander verknüpft sind. Sie erzählen nicht eine Geschichte am Leitfaden der Chronologie, sondern fokussieren die Darstellung auf ein Thema: den Zorn des Achill, die Heimkehr des Odysseus.

In den ersten Zeilen der Odyssee stellt uns der Dichter seinen Helden vor:

> *„Den Mann nenne mir, Muse, den vielgewandten, welcher*
> *Viel verschlagen wurde, seitdem er die heilige Feste,*
> *Troja, zerstört hat. Viele Städte von Menschen sah er,*

Lernte ihre Sitten kennen, erduldete viele
Leiden auf dem Meer, bemüht um das eigene Leben
Und um die Heimkehr seiner Gefährten.

Viel Leid hat der Mann, Odysseus, erduldet, aber er hat sich nicht passiv treiben lassen, sondern er hat sich neugierig der Welt zugewandt und sie erkundet, und er hat gekämpft, nicht nur für sich, sein Überleben und seinen Ruhm, sondern auch für seine Gefährten. Er wollte heimkehren in sein Reich, auf seine Insel und zu seiner Gemahlin.

Um diesen Menschen geht es, darum, wie er sein Ziel im Auge behält und allen Gefahren und Verlockungen trotzt, Gefahren, die er auch schon einmal selbst leichtfertig heraufbeschwört (vgl. Kap. 15, 5). Er hätte die ewige Jugend und die Unsterblichkeit wählen können und entschied sich für das Leid und den Tod.

Geschichtsschreibung hat es schon vor Thukydides gegeben: Ihr bedeutendster Vertreter war Herodot aus der Stadt Halikarnassos in Kleinasien (ca. 485–ca. 425 v. Chr.). Das Thema seines Werkes sind die Perserkriege mit den großen, für die Griechen siegreichen Schlachten von Marathon (490 v. Chr.), Salamis (480 v. Chr.) und Plataiai (479 v. Chr.). Geschichte erwies sich ihm als eine sinnvolle, durch Ursache und Wirkung, Fehlverhalten von Menschen und Strafe der Götter gekennzeichnete Kette von Ereignissen.

Das Werk des Thukydides über den Peleponnesischen Krieg (431–404 v. Chr.) genügt in höherem Maß wissenschaftlichen Ansprüchen als das des Herodot. Die Götter greifen nicht mehr in die Geschichte der Menschen ein. Thukydides schrieb Zeitgeschichte. Er unterschied sorgfältig zwischen dem Wissbaren und dem nur Vermutbaren. In einem Kapitel, in dem er über seine Methode Rechenschaft ablegt, heißt es:

„Wer auf Grund der dargelegten Beweise zu der Auffassung gelangt, dass mein Bericht im Wesentlichen den Tatsachen entspricht, dürfte nicht in die Irre gehen. Er sollte weder den Dichtern vertrauen, die in ihren Gesängen übertreiben, noch den Geschichtsschreibern, deren Darstellungen eher angenehm anzuhören sind als wahr, meist unbewiesen und im Laufe der Zeit ins Mythenhafte abgeglitten. Er sollte ihnen keinen Glauben schenken. Er darf aber davon überzeugt sein, dass mein Bericht sich auf sehr einleuchtende Beweise stützt, soweit es jedenfalls angesichts der vergangenen Zeit überhaupt möglich ist.“

  1, 21

Immer, wenn Sizilien der Schauplatz von Ereignissen des Peloponnesischen Krieges ist, wird uns Thukydides ein verlässlicher Informant sein.

Sikaner und Elymer, Sikuler und Phönizier

2, 1   Die Besiedlung Siziliens – Fortsetzung

In seinem Bericht über die Besiedlung Siziliens fährt Thukydides folgendermaßen fort:

„Als erste haben sich nach ihnen (den Laistrygonen und Kyklopen) offenbar die Sikaner angesiedelt; sie selbst sagen zwar, sie seien Ureinwohner und vor allen anderen da gewesen, tatsächlich sind sie aber Iberer und vom Fluss Sikanos in Iberien vertrieben worden. Sie haben der Insel den Namen Sikanien gegeben, davor hieß sie Trinakria. Sie bewohnen noch jetzt den Westen der Insel. Nach der Einnahme Ilions gelangte eine Anzahl Troer, die den Achaiern hatten entkommen können, zu Schiff nach Sizilien. Sie nahmen ihre Wohnsitze in der Nachbarschaft der Sikaner und hießen nun alle Elymer; ihre Städte waren Eryx und Egesta... Die Sikeler kamen aus Italien nach Sizilien... Mit einem großen Heer besiegten sie in einer Schlacht die Sikaner und drängten sie in den Süden und Westen ab. Statt Sikanien gaben sie der Insel den Namen Sizilien. Sie nahmen die besten Gegenden in Besitz und bewohnten sie fast 300 Jahre seit ihrer Landnahme bis zum Erscheinen der Griechen. Sie besitzen noch jetzt die Mitte und den Norden der Insel. Auch die Phönizier wohnten in Sizilien, und zwar ringsum an den Küsten. Sie hatten sich die am Meer gelegenen Höhen angeeignet und die kleinen vorgelagerten Inseln. Ihr Interesse galt dem Handel mit den Sikelern.

Als die Griechen in großer Zahl über das Meer kamen, verließen die Phönizier die meisten ihrer Stützpunkte, zogen nach Motye, Soloeis und Panormos in die Nachbarschaft der Elymer und blieben dort im Vertrauen auf das Bündnis mit den Elymern. Außerdem kommt man von dort am schnellsten von Sizilien nach Karthago. Das sind also die Barbaren, die Sizilien besiedelten, und die Art, wie sie die Insel in Besitz nahmen."

6,2

2, 2   Die Sikaner, Trinakria und Helios

Thukydides differenziert sorgfältig: Hatte er die Laistrygonen und die Kyklopen eher dem Bereich der Dichtung zugewiesen, deren Erzählungen nicht beglaubigt sind, so ist er davon überzeugt, mit den Sikanern und Elymern den Raum der Geschichte und der belegten Fakten zu betreten, durchaus nicht zu Unrecht. Die These, dass die Sikaner eingewandert sind, vertritt auch die moderne Wissenschaft.

Mit Trinakria – nach Thukydides der ursprüngliche Name der Insel – werden wir noch einmal auf Homer verwiesen. In dem zweiten Teil des Proömiums der Odyssee heißt es von Odysseus und den Gefährten:

> *„Aber er rettet sie nicht, so eifrig er strebte.*
> *Denn sie bereiteten selbst durch Missetat ihr Verderben:*
> *Toren, welche die Rinder des Helios, Sohn Hyperions,*
> *Schlachteten; der aber nahm ihnen fort die Rückkehr."*
>
> 1, 6–9

Die Insel, auf der die Rinder weideten, hieß Thrinakia. Odysseus hatte die Gefährten gewarnt, sie zu schlachten und zu verzehren. Sie hatten nicht auf ihn gehört, sie waren verblendet, und sie büßten mit dem Tod. Sie hatten die Grenze, die ihnen gesetzt war, überschritten. Hybris nannten die Griechen das. Verfehlung und Strafe werden das große Thema der griechischen Tragödie im 5. Jahrhundert v. Chr.

Thrinakia ist von dem Wort thrinax abgeleitet, das „eine Gabel mit drei Zinken" bezeichnet, mit der man das Getreide worfelte. Bei Thukydides erfahren wir, dass man die Heliosinsel mit Sizilien identifizierte. Es ist nicht belanglos, dass er den Namen ohne „h" schreibt und ein „r" einfügt (Trinakria). Offenbar wollte er ihn etymologisch mit „treis akrai" verbinden, das heißt: drei Vorgebirge, drei Spitzen.

Ein dreibeiniges Wesen findet man schon im 7. Jahrhundert v. Chr. auf einem Gefäß als Symbol der Insel dargestellt. Triskeles heißt dreibeinig. Triquetra, die Dreibeinige, nennen die Sizilianer die Figur, die man überall käuflich erwerben kann.

2, 3 Die Elymer, die Trojaner und Vergil

Als eine zweite Gruppe von Einwanderern nennt Thukydides die Elymer. Er hält sie für Trojaner, die nach der Zerstörung ihrer Stadt durch die Achaier, wie Homer die Griechen nennt, in Sizilien eine neue Heimat gefunden haben. Bei aller Skepsis gegenüber Homer hält der Geschichtsschreiber den Trojanischen Krieg für ein historisches Faktum. Ob er nun Recht hat oder nicht, es ist durchaus möglich, dass die Menschen, die im Zuge der großen, durch die sog. Seevölker ausgelösten Wanderungsbewegungen aus Kleinasien verdrängt worden sind, sich in Sizilien angesiedelt haben. Die trojanische Herkunft der Elymer wurde jedenfalls von den Römern aufgegriffen. Konnten sie doch damit ihre Besitzansprüche auf Sizilien legitimieren. Im 1. Jahrhundert v. Chr. verfasste der Römer P. Vergilius Maro (70–19 v. Chr.) ein großes Epos, die Aeneis, das seinen Ruhm als einen der bedeutendsten Dichter des Abendlandes begründet hat. Sein Held wurde zusammen mit seinem Vater Anchises und seinem Sohn Ascanius durch göttliche Hilfe aus dem brennenden Troja gerettet. Mit einer Schar Getreuer konnte er auf Schiffen entkommen. Der Gott Apoll hatte ihm eine neue Herrschaft verheißen:

> *„Nun wird die Kraft des Aeneas über die Troer herrschen,*
> *Nach ihm der Kinder Kinder, die später geboren werden."*
>
> Homer, Ilias, 20, 307/08

Mag der Iliasdichter damit auch einem in der Troas zu seiner Zeit noch herrschenden Geschlecht haben huldigen wollen, die Römer haben es auf sich bezogen: Ihnen sei als den Nachfahren der Trojaner die Weltherrschaft verheißen worden.

Aeneas landete am Ende seiner Irrfahrten schließlich in Latium. Dort gründete er Lavinium, die Stadt, aus der nach vielen Jahrhunderten Alba Longa und schließlich wiederum viele Jahrhunderte später Rom hervorging. Diese auf die Weltherrschaft gerichtete Sendung Roms ist das Thema der „Aeneis". Vergil sah sich als ein Nachfolger Homers, aber er hat sein Vorbild nicht nachgeahmt. Homer ging es um den einzelnen Menschen, Vergil um die Geschichte der Welt.

So beginnt sein Werk:

> *„Waffen singe ich und den Mann, der als erster von Trojas*
> *Küste, vom Schicksal vertrieben, nach Italien kam und*
> *Zum lavinischen Strand – wieder und wieder durch die*
> *Macht der Götter umhergetrieben über die Länder,*
> *Über das Meer, weil die grimmige Juno noch immer zürnte;*
> *Auch im Krieg erlitt er viele Leiden, bis es*
> *Ihm gelang, eine Stadt zu gründen, nach Latium Götter*
> *Einzuführen. Daraus ging das Volk der Latiner,*
> *Gingen Albas Väter hervor und Roms hohe Mauern.*
>
> 1, 1–7

Roma ist das letzte Wort des lateinischen Originals. Des Odysseus Ziel war die Heimat, Aeneas war auf dem Weg in eine fremde Welt. Odysseus handelte aus eigenem Antrieb, Aeneas im Auftrag des Schicksals, des Fatums.

Zweimal landete Aeneas an der Westküste Siziliens. Bei seinem ersten kurzen Aufenthalt starb sein Vater Anchises (3, 703–11). Ein Sturm zwang ihn, ein zweites Mal im Hafen von Drepanum Schutz zu suchen. König Akestes, der Sohn eines sizilischen Flussgottes und der troischen Nymphe Egesta, nahm ihn freudig auf. Aeneas veranstaltete Wettkämpfe am Grab seines Vaters. 44 v. Chr. wird Oktavian, der spätere Kaiser Augustus, die Spiele erneuern und sie seinem ermordeten Adoptivvater C. Iulius Caesar widmen.

Während sich noch die Männer im Wettkampf miteinander maßen, revoltierten die Frauen. Sie waren der Irrfahrten müde, wollten hier in Sizilien eine neue Heimat finden. Sie legten Feuer an die Schiffe. Jupiter löschte es. Nautes, ein weiser Greis, und die Erscheinung des Anchises rieten dem Aeneas, nicht zu verzagen:

> *„Der ruft Akestes zuerst und dann die Gefährten zu sich,*
> *Macht sie bekannt mit dem, was Jupiter, was der liebe*

Vater ihm gebot und was er selber beschlossen
Hat. Der Plan wird rasch gebilligt, auch Akestes
Stimmt ihm zu. Die Mütter werden der Stadt überlassen.
Alle, die nicht auf den großen Ruhm bedacht sind, dürfen
Bleiben.... Aeneas bezeichnet die Grenzen der Stadt mit dem Pfluge,
Teilt durch das Los die Grundstücke zu und befiehlt, dass Troja
Hier, dass Ilium dort erneut erblühe. Es freut sich
Über diese Herrschaft Akestes, der Trojaner,
Regelt, was die Gemeinschaft betrifft, beruft die Väter,
Gibt Gesetze. Ein Tempel wird der idalischen Venus
Nah den Sternen auf dem Gipfel des Eryx gegründet."
5, 746–760

Das ist die Geschichte von der Ansiedlung der Trojaner an der Westküste und der Gründung von Egesta, einem neuen Troja, mit Ilium, der Umgebung. Venus wird die „idalische" genannt nach Idalium, einer Stadt auf Zypern, in der Aphrodite ein Heiligtum besaß.

2, 4   Die Sikeler

Den Sikelern verdankt Sizilien / Sikelia seinen heutigen Namen, und nach ihnen nannten sich die Griechen in Sizilien Sikelioten. Sie waren Einwanderer wie die Sikaner und die Elymer. Sie sind wohl seit dem 15. Jahrhundert v. Chr. über die Straße von Messina eingewandert. Sie haben sich vornehmlich im Osten und Süden der Insel festgesetzt. Sie unterhielten Handelsbeziehungen mit den Mykenern. Sie bauten den sog. Hartweizen an und begannen damit, die Wälder zu roden, um Anbauflächen zu gewinnen. Ernteüberschüsse exportierten sie. In der Zeit der Römer war Sizilien eine Kornkammer des Reiches. Die drei eingewanderten Stämme hatten je ihre eigene Sprache.

2, 5   Die Phönizier

Die Phönizier spielten eine große Rolle in Sizilien. Leider besitzen wir außer mehr oder weniger formelhaften Inschriften auf Steinen keine phönizischen Quellen. Die Sprache ähnelte dem Hebräischen. Man verstand sie im Mittelalter nicht mehr, und so ist, was es an Literatur gab, verloren gegangen. Wir beziehen unsere Kenntnisse im Wesentlichen von den Archäologen und dem, was Griechen und Römer über sie berichtet haben.

„Phönizier" haben sie die Griechen genannt. Phoinix heißt „rot" und „Dattelpalme". Welcher Bedeutung verdankt das Volk seinen Namen? Hatten die Menschen eine rötliche Hautfarbe, verwendeten sie gern und häufig die Farbe rot, die sie aus der Purpurschnecke gewannen, oder hatte die Dattelpalme für sie eine besondere Bedeutung?

Kanaanäer, Kanaaniten oder Sidonier nannten sie sich selbst. Sie waren Semiten. In dem Küstenstreifen, der etwa dem heutigen Libanon entspricht, hatten sie im 2. Jahrtausend v. Chr. Stadtstaaten gegründet, die sich ebenso wenig wie die Stadtstaaten Griechenlands zu einem großen Verband zusammenschlossen. Beirut, Byblos, Sidon und Tyros blieben immer autonom. Die Phönizier waren Seefahrer, sie trieben Handel mit Kupfer, Bronze und Zedernholz.

Sie verehrten ein Götterpaar: den Gott Baal und die Göttin Baalat bzw. den Gott Melkart und die Göttin Astarte oder Tanit. Bekannte männliche Namen waren Hasdrubal, Baal ist meine Hilfe, Hannibal, der, dem Baal geneigt ist, Hamilkar, Melkarts Knecht.

Von ihnen übernahmen die Griechen im letzten Viertel des 8. Jahrhunderts v. Chr. das Alphabet. Konsonantenzeichen, die sie nicht brauchten, widmeten sie zu Vokalzeichen um. Diese Schrift brachten die Griechen mit, als sie sich in Italien niederließen.

Anders als die Griechen haben die Phönizier ursprünglich keine Städte in der Fremde gegründet, sondern nur Handelsniederlassungen eingerichtet, die in der Regel unselbständig blieben. So war auch Karthago zunächst nichts als ein zwischen Phönizien und Spanien günstig gelegener Ankerplatz. Die Anfänge der Stadt gehen in das frühe 8. Jahrhundert v. Chr. zurück. In der Mitte des 6. Jahrhunderts v. Chr. löste sich Karthago von seiner Mutterstadt Tyros.

Dass es bereits vor der Ankunft der Griechen in Sizilien – seit ca. 1000 v. Chr. – phönizische Siedlungen gegeben hat, die aufgegeben wurden, als die Griechen begannen, sich auf der Insel niederzulassen, ist durchaus möglich, aber nicht beweisbar. Der älteste der von Thukydides genannten Stützpunkte, Motye / Mozia, ist jedenfalls erst gegründet worden, als die Griechen schon in Sizilien waren.

3. Kapitel

DIE ANKUNFT DER GRIECHEN

Wir sprechen von der griechischen Kolonisation. Das ist missverständlich, denn griechische Kolonien waren etwas ganz anderes als die Kolonien, die die europäischen Mächte seit dem Beginn des 16. Jahrhunderts n. Chr. – meist in Übersee – gegründet haben. Kolonien in diesem Sinn waren Völker, die unterworfen und beherrscht wurden. Kolonien im griechischen Sinn waren autonome Stadtstaaten. Griechen, die aus ihrer Heimat auswanderten, gründeten und besiedelten sie auf fremdem Gebiet. Zeitlich währte die Kolonisation vom 8. bis zum 6. Jahrhundert v. Chr., geographisch erstreckte sie sich vom Schwarzen Meer im Osten über Kleinasien, Italien und Sizilien bis nach Spanien. Man suchte günstige Küstenplätze mit einem für die Bewirtschaftung geeigneten Hinterland, das Wald, Äcker und Weideflächen bieten musste.

Der Begriff „Kolonie" kommt aus dem Lateinischen. Colere heißt „Land bebauen". Colonia ist ursprünglich ein erobertes Gebiet, das Römern zur Bebauung zugewiesen wurde. Hieraus konnte sich die moderne Bedeutung leicht entwickeln.

Im Griechischen steht für Kolonie das Wort apoikia, d. h. ferner Wohnort.

Was veranlasste Menschen, ihre Heimat zu verlassen?

Ein anschauliches und gleichzeitig bedrückendes Bild der Lage in Griechenland vermittelt uns der griechische Dichter Hesiod. Er lebte in der Mitte des 7. Jahrhunderts v. Chr. Er stammte aus dem kleinen Städtchen Askra in Böotien und war Landwirt. Das Buch, aus dem wir zitieren, trägt den Titel „Werke und Tage". Es ist wie die homerischen Epen in Hexametern geschrieben.

> *„Faustrecht herrscht. Die Menschen zerstören sich gegenseitig*
> *Ihre Städte. Wer seinen Eid nicht bricht, gerecht und*
> *Gut ist, steht nicht hoch im Kurs, mehr Ehre empfängt, wer*
> *Übles tut und frevelt. Es gibt keine Scham, das Faustrecht*
> *Herrscht. Der Schlechte schadet dem Guten, er betrügt ihn,*
> *Falsch sind seine Worte, die er noch schamlos beeidet.*
> *Schlimmer Neid verfolgt die Menschen, die elenden, alle,*
> *Voller Schadenfreude blickt er sie an und finster."*
> 189–196

Hesiod verschweigt die Gründe, die zu derartigen sozialen Spannungen geführt haben mögen.

Dass die Bevölkerung im 8. Jahrhundert v. Chr. stark angestiegen ist, beweist die Zahl der Grabstätten. Offenbar reichten die Ressourcen nicht mehr aus, um allen Einwohnern einen ausreichenden Lebensstandard zu gewährleisten. Innere und äußere Auseinandersetzungen waren die Folge. Außerdem verkleinerte sich der Besitz durch Erbteilung. Missernten konnten nicht mehr verkraftet werden. Man suchte sein Heil in der Auswanderung. Der Bedarf an Rohstoffen sowie Interessen der Händler waren zusätzliche Motive. Überbevölkerung soll Zeus veranlasst haben, den Trojanischen Krieg zu entfachen (Euripides, Helena 38–40).

In der Odyssee nennt Homer die feindlichen Auseinandersetzungen zwischen Nachbarn als Grund der Auswanderung. Odysseus war auf die Insel der Phaiaken verschlagen worden.

> *„Diese wohnten in Hyperaia zuvor, dem Land mit*
> *Schönen Plätzen nahe den frevlerischen Kyklopen,*
> *Welche sie immer beraubten und stärker waren an Kräften.*
> *Aber sie führte der göttergleiche Nausithoos fort nach*
> *Scheria, welches entfernt liegt von den sich mühenden Menschen,*
> *Und umringte mit Mauern die Stadt, errichtete Häuser,*
> *Baute Tempel der Götter, verteilte dem Volke die Äcker."*
>
> 6, 4–10

Von innenpolitischen Zwistigkeiten als Anlass für eine Auswanderung und Koloniegründung berichtet uns Aristoteles:

> *„In den aristokratisch regierten Staaten kommt es zu Aufständen, die zum Teil darauf zurückzuführen sind, dass nur eine Minderheit die Ehrenämter bekleidet.... Am ehesten kommt es notwendigerweise dann dazu, wenn es eine Anzahl Männer gibt, die in stolzer Selbsteinschätzung meinen, den Regierenden an Tüchtigkeit gleichwertig zu sein. Das traf in Lakedaimon auf die sog. Jungfrauensöhne zu. Sie stammten nämlich von denen ab, die als Bürger die Ehrenrechte genossen. Als man entdeckte, dass sie einen Umsturz planten, schickte man sie als Siedler nach Tarent."*
>
> Politik 1306 b 27 ff.

Obwohl Tarent schon existierte, galten diese Spartaner, die 706 v. Chr. nach Italien kamen, als die eigentlichen Stadtgründer.

Auch der Wunsch nach Veränderung, nach Abenteuern und nach einer Herausforderung wird ein Grund gewesen sein, die Heimat zu verlassen.

Über die Gewichtung der Gründe gibt es in der Forschung unterschiedliche Meinungen.

Die Gründung von Kolonien unterlag allgemein anerkannten Regeln:

Man versicherte sich der Zustimmung des Apollon von Delphi. Als die Spartaner in der Zeit des Peloponnesischen Krieges im Jahre 426 v. Chr. eine Stadt gründen wollten, fragten sie zuerst bei dem Gott in Delphi an.

> *„Erst als der zustimmte, sandten sie Siedler aus."*
>
> Thukydides 3, 92, 5

Aber Apollon begnügte sich nicht damit, die zu bestärken, die schon einen Plan gefasst hatten, sondern er rief auch von sich aus zur Gründung von Kolonien auf.

Die Griechen hatten die Stadt Kyrene in Libyen gegründet. Lange waren sie die einzigen Siedler in dieser Gegend:

„Unter der Herrschaft des dritten Königs, der den Namen „Battos, der Glückliche,"
trug, verkündete die Pythia einen Orakelspruch, in dem sie alle Griechen dazu aufrief,
sich wie die Kyrenier in Libyen anzusiedeln. Der Orakelspruch lautete folgendermaßen:
> *> Wer in das sehr begehrte libysche Land zu spät kommt,*
> *Wenn das Land schon verteilt ist, der wird es später bereuen. <"*

Herodot 4, 159, 3

Die Rolle Delphis kann im Zusammenhang mit der Kolonisation gar nicht
überschätzt werden. Die Priester holten von den vielen Ratsuchenden, die in
das Heiligtum kamen, Informationen ein und gaben sie weiter. Orakel mögen
auch nachträglich eingeholt oder gar erfunden worden sein.

Die Menschen, die in die Fremde zogen, wollten sich des göttlichen Schut-
zes des „Führers, Koloniegründers", wie sie Apollon nannten, versichern. Sie
folgten – wie die Phaiaken – ihrem König oder schlossen sich einer Persönlichkeit an, die die Stadt bestimmte oder die sie selbst wählten. Was zu tun
war, wenn sie in der Fremde angekommen waren, können wir den Texten
Homers und Vergils entnehmen. Es galt, die Grenzen festzulegen und zu
sichern sowie einen Bebauungsplan zu erstellen und dabei Bereiche für die
Götter, für die Allgemeinheit, für die Bewohner auszuweisen. Kulte mussten
eingerichtet, Gesetze erlassen werden. Der Stadtgründer wurde nach seinem
Tod wie ein Heros verehrt; an seinem Grab wurden Opfer dargebracht und
Wettkämpfe ausgetragen, wie sie Aeneas für seinen Vater Anchises begrün-
det hat (vgl. auch Herodot 6, 38, 1).

Die Kolonie übernahm die Organisationsform der Mutterstadt: Sie organi-
sierte sich als eine Kult- und Wehrgemeinschaft, die ökonomisch autark war.

Der junge Stadtstaat war von Anfang an unabhängig und autonom. Zwischen ihm und der Mutterstadt bestand jedoch auch nach Jahrhunderten
noch ein enges Vertrauensverhältnis, das beide zu gegenseitiger Hilfeleis-
tung verpflichtete. Die Siedler blieben in ihrer Heimatstadt erbberechtigt. Die
Mutterstadt hatte Anspruch darauf, von ihrer Kolonie in besonderer Weise
geehrt zu werden. Was Thukydides über Korinth und Kerkyra berichtet, ist
eher die Ausnahme. Die Korinther hatten 734 v. Chr. Kolonisten auf die Insel
entsandt, die heute Korfu heißt. Am Ende des 5. Jahrhunderts v. Chr. war das
Verhältnis zerrüttet.

„Bei gemeinsamen Festveranstaltungen versagten die Kerkyrer den Korinthern
die geschuldeten Ehrengaben, sie unterließen es, einem Korinther den ersten und bes-
ten Anteil beim Opfer zuzuteilen, wie es in den anderen Kolonien üblich war; im
Bewusstsein ihres Reichtums und ihrer starken Flotte machten sie keinen Hehl aus
ihrer Geringschätzung."

1, 25, 3, 4

Als die kleine Kykladeninsel Melos im Peloponnesischen Krieg im Jahre
416 v. Chr. von den Athenern massiv bedroht und zur Kapitulation aufgefordert wurde, wehrte sie sich u. a. mit folgendem Argument:

„Die Lakedaimonier werden Melos, ihre Kolonie, nicht preisgeben wollen. Sie würden sich damit gegenüber ihren Freunden unter den Hellenen als untreu erweisen, würden ihren Feinden nützen."

5, 106

Sie sollten leider nicht Recht behalten.

Unvermindert stark blieb die Beziehung der Kolonien stets zu den bedeutenden panhellenischen Kultstätten. Sie sandten Weihgeschenke nach Delphi und Olympia und nahmen an den Wettkämpfen teil, um durch Siege Ruhm in der Welt der Hellenen zu erwerben und ihr Ansehen zu mehren.

Die Griechen fühlten sich über alle Grenzen hinweg als blutsverwandt, geeint durch eine Sprache, die ihnen ungeachtet verschiedener Dialekte gemeinsam war, verbunden durch den Glauben an die Götter, die Opferfeste und die Art ihrer Lebensgestaltung (Herodot 8, 144). Ein besonderes Bewusstsein der Zusammengehörigkeit und Identität entwickelte sich bei den Griechen in Sizilien nicht.

Es waren nicht sehr viele Stadtstaaten, aus denen sich Kolonisten aufmachten, um sich in Sizilien anzusiedeln. Sie kamen von den Inseln Euböa, Rhodos, Kreta und aus den Städten Korinth und Megara. Außer den jonischen Euböern waren es Dorer. Jonier und Dorer sprachen unterschiedliche Dialekte. Die Dialekte hatten sich aus der gemeingriechischen Sprache im Laufe der Zeit entwickelt. Für die gegenseitige Verständigung stellten sie kein Hindernis dar. Politisch gewann jedoch seit dem 6. Jahrhundert v. Chr. die Zugehörigkeit zu der einen oder anderen Gruppe zunehmend Bedeutung.

Kolonien gründeten ihrerseits Kolonien, um Raum zu gewinnen für neue Einwanderer aus der Mutterstadt, aber auch, um ihre Macht zu sichern oder auszubauen.

Natürlich kamen die Einwanderer nicht in ein unbewohntes und menschenleeres Gebiet. Dass sie mit offenen Armen empfangen wurden, wird man sich nicht vorstellen. Und in der Tat berichtet Thukydides von gewaltsamer Besitzergreifung:

„Syrakus gründete im folgenden Jahr (734 v. Chr.) Archias, ein Heraklide aus Korinth. Zuerst musste er die Sikeler von der Insel, die jetzt nicht mehr rings vom Meer umspült wird und den Kern der Stadt bildet, vertreiben."

6,3,2

Ebenso ging es den Sikelern, die im Gebiet von Leontinoi gewohnt hatten.

Nicht immer muss es kriegerisch zugegangen sein: Der Sikelerkönig Hyblon stellte zum Beispiel den Megarern für die Gründung ihrer Kolonie Megara ein Gebiet zur Verfügung (Thukydides 6, 3, 3; 6, 4, 1). Möglicherweise versprach er sich von ihnen Unterstützung gegenüber Leontinoi und Syrakus.

Es waren vor allem Männer, die auswanderten und Kolonien gründeten. Mögen auch manche ihre Frauen mitgenommen haben, andere sie haben nachkommen lassen, viele werden Mädchen der Urbevölkerung geheiratet haben. Daraus erwuchs ein freundschaftliches Verhältnis zwischen den Einwanderern und den Alteingesessenen. Der Raub der Sabinerinnen, durch die sich die Gründer Roms mit Frauen versorgten, dürfte eher die Ausnahme gewesen sein (Livius 1, 9). Die Ehen zwischen Griechen und Einheimischen trugen zur Hellenisierung der Urbevölkerung bei, ein Prozess, der im 4. Jahrhundert v. Chr. abgeschlossen gewesen sein dürfte.

Dass sich die Sikeler auch, nachdem sie gräzisiert waren, noch ein Bewusstsein ihrer Identität bewahrt hatten, zeigt folgendes Ereignis: Fast dreihundert Jahre nach der Gründung von Syrakus versuchte der Sikeler Duketios, sein Volk zu einen, ein Reich zu gründen und es nach dem Vorbild Hierons I., der von 478 bis 466/65 v. Chr. als Tyrann über Syrakus geherrscht hatte, zu regieren. Er nutzte eine Phase der Instabilität in Syrakus: Die Tyrannis war gestürzt, die Demokratie etabliert worden. Wie sich die Syrakusaner von dem Tyrannen befreit hatten, wollte er sich von Syrakus freikämpfen. Schnell stellten sich Erfolge ein. 456 v. Chr. gründete er im Innern der Insel Palike als Hauptstadt seines Imperiums; zwei Jahre später gelang es ihm, ein Aufgebot der Städte Akragas und Syrakus zu besiegen. Was den weiteren Verlauf des Krieges angeht, folgen wir dem Bericht des griechischen Geschichtsschreibers Diodor. Er trägt den Beinamen Siculus, weil er aus Argyrion stammte, einem Ort im Nordosten von Enna. Sein Werk mit dem Titel „Bibliothek" ist in den Jahren 60–30 v. Chr. entstanden. Beträchtliche Teile sind erhalten. Die Zuverlässigkeit Diodors hängt von den Quellen ab, die er jeweils benutzte.

„Zu Beginn des Sommers (451 v. Chr.) setzten die Syrakusaner einen neuen Feldherrn ein, stellten ihm eine beachtliche Streitmacht zu Verfügung und befahlen ihm, Duketios endgültig zu besiegen. Er brach mit seinem Heer auf und traf auf Duketios, als der noch in seinem Winterlager … war. Es kam zu einer großen Schlacht mit vielen Toten auf beiden Seiten. Nur mit Mühe konnten die Syrakusaner die Oberhand gewinnen und die Sikeler schlagen. Viele töteten sie auf der Flucht. Die meisten von denen, die entkommen konnten, retteten sich in die befestigten Plätze der Sikeler, einige wenige zogen es vor, das Schicksal mit Duketios zu teilen. …Diesen hatte die Niederlage völlig entmachtet. Die Soldaten hatten ihn entweder verlassen oder verraten; er war verzweifelt. Als er schließlich erkennen musste, dass auch die letzten Freunde noch Hand an ihn legen wollten, kam er ihnen zuvor, konnte entfliehen und ritt nach Syrakus. Es war noch Nacht, als er den Markt erreichte. Er setzte sich auf den Altar, machte sich zum Schutzbefohlenen der Stadt und ergab sich den Syrakusanern mitsamt dem Land, dessen Herrscher er gewesen war. Die Syrakusaner schickten ihn ins Exil nach Korinth mit dem Befehl, die Stadt nicht zu verlassen. Für seinen Lebensunterhalt statteten sie ihn mit ausreichenden Mitteln aus. … Duketios blieb aber nur kurze Zeit in Korinth, er wurde vertragsbrüchig, gab vor, die Götter hätten ihm geweissagt, er werde Kale Akte (an der Nordküste) in Sizilien gründen, und stach in See (446 v. Chr.). Er gründete, nachdem er der Führer aller Städte der Sikeler geworden war, die Stadt Kale Akte und siedelte viele Sikeler dort an. Er erhob gegenüber

den Griechen den Anspruch auf Anerkennung als Führer der Sikeler. Während dieser
Ereignisse erkrankte er und starb (440 v. Chr.)."
        11, 91 / 92

Duketios war eine Ausnahmeerscheinung. Im Allgemeinen haben Griechen
und Sikeler neben- und miteinander gelebt. Die Einheimischen gaben schließlich sogar ihre Sprache zu Gunsten des Griechischen auf (Diodor 5, 6). Sie ver-
schwanden aus der Geschichte. Anders als in den Kolonien der europäischen
Mächte der Neuzeit gab es niemanden, der ihnen noch jemals seine Stimme
geliehen, ihnen eine Identität verliehen hätte.

In den Kolonien hatten zunächst – wie im Mutterland auch – die Aristokraten das Sagen, wobei die Bürger prinzipiell gleichberechtigt waren. Kenn-
zeichen eines Aristokraten war Reichtum, der die Muße gewährte, sich um
die Belange der Gemeinschaft zu kümmern. Es gab keine Adelstitel. An seiner
Leistung wurde der Aristokrat gemessen, auf ihr beruhte die Achtung, die
ihm gezollt wurde. Das Vorbild der Väter verpflichtete die Söhne. Es bildeten
sich Familien heraus, die einen herausragenden Ahnherrn als ihren Gründer
verehrten. Es entstand der Geburtsadel. Auch die Tatsache, dass im 6. Jahrhundert v. Chr. die Aristokraten ihre Macht an Tyrannen verloren, war noch
nichts für die Kolonien in Sizilien Charakteristisches. Eine Besonderheit war
es dann allerdings, dass die Tyrannis zu einer mehr oder weniger dauerhaf-
ten Einrichtung in den Stadtstaaten geworden ist, wobei eine Tyrannis durchaus nichts Negatives sein musste. Tyrann war kein Titel, der zuerkannt oder
beansprucht worden wäre. Tyrannis bezeichnete die unumschränkte Herrschaft eines Mannes.

Die Städte und die, die sie beherrschten, waren viel stärker als im Mutterland versucht, Territorialstaaten zu gründen. Sizilien war weniger gebirgig
als Griechenland. Man konnte leicht und schnell mit einem Heer von einem
Ende der Insel zum anderen gelangen. Hinzu kam, dass sich Einheimische
gern als Söldner anwerben ließen. Ein zweites Moment, das die Geschichte
der Griechen in Sizilien bestimmte, war die permanente Auseinandersetzung
mit den Phöniziern.

Obwohl es auch in Unteritalien griechische Kolonien gab, wurde Sizilien
in der Regel als ein eigenes, davon getrenntes Gebiet betrachet. Die Bezeichnung „Großgriechenland", „Magna Graecia", bezog sich ursprünglich nur
auf die Kolonien am tarentischen Meerbusen, dann auf Unteritalien im Ganzen. Der Grieche Strabon (64/63 v. Chr. – 23 n. Chr.) gehörte zu den wenigen
Autoren, die auch Sizilien als dazugehörig betrachteten.

4. Kapitel

HIMERA: PHÖNIZIER UND GRIECHEN

Die Phönizier haben sich der griechischen Besiedlung Siziliens nicht widersetzt. Sie waren zufrieden mit ihren Handelsniederlassungen und versprachen sich von den Einwanderern mehr Vor- als Nachteile. Auf die Dauer blieb es freilich nicht bei diesem friedlichen Nebeneinander.

An der Nordküste hatten die Städte Syrakus und Zankle, das schon in der Antike in Messana umbenannt wurde und heute Messina heißt, 648 v. Chr. die Stadt Himera gegründet. Sie grenzte unmittelbar an das phönizische Einflussgebiet. Zwanzig Jahre später, nach Diodor im Jahr 628 v. Chr., hatten die Einwohner der Stadt Megara Hyblaia an der Ostküste eine Zweitkolonie an der Südküste gegründet: Selinus. Wie Himera im Norden war nun Selinus im Süden der am weitesten westlich gelegene Vorposten der Griechen. Konflikte waren nicht ausgeblieben, hatten aber zu keiner größeren und entscheidenden Schlacht geführt.

Im Jahre 480 v. Chr. war es so weit. Wir folgen Diodor. Er schildert zunächst die Schlacht bei Salamis, in der die Griechen die persische Flotte vernichtend geschlagen hatten, und fährt dann fort:

„Die Karthager hatten zur gleichen Zeit umfangreiche Vorkehrungen getroffen und sich mit allem Kriegsnotwendigen versorgt. Als ihnen alles ausreichend zur Verfügung stand, wählten sie Hamilkar zum Feldherrn. Sie zogen ihn allen anderen vor, da er bei ihnen höchste Anerkennung genoss. Er übernahm den Oberbefehl über ein großes Aufgebot an Fußtruppen und Schiffen und verließ den Hafen (von Karthago)…"

Vor Himera angekommen, errichtete er zwei befestigte Lager, eines für die Flotte, eines für das Heer. Er umgab jedes von beiden mit einer Mauer. In der Stadt hielt sich Theron auf; er war Tyrann von Akragas und Himera. Angesichts der Macht der Phönizier geriet er in Furcht. Er schickte Gesandte zu Gelon, dem Tyrannen von Syrakus, mit der Bitte um Hilfe. Der verschloss sich dem Gesuch nicht. Mit einem großen Aufgebot marschierte er eilends nach Himera und errichtete rings um die Stadt befestigte Lager.

Seinen Reitern befahl er, sich auf umliegende Plätze zu verteilen und bei Tagesanbruch gegen das Schiffslager vorzurücken.

„Wenn sie sich innerhalb der hölzernen Mauer befänden, sollten sie Hamilkar töten und die Schiffe in Brand setzen. Er sandte Späher auf die Höhen mit dem Befehl, das verabredete Zeichen zu hissen, sobald sie die Reiter innerhalb der Mauer sähen. Er selbst hatte bei Tagesanbruch seine Streitmacht aufgestellt und wartete auf das Zeichen der Späher. Bei Sonnenaufgang ritten die Reiter auf das Schiffslager der Karthager zu…. Sie stürzten sich auf Hamilkar, der gerade mit dem Opfer beschäftigt war; sie töteten ihn und setzen die Schiffe in Brand.

*Als die Späher das Zeichen hissten, marschierte Gelon mit seinem gesamten Heer
gegen das Lager der Karthager. Die Führer der Phönizier, die sich im Lager befanden, führten das Heer hinaus und traten den Griechen entgegen. Sie stellten sich
der Schlacht und kämpften tapfer. In beiden Heeren wurde gleichzeitig zum Kampf
geblasen, abwechselnd erhoben die Soldaten hier und dort ein Kriegsgeschrei, beide
wollten mit der Lautstärke ihrer Rufe die Gegner übertreffen. Viele Männer wurden
getötet. Die Schlacht wogte unentschieden hin und her. Plötzlich erhob sich bei den
Schiffen die Flamme zum Himmel, und als die Meldung eintraf, dass der Feldherr tot
sei, fassten die Griechen Mut. Durch die Hoffnung auf den Sieg erstarkten sie und
drangen kühner auf die Barbaren ein. Die Karthager dagegen waren entmutigt, gaben
die Schlacht verloren und wandten sich zur Flucht. Da Gelon befohlen hatte, keine
Gefangenen zu machen, wurden viele auf der Flucht getötet. Der Rest konnte sich an
einen befestigten Ort retten. Die Männer verteidigten sich zunächst gegen die, die
gegen sie andrängten. Da es dort aber kein Wasser gab, mussten sie sich schließlich
der Übermacht ergeben, um nicht zu verdursten.*

*Viele Schriftsteller haben diese Schlacht mit der verglichen, die die Griechen bei
Plataiai gewonnen haben, und die Strategie Gelons mit der List des Themistokles.
Wegen der außerordentlichen Tapferkeit beider Heere wird der erste Rang bald die-
sem, bald jenem zugesprochen."*

11, 20–23

Von Herodot (7,65 ff.) erfahren wir den Anlass des Krieges: Theron, der Tyrann von Akragas, hatte Terillos, den Tyrannen von Himera, vertrieben und
sich selbst zum Herrn von Himera gemacht. Terillos war mit dem Karthager
Hamilkar befreundet, und er war außerdem der Schwiegervater des Anaxilaos, des Tyrannen von Rhegion, einer im letzten Viertel des 8. Jahrhunderts
v. Chr. gegründeten Kolonie. So vereinigten sich Hamilkar und Anaxilaos,
um Terillos wieder nach Himera zurückzuführen und als Tyrannen einzu-
setzen.

Die Rivalität von Akragas und Himera hatte wirtschaftliche Gründe: Die
Städte im Norden, Himera und Rhegion, machten mit den Karthagern gemeinsame Sache und beherrschten mehr und mehr die auch für Akragas
wichtigen Handelswege. Wenn es um Einfluss und Macht ging, galten Interessen mehr als gemeinsame Herkunft, Sprache, Kultur und Religion. Nicht
anders war es, als später die Römer ins Land gerufen wurden.

Wie Himera und Rhegion waren auch Akragas und Syrakus durch fami-
liäre Bindungen ihrer Herrscher miteinander verbunden: Theron war Gelons
Schwiegervater.

Es spricht nichts dafür, dass es zwischen den Karthagern und Persern eine
Absprache gegeben hat. Die Duplizität der Schlachten von Himera und Salamis im gleichen Jahr, Herodot spricht sogar vom gleichen Tag, mag zu einer derartigen Annahme geführt haben. Die Griechen setzten gern Ereignisse
und Personen zueinander in Beziehung.

Die historische Bedeutung der Schlacht von Himera war zweifellos geringer als die der Schlacht von Salamis, man darf sie aber auch nicht unterschätzen. Tatsächlich wurden die Karthager für den Zeitraum von siebzig Jahren zurückgedrängt. Sie mussten sich mit einem relativ kleinen Gebiet im Westen der Insel zufrieden geben. 409 v. Chr. holten sie zum Gegenschlag aus. Unter Führung ihres Königs Hannibal, eines Enkels Hasdrubals, eroberten sie Himera:

„Hannibal plünderte die Heiligtümer; diejenigen, die in ihnen Schutz gesucht hatten, zerrte er heraus, dann steckte er die Tempel in Brand. Die Stadt machte er dem Erdboden gleich, nachdem sie zweihundertvierzig Jahre bewohnt worden war. Die gefangenen Frauen und Kinder ließ er zur Bewachung ins Heerlager bringen. Die Männer, etwa dreitausend, führte er an die Stelle, an der sein Großvater Hamilkar von Gelon getötet worden war. Er folterte sie und brachte sie alle ausnahmslos um."

Diodor 13, 62

So ist von dem riesigen Siegestempel, den die Griechen von den Tributzahlungen der Karthager errichtet und der Athena geweiht hatten, nichts erhalten. Himera verschwand aus der Geschichte.

5. Kapitel

Himera: Stesichoros und Pindar

Wer von Palermo aus, der Nordküste folgend, nach Osten fährt, kommt an der kleinen Ortschaft Termini Imerese vorbei. Der Name bewahrt die Erinnerung an Himera, nicht jedoch, wie man zuweilen liest, an die heißen Quellen, die Thermen (it: terme) der griechischen Kolonie. Hier hatten die Einwohner von Himera, die das Massaker von 409 v. Chr. überlebt hatten, Zuflucht gefunden.

Es lohnt nicht, die Reise zu unterbrechen, aber es lohnt gewiss, sich vorbeifahrend in Gedanken die Schlacht zu vergegenwärtigen und sich an die einst so bedeutende griechische Kolonie zu erinnern.

Ein berühmter Bürger der Stadt war Stesichoros. Man weiß nicht viel von ihm. Er lebte vermutlich von ca. 640 bis ca. 555 v. Chr. Aristoteles (384–322 v. Chr.) bringt ihn mit Phalaris in Verbindung, der von 570 bis 554 v. Chr. Tyrann von Akragas war und von den Himeraiern zum Oberbefehlshaber in einem Krieg gegen die Karthager gewählt worden war.

„Als die Himeraier Phalaris eine Leibwache zuerkennen wollten, erzählte ihnen Stesichoros unter anderem folgende Fabel:

Ein Pferd weidete allein auf einer Wiese. Als ein Hirsch kam und die Weide verwüstete, wollte sich das Pferd an ihm rächen und fragte einen Menschen, ob er ihn dabei unterstüzten könne. Der war einverstanden unter der Bedingung, dass das Pferd einen Zügel akzeptiere und er selbst mit seinem Wurfspeer aufsitzen dürfe. Das Pferd stimmte zu, der Mensch stieg auf. Aber statt sich zu rächen, musste das Pferd fortan dem Menschen Sklavendienste leisten.

So seht nun zu, fuhr Stesichoros fort, dass ihr nicht bei dem Verlangen, sich an euren Feinden zu rächen, dasselbe Schicksal erleidet wie das Pferd. Den Zügel habt ihr ja schon, da ihr Phalaris zum unumschränkten Feldherrn gewählt habt. Wenn ihr ihm jetzt noch eine Leibwache zubilligt und ihm erlaubt aufzusitzen, werdet ihr ihm als Sklaven dienen."

Rhetorik 1393 b

Von Stesichoros sind uns nur kurze Fragmente überliefert. Er hat Lieder für Männer-, Knaben- und Mädchenchöre geschrieben. Mit ihm beginnt die Literatur Siziliens.

Platon überliefert uns in seinem Dialog „Phaidros" folgende Geschichte:

„Für diejenigen, die in der Erzählung eines Mythos einen Fehler begehen, gibt es ein altes Mittel der Reinigung, das Homer nicht kannte, wohl aber Stesichoros. Als er, weil er Schlechtes über Helena gedichtet hatte, seines Augenlichts beraubt worden war, wurde er sich – anders als Homer – seines Fehlers bewusst. Von den Musen angeleitet, erkannte er die Ursache seiner Blendung und dichtete unverzüglich:

>*Diese Rede ist nicht wahr:*
  Du fuhrst nicht fort auf Schiffen mit gutem Verdeck,
  Und Du kamst nicht zur Burg von Troja.<
Und sobald er diese sog. Palinodie gedichtet hatte, konnte er sofort wieder sehen."
    243 a

Stesichoros setzt sich kritisch mit Homer auseinander. Er widerruft, was er, diesem folgend, gedichtet hatte und beansprucht für die Muse seiner neuen Dichtung die Wahrheit, die er Homer abspricht: Es war nur ein Trugbild der Helena, um das in Troja gekämpft wurde. Die Königin selbst hielt sich in Ägypten auf.

Es gehörten Mut und Selbstbewusstsein dazu, sich mit dem großen Homer anzulegen.

Auf den Mythos der Helena werden wir im Zusammenhang mit Gorgias von Leontinoi zurückkommen (vgl. Kap. 23, 1).

Mit Pindar, dem wir uns nun zuwenden, erreichte die Chorlyrik ihren Höhepunkt. Von ihm sind vor allem Lieder auf die Sieger in den panhellenischen Wettkämpfen in Delphi, am Isthmos von Korinth, in Nemea und Olympia erhalten, Lieder, die entweder am Ort der Spiele oder in der Heimat des Siegers vorgetragen worden sind. Der Dichter stammte aus Theben und lebte von ca. 520 – ca. 440 v. Chr.

Im Jahre 472 v. Chr. hat Ergoteles im Langlauf in Olympia gesiegt. Er war aus Knossos, einer Stadt auf Kreta, verbannt worden und hatte in Himera eine neue Heimat gefunden. Nach dem Verlust vieler Männer in der Schlacht gegen die Phönizier und in einem furchtbaren Gemetzel, mit dem sich Theron von Akragas für ein gegen ihn gerichtetes Komplott gerächt hatte, waren die Himeraier an der Zuwanderung männlicher Bürger interessiert. Pindar preist den Sieger:

  „*Ich bitte dich, Kind des Zeus, des Befreiers,*
    Schütze das über ein weites Gebiet herrschende Himera, Retterin Tyche.
    Von dir werden nämlich auf dem Meer die schnellen
    Schiffe gelenkt, auf dem Festland stürmische Kriege
    Und die Ratsversammlungen. Der Menschen
    Hoffnungen schwanken oft nach oben und wieder nach unten,
    Nichtige Täuschung durchmessend.
    Noch keinem Erdenbewohner schenkte ein Gott die Gabe,
    Ein zuverlässiges Zeichen für den Ausgang einer Handlung zu finden.
    Für die Zukunft ist der Verstand blind.
    Vieles geschieht den Menschen wider Erwarten,
    Der Freude Entgegengesetztes, manche geraten
    In schwere Stürme
    Und tauschen in kurzer Zeit großes Glück mit Leid.
    Sohn des Philanor, wie wenn ein Hahn

Nur im Haus am Herd der Familie kämpft,
So hätte auch deiner Füße Ruhm seinen Glanz verloren,
Wenn dich nicht ein Bürgerkrieg deiner Heimatstadt Knossos beraubt hätte.
Jetzt aber, da du in Olympia den Kranz gewonnen hast
Und schon zweimal bei den pythischen Spielen und am Isthmos, Ergoteles,
Genießt du das Bad in den heißen Quellen der Nymphen
Und wohnst auf eigener Flur."

12. Olympische Ode

So wie die panhellenischen Spiele in den Kult eingebettet waren, stellt auch das Lied gleich zu Beginn den Bezug zur Religion her. Tyche wird angerufen, die Göttin des Schicksals und Glücks, die Tochter des Zeus. Wenn das menschliche Leben durch ständigen Wechsel gekennzeichnet ist, so zeigt das nichts Anderes, als dass das Walten und Wirken der Göttin undurchschaubar ist. Es gilt, sich der Differenz zwischen Gottheit und Mensch bewusst zu sein. Sie zu vergessen, bedeutet Anmaßung, Hybris. Am Schluss kommt der Dichter auf den Anlass, den Sieg in Olympia zu sprechen. Ergoteles erweist sich als ein Beispiel für einen unerwarteten Umschlag des Geschicks und zugleich als ein Beispiel für eine Glück bringende Zuwendung der Tyche. Von Himera aus wird der Glanz seines Ruhms viel heller erstrahlen, als es von Kreta aus der Fall gewesen wäre. Zudem bürgt Pindar dafür, dass, wie es wörtlich heißt, der Glanz nicht verwelkt. Die Warnung, sich nicht zu überschätzen, richtet sich auch an Ergoteles.

Mit den heißen Quellen der Nymphen spielt Pindar auf die Thermen an, auf die heißen Quellen, über die Himera verfügte.

Die Chöre sangen einstimmig, in der Regel begleitet von der Lyra, einem Instrument mit sieben Saiten. Es gab keine gemischten Chöre. Der Dichter studierte die Lieder meistens selbst ein. Leider kennen wir weder die Musik noch die Choreographie. Die Metrik ist sehr variantenreich. Im Gegensatz zum Epos bildeten Strophen eine Gliederung.

6. Kapitel

Die Römer

6, 1 Geschichte und Verwaltung

Jahrhundertelang war Sizilien Schauplatz der Auseinandersetzungen zwischen den Karthagern und Griechen – so lange, bis eine andere Macht ihre Interessen geltend machte: Rom. Roms Herrschaftsgebiet umfasste in Italien bereits das Gebiet vom Arno im Norden bis zur Meerenge von Messina im Süden. Auch Karthago war zu einer Großmacht im westlichen Mittelmeer aufgestiegen: Zu seinem Einflussgebiet gehörten Nordafrika, der Westen Siziliens, Sardinien, Korsika, die Balearen und der Süden Spaniens. Die griechischen Stadtstaaten in Sizilien hatten nur noch lokale Bedeutung. Einzig Syrakus hatte noch gewissen Einfluss.

Den Anlass zum Krieg zwischen Rom und Karthago bot Messana. Kampanische Söldner hatten die Stadt erobert und einen eigenen Staat gegründet. Sie verbündeten sich mit den Karthagern, die Truppen auf der Burg stationierten. Nicht alle waren jedoch damit einverstanden. Sie wandten sich hilfesuchend an Rom, das sich für eine Intervention entschied. Die Hoffnung auf Gewinn und Beute dürfte den Ausschlag gegeben haben. So brach im Jahre 264 v. Chr. in Messana der 1. Punische Krieg aus.

Sehr bald ging es nicht mehr nur um Messana, sondern um die Herrschaft in Sizilien. Dreiundzwanzig Jahre, von 264–241 v. Chr., wurde mit wechselndem Kriegsglück gekämpft. Schließlich gab Karthago auf und trat seine Besitzungen in Sizilien ab.

227 v. Chr. wurde die Insel die erste außeritalische römische Provinz im Sinn eines unterworfenen Gebiets. Sie wurde von einem Prätor verwaltet. Die Verträge, die mit einzelnen Gemeinden während des ersten Punischen Krieges geschlossen worden waren, blieben bestehen, so dass die Rechtsstellung der Provinzialen gegenüber Rom unterschiedlich war. „Divide et impera" „teile und herrsche" war auch in der Provinzialverwaltung das Prinzip römischer Herrschaftspolitik.

Dem Provinzialstatthalter stand – anders als es in Rom üblich war – kein „collega" als gleichberechtigter Amtsträger zur Seite. Nur Verwaltung und Kassenführung waren getrennt. Für die Finanzen waren zwei Quästoren verantwortlich. Der Statthalter war Befehlshaber der in seiner Provinz stationierten Truppen. Er war zuständig für die Jurisdiktion römischer Bürger, konnte sich aber auch Entscheidungen in Rechtsstreitigkeiten der nicht-römischen Untertanen – man nannte sie „Fremde" – vorbehalten. Die Gemeinden waren steuerpflichtig, sofern sie nicht vertraglich freigestellt waren. Neben der Ertragssteuer in der Form des Zehnten und anderen Abgaben, z. B. Zöllen, hatten sie die Ausgaben der Provinzialverwaltung zu finanzieren. In Notzeiten konnten ihnen weitere Verpflichtungen auferlegt werden.

Die Römer hatten von Anfang an nur wirtschaftliche Interessen an ihrer Provinz. Die griechische Sprache wurde nicht verdrängt, in die Selbstverwaltung der Gemeinden wurde möglichst wenig eingegriffen. Es entstanden keine repräsentativen Bauten, bevor im 1. Jahrhundert n. Chr. das Amphitheater in Syrakus errichtet wurde (vgl. Kap. 21, 2).

Syrakus war Provinzhauptstadt, einer der Quästoren residierte in Lilybaeum im Westen der Insel. Die Schwäche des Systems lag in der großen, relativ unkontrollierten Machtbefugnis der Statthalter, die ihre Stellung nicht selten dazu nutzten, sich schamlos zu bereichern. So wurden bereits im 2. Jahrhundert v. Chr., zuerst 149 v. Chr., Verfahren entwickelt, die Beamten zur Rechenschaft zu ziehen mit dem Ziel, den Geschädigten die erpressten Gelder und Güter zurückzuerstatten, später auch, die Schädiger zu bestrafen. Die Geschädigten mussten einen römischen Bürger ihres Vertrauens damit beauftragen, in Rom Anklage zu erheben. Das Gericht bestand aus Angehörigen der oberen Stände, die Leitung des Verfahrens oblag einem Prätor. Einen Aufsehen erregenden Prozess dieser Art strengten Gemeinden Siziliens im Jahre 70 v. Chr. gegen C. Verres an, der von 73 bis 71 v. Chr. die Provinz als Proprätor verwaltet hatte (vgl. Kap. 8, 3). Ihr Vertreter war M. Tullius Cicero.

Wenn die Sizilianer gehofft hatten, dass ihnen der Schaden, der ihnen zugefügt worden war, ersetzt werde, so hatten sie sich getäuscht. Sie erhielten nur einen Bruchteil des Verlustes, den sie erlitten hatten. Trotzdem zeigten sie sich Cicero gegenüber erkenntlich.

„Sie brachten ihm ansehnliche Geschenke und sandten ihm, als er Ädil war, viele Güter...; er zog daraus aber keinen Gewinn; er nutzte die Möglichkeit, die ihm der gute Wille dieser Leute bot, um die Lebensmittel auf dem Markt zu verbilligen."

    Plutarch, Cicero, Kapitel 8

Es lag Cicero fern, sich zu einem Anwalt derer zu machen, die in den Provinzen der Willkür der Statthalter ausgesetzt waren. Im Jahre 59 v. Chr. vertrat er Lucius Valerius Flaccus, der als Proprätor die Provinz Asien verwaltet hatte und unter Anklage stand. Er erreichte einen Freispruch, obwohl Flaccus nicht weniger schuldig war als Verres.

Gut war, was der Karriere dienlich war.

6, 2   Die Sklavenaufstände

Die Gebirge im Norden Siziliens erreichen eine Höhe von fast 2 000 m, der Ätna im Osten sogar 3 350 m. Der größte Teil der Insel ist jedoch von nur mäßig hohen Hügeln durchzogen, auf denen Ackerbau und Viehzucht betrieben werden können.

Die fruchtbaren Äcker und üppigen Weiden der neuen Provinz verlockten reiche römische Geschäftsleute, die zum größten Teil dem Rittertand angehörten, dazu, Geld zu investieren und Land zu pachten oder zu kaufen. Es kam ihnen entgegen, dass die Punischen Kriege viele Kleinbauern zur Aufgabe ihrer Betriebe gezwungen hatten. Es entstanden große landwirtschaftliche Güter, sog. Latifundien, die von Sklaven unter Anleitung eines Aufsehers bewirtschaftet wurden, während die Gutsherren fernab in Rom oder einer anderen Großstadt ihr Leben verbrachten. Man baute Getreide an. Die Monokultur ermöglichte es Unteritalien, sich auf die Produktion von Öl und Wein zu konzentrieren. Dort ging die Zahl der Bauern in der ersten Hälfte des 1. Jahrhunderts v. Chr. um ein Drittel zurück.

Je mehr Kriege geführt wurden, umso mehr stieg die Zahl der Kriegsgefangenen und damit auch der Sklaven. Die Siege der Römer in Asien (198 v. Chr.) und Makedonien (168 v. Chr.) schwemmten billige Arbeitskräfte in den Westen. Der Geschichtsschreiber Diodor berichtet von zwei Sklavenaufständen in Sizilien.

Der erste Krieg brach im Jahre 136 v. Chr. aus. Diodor spricht von zweihunderttausend Aufständischen, sicher eine stark übertriebene Angabe. Die Zahl von sechzig- bis siebzigtausend Sklaven dürfte realistisch sein, aber auch sie ist noch beträchtlich hoch. Es handelte sich zweifellos um ein Ereignis von mehr als lokaler Bedeutung. Die damalige Einwohnerzahl der Insel schätzt man auf sechshunderttausend bis eine Million.

„Sklaven waren massenweise von den Sklavenmärkten nach Sizilien gebracht und sogleich mit Zeichen und Brandmalen gekennzeichnet worden. Die Jüngeren von ihnen dienten als Hirten, die anderen setzte man je nach Bedarf ein. Die Bedingungen, unter denen sie arbeiteten, waren hart, und um Nahrung und Kleidung kümmerten sich die Herren wenig. Die meisten Sklaven verschafften sich durch Räuberei, was sie zum Leben brauchten; überall geschahen Morde; Banden agierten wie Heere im ganzen Land.

Die Prätoren versuchten, gegen sie einzuschreiten; wegen der Macht und des Ansehens der Eigentümer, die unumschränkte Gewalt über ihre Sklaven hatten, wagten sie es nicht, sie zu bestrafen. So sahen sie sich gezwungen, tatenlos zuzusehen, wie die Provinz ausgeplündert wurde, denn die meisten Besitzer waren römische Ritter, und wenn die Statthalter nach dem Ende ihrer Amtszeit in der Provinz angeklagt wurden, konnten sie ihnen als Richter Schaden zufügen.

Die Sklaven litten unter der Last der Arbeit; häufig wurden sie grundlos geschlagen. Schließlich wollten sie sich mit ihrer Lage nicht länger abfinden. Sie trafen sich, sprachen miteinander über die Möglichkeit eines Aufstandes – bis sie ihr Vorhaben in die Tat umsetzten.

Ein gewisser Antigenes aus Enna hatte einen syrischen Sklaven namens Eunus, er stammte aus Apameia am Orontes; er verfügte über magische Kräfte und konnte Wunder wirken. Er gab vor, im Schlaf göttliche Befehle zu erhalten und die Zukunft voraussagen zu können. Indem er sich dieser Art von Begabung rühmte, täuschte er viele Menschen… Vor dem Aufstand pflegte er zu sagen, die syrische Göttin erscheine ihm und verkünde ihm die Königsherrschaft…

Der Aufstand begann folgendermaßen: In Enna lebte ein gewisser Damophilos, er war reich und eingebildet. Seine Sklaven behandelte er außerordentlich schlecht. Seine Frau Megallis versuchte, ihren Mann noch zu übertreffen, wenn es um die Bestrafung der Sklaven und jede Art von unmenschlicher Behandlung ging.

So kam es, dass die misshandelten Sklaven, gereizt wie wilde Tiere, gemeinsam beschlossen, sich zu erheben und ihre Herren zu töten. Sie suchten Eunus auf und fragten ihn, ob ihr Plan von den Göttern gutgeheißen werde. Mit der üblichen Gaukelei versicherte der ihnen, dass die Göttin ihre Zustimmung gebe, und er trieb sie an, den Plan unverzüglich in die Tat umzusetzen. Sie wiegelten sogleich vierhundert Mitsklaven auf und, nachdem sie sich so gut als möglich mit Waffen versorgt hatten, überfielen sie Enna.… Sie drangen in die Häuser ein, richteten ein großes Blutbad an und schonten selbst die Babys nicht, die gerade gestillt wurden. Sie rissen sie von der Brust ihrer Mütter und schmetterten sie auf den Boden.

Als die Leute um Eunus erfuhren, dass Damophilos und seine Frau sich in einem nahe der Stadt gelegenen Park aufhielten, schickten sie einige Leute dorthin; diese fesselten die beiden und zerrten sie in die Stadt, nicht, ohne sie unterwegs zu misshandeln; nur der Tochter taten sie nichts zu Leide, wie man beobachten konnte; sie war eine gütige Frau, mitfühlend und nach Kräften hilfreich. Das zeigt, dass die Sklaven nicht aus angeborener Grausamkeit handelten, sondern, weil sie sich für das Unrecht, das ihnen zugefügt worden war, rächen wollten."

Damophilos wurde im Theater gelyncht.

„Nun wurde Eunus zum König gewählt, nicht wegen seiner Tapferkeit oder seiner strategischen Fähigkeiten, sondern einzig wegen seiner Gaukelkünste und weil er den Anstoß zum Aufstand gegeben hatte.…

Als er unumschränkter Herr über die Aufständischen geworden war, berief er eine Versammlung ein und ließ alle männlichen Einwohner von Enna ergreifen und töten, sofern sie sich nicht auf das Waffenhandwerk verstanden. Die nämlich wurden in Ketten gelegt und zur Arbeit verpflichtet. Megallis übergab er ihren Sklavinnen, mochten sie mit ihr tun, was sie wollten. Sie wurde gefoltert und in einen Abgrund gestürzt.

Eunus tötete eigenhändig seine Herren Antigenes und Python. Er ließ sich krönen und richtete seine Umgebung so ein, wie es sich für einen Hofstaat gehörte. Eine Frau, Syrerin und aus der gleichen Stadt wie er, ernannte er zur Königin, zu Beratern berief er Männer, die sich seiner Meinung nach durch Klugheit auszeichneten…

Innerhalb von nur drei Tagen bewaffnete er mehr als sechstausend Männer bestmöglich, rüstete andere, die sich ihm anschlossen, mit Äxten, Beilen, Schleudern, Sensen, mit im Feuer gehärteten Knüppeln und Kuchenspießen aus. Plündernd durchstreifte er mit ihnen das ganze Land und gewann eine unendlich große Menge an Sklaven dazu, denen er sogar so viel Mut machen konnte, dass sie bereit waren, sich in einen Kampf mit den römischen Statthaltern einzulassen. Oft behielt er, wenn er mit den Römern in Kampf geriet, die Oberhand; verfügte er doch schon über mehr als zehntausend Kämpfer.

Unterdessen brach unter der Führung eines gewissen Kleon, eines Kilikiers, an anderer Stelle (bei Akragas) ein neuer Sklavenaufstand aus, und während alle Römer die Hoffnung nährten, dass die Aufständischen sich nun gegeneinander wenden, sich gegenseitig vernichten und so Sizilien von dem Aufstand befreien würden, einigten sich Eunus und Kleon wider Erwarten: Kleon unterstellte sich den Befehlen des Eunus und diente ihm wie einem König als Feldherr."

Die Aufständischen eilten von Sieg zu Sieg, bis ihnen der Konsul L. Rupilius Rufus 132 v. Chr. entgegentrat. Alle entlaufenen Sklaven, deren er habhaft werden konnte, tötete er, indem er sie in einen Abgrund stürzte. Dann marschierte er auf Enna zu.

„Er schloss die Aufständischen ein, so dass sie in die äußerste Not gerieten und alle Hoffnungen begraben mussten. Kleon, der Feldherr, verließ mit wenigen Getreuen den Schutz der Stadt und stellte sich tapfer dem offenen Kampf. Als er seinen Wunden erlegen war, zeigte der Konsul den Eingeschlossenen ihren toten Führer.

Die Stadt fiel ihm durch Verrat in die Hände. Da sie schwer zugänglich war, hätte er sie mit Gewalt nicht einnehmen können. Eunus floh feige mit seinen tausend Leibwächtern in eine unzugängliche Gegend. Als seine Begleiter erkannten, dass der Tod nicht mehr abwendbar war – denn schon war der Konsul Rupilius auf dem Weg zu ihnen – töteten sie sich gegenseitig mit ihren Schwertern. Eunus, der Blender und König, suchte wiederum Rettung in feiger Flucht. Aus einer Höhle zerrte man ihn heraus und mit ihm vier seiner Trabanten, einen Koch, einen Bäcker, einen Masseur und einen Possenreißer. Er wurde ins Gefängnis gesteckt und dort einem Heer von Läusen zur Vernichtung überlassen. Passend zu seiner Scharlatanerie beendete er sein Leben in Morgantina (in der Nähe von Piazza Armerina).

Rupilius durchzog mit wenigen Auserwählten ganz Sizilien und befreite es schneller, als man erwartet hatte, von der ganzen Räuberbande."

2, 34 / 35

Diodors Bericht ist uneinheitlich in der Bewertung. Zeigt er am Anfang Verständnis für die Sklaven, so spricht er am Schluss von „Räuberbanden".

Immerhin wird deutlich, worum es den Aufständischen ging und nicht ging: Sie kämpften weder für die Abschaffung der Sklaverei noch für die Menschenwürde. Sie einte das Verlangen, sich an ihren Herren und Unterdrückern für die unmenschliche und erniedrigende Behandlung zu rächen. Darüber hinaus war es ihr Ziel, einen eigenen Staat im Stil eines hellenistischen Königtums zu gründen. Dadurch, dass Eunus ein Anhänger der syrischen Göttin Atargatis war, bekam der Aufstand eine religiöse Weihe.

Viele tausend Aufständische wurden von den Römern hingerichtet. Eine Statue des Eunus, des Sklaven, erinnert seit 1960 vor den Mauern des Castello di Lombardo in Enna an den Aufstand.

Die Römer hatten nicht weniger als vier Jahre (136–132 v. Chr.) gebraucht, um der Lage Herr zu werden. Die Kämpfe und die massenhaften Hinrichtungen hatten die Zahl der Sklaven stark reduziert. Man füllte die Verluste durch Zukäufe auf den Sklavenmärkten auf. So war es kein Wunder, dass nur eine Generation nach dem ersten ein zweiter Sklavenaufstand ausbrach.

Anlass war ein Senatsbeschluss, der besagte, dass kein freier Mann aus einem mit Rom befreundeten Land in einer Provinz als Sklave gehalten werden dürfe. Die Statthalter wurden angewiesen, den Beschluss zu beachten und ggfs. umzusetzen.

In Sizilien forderte daraufhin eine große Zahl Sklaven von dem Prätor Licinius Nerva die sofortige Freilassung. Innerhalb kurzer Zeit waren nicht weniger als achthundert von ihnen freie Männer, und das war erst der Anfang. Nun setzten die Eigentümer den Statthalter unter Druck und verlangten, ihnen ihre Sklaven zurückzuschicken. Nerva beugte sich dem Ansinnen. Es war das Jahr 104 v. Chr., Diodor berichtet:

„Die Sklaven verständigten sich untereinander. Sie verließen Syrakus, kehrten aber nicht zu ihren Herren zurück, sondern suchten im Heiligtum der Paliken (als Heroen verehrte Kinder des Herakles) *Zuflucht und berieten über einen Aufstand. Vielerorts zeigte sich nun, wie mutig Sklaven sein konnten."*
In einer Schlacht besiegten sie die Römer. Ihre Zahl stieg auf mehr als sechstausend Mann.

„Sie traten zu einer Versammlung zusammen und wählten auf Grund eines Antrags einen Mann zum König, der Salvus hieß und in dem Ruf stand, sich auf die Eingeweideschau zu verstehen und bei orgiastischen Feiern der Frauen Flöte zu spielen."
Salvus rekrutierte in kurzer Zeit eine große Zahl Reiter und Fußsoldaten. Die Sklaven aus Morgantina schlossen sich ihnen an.

In der Gegend von Segesta und Lilybaeum und anderen benachbarten Landstrichen brach ein zweiter Aufstand aus. Anführer war ein Kilikier, ein Gutsverwalter, namens Anthenion. Er besaß die Gabe, aus den Sternen die Zukunft zu lesen, und behauptete, die Sterne hätten ihm verkündet, dass er König von ganz Sizilien werde. Er ließ sich von den Sklaven, die er rekrutiert hatte, zum König krönen.

„In ganz Sizilien herrschten Chaos und unvorstellbares Leid. Denn nicht nur Sklaven, sondern auch mittellose Freie verübten jede Art von Raub und Gesetzeswidrigkeit. Mitleidlos töteten sie jeden Freien und Sklaven, dem sie begegneten, damit niemand ihre verzweifelte Kühnheit bekannt machen könnte."
Nun ernannte sich auch Salvus zum König. Von den Aufständischen wurde er Tryphon genannt. Wider Erwarten einigten sich auch dieses Mal die beiden Anführer: Anthenion unterstellte sich dem Tryphon.

Tryphon bestimmte Triokala zu seiner Residenzstadt: Sie liegt in der Nähe von Akragas.

„Er ließ einen Palast erbauen und schuf einen Marktplatz, der einer großen Menschenmenge Platz bot. Er wählte geeignete, durch Klugheit ausgezeichnete Männer aus und ernannte sie zu seinen Beratern. Sie bildeten seinen Kronrat. Er trug eine Toga mit Purpursaum und legte bei seinen Amtsgeschäften eine Tunika mit breiten Streifen an. Liktoren mit Beilen schritten ihm voran. Er übte seine Königsherrschaft mit allem, was man als König tut und womit man sich schmückt, aus.“

In einer offenen Feldschlacht bei Triokala wurden die Aufständischen besiegt. Anthenion wurde verwundet, konnte sich aber retten. Tryphon floh.

Weder L. Licinius Lucullus (103 v. Chr.) noch seinem Nachfolger C. Servilius Augur (102 v. Chr.) gelang es, den Krieg erfolgreich zu beenden:

„Nach dem Tod des Tryphon trat Anthenion seine Nachfolge an. Er belagerte Städte, durchstreifte das Land, ohne auf Widerstand zu stoßen. Er gewann die Oberhand über weite Teile der Insel, ohne dass Servilius etwas dagegen zu tun vermochte.“

Erst der Konsul Marius Aquilius konnte die Aufständischen besiegen (100 v. Chr.).

„Dabei geriet er mit Anthenion, dem König der Aufständischen, aneinander und lieferte sich mit ihm einen heldenhaften Kampf. Er tötete ihn zwar, wurde aber selbst am Kopf verwundet und musste ärztlich behandelt werden.“

Zwanzigtausend Mann sollen in der Schlacht gefallen sein. Alle Gefangenen wurden nach Rom geschickt, um dort im Circus als Tierkämpfer die Massen zu unterhalten (vgl. Kap. 21, 2).

„Einige überliefern, dass die Gefangenen auf spektakuläre Art ihrem Leben ein Ende gesetzt hätten: Sie hätten sich geweigert, mit den Tieren zu kämpfen, und hätten sich auf den öffentlichen Altären gegenseitig getötet. … Nachdem der Krieg der Sklaven in Sizilien fast vier Jahre gedauert hatte, fand er auf diese Weise ein tragisches Ende.“

36, 1–3

Der Anführer, ein gewisser Satyros, hatte sich selbst als letzter getötet, als kein anderer mehr lebte.

Der Verlauf des zweiten Sklavenkrieges glich dem des ersten. Auch jetzt ging es nicht um eine Revolte gegen die Institution der Sklaverei. Tryphon und Anthenion verfolgten wie Eunus das Ziel, ein Königtum zu errichten, wie es sich im Hellenismus herausgebildet hatte. Eunus und Anthenion stellten den Bezug zu den Göttern her. Salvus hatte den Namen Tryphon angenommen, der als Usurpator von 142–138 v. Chr. über Syrien geherrscht hatte. Mit der Königswürde verband Tryphon in merkwürdiger Mischung die Insignien eines römischen Statthalters.

Es zeigte sich, dass es leichter war, die Sklaven auf dem Land aufzuwiegeln als die in der Stadt. Die Lebens- und Arbeitsbedingungen waren sehr unterschiedlich.

Wie beim ersten Sklavenaufstand hatten die Römer auch jetzt wieder die Einigkeit unter den Anführern der Aufständischen unterschätzt. Sie hatten aus diesem Krieg keine Lehren gezogen. Wie Tryphon umkam, weiß man nicht. Dass Anthenion mit dem Statthalter kämpfte, wertete ihn als gleichrangigen Gegner auf.

Es war nicht der letzte Sklavenaufstand, den Rom niederschlagen musste. Wiederum eine Generation später (73 v. Chr.) erhob sich in Capua Spartacus, und er wurde für den Staat zu einer ungleich größeren Bedrohung, als es die Kriege in Sizilien waren.

Aus der Tatsache, dass sich Sklaven in der Jahrhunderte während römischen Geschichte nur dreimal gegen ihre Herren erhoben haben, kann man zwei unterschiedliche Schlüsse ziehen:
  – Die Herrschaft funktionierte so gut, dass die Sklaven es nicht wagen konnten, wider den Stachel zu löcken.
  – Die Sklaven waren im Allgemeinen mit ihrer Situation gar nicht so unzufrieden.

Man muss sich vor Verallgemeinerungen hüten, darf aber nicht vergessen, dass ein Sklave eine Investition war, deren Wert man möglichst erhalten wollte. Die Tatsache, dass in Sizilien durch billige Arbeitskräfte billig produziert werden konnte, blieb nicht ohne negative Auswirkungen auf die Bauern in Italien, die nicht mehr konkurrenzfähig waren. Hier liegt eine der Ursachen für die sozialen Spannungen, die Rom am Ende des 2. Jahrhunderts v. Chr. erschütterten und die die Gracchen mildern wollten.

Sizilien wurde und blieb – später zusammen mit Ägypten – die Kornkammer Roms.

Cicero bemerkte zu Sizilien:

„Diesem verdanken wir, dass wir ernährt und erhalten werden."

2. Rede gegen Verres, Buch 3, Kapitel 5

Im 5. Jahrhundert n. Chr. beendeten die Germanen – Vandalen und Ostgoten – wie überall so auch in Sizilien die Herrschaft Roms.

7. Kapitel

PALERMO: DIE METOPEN AUS SELINUNT

7,1 Ankunft

Johann Wolfgang Goethe hatte in Neapel das Schiff bestiegen, um nach Palermo zu reisen. Am Montag, dem 2. April 1787, notiert er:

„Endlich [nach 4 Tagen und 4 Nächten] *gelangten wir mit Not und Anstrengung nachmittags um 3 Uhr in den Hafen, wo uns ein höchst erfreulicher Anblick entgegentrat. Völlig hergestellt, wie ich war, empfand ich das größte Vergnügen. Die Stadt gegen Norden gekehrt, am Fuß hoher Berge liegend; über ihr, der Tageszeit gemäß, die Sonne herüberscheinend. Die klaren Schattenseiten aller Gebäude sahen uns an, vom Widerschein erleuchtet. Monte Pellegrino rechts, seine zierlichen Formen im vollkommenen Lichte, links das weit hingestreckte Ufer mit Buchten, Landzungen und Vorgebirgen. Was ferner eine allerliebste Wirkung hervorbrachte, war das junge Grün zierlicher Bäume, deren Gipfel, von hinten erleuchtet, wie große Massen vegetabilischer Johanniswürmer vor den dunkeln Gebäuden hin und wider wogten. Ein klarer Duft bläute alle Schatten.“*

Die Lage Palermos – eine ausgedehnte Ebene, von schützenden Bergen rings umgeben, ein Hafen – hatte schon die Phönizier dazu verlockt, eine Siedlung zu gründen. Sie diente den Karthagern nicht nur in den permanenten Auseinandersetzungen mit den Griechen als Basis, sondern sie war auch im 1. Punischen Krieg für ihre Operationen gegen die Römer ein wichtiger Ausgangspunkt, bis es diesen schließlich gelang, sie zu erobern. Unter der römischen Herrschaft entwickelte sie sich zu einer bedeutenden Stadt innerhalb der Provinz Sicilia. Panormos nannten sie die Griechen, Panormus die Römer: Allhafen.

7,2 Mythen

Der Freund der griechisch-römischen Kultur wird in der Stadt vergeblich nach Überresten aus der Antike suchen, aber er sollte nicht versäumen, das archäologische Museum zu besuchen. Besonders sehenswert sind die im Saal von Selinunt ausgestellten griechischen Kunstwerke, Metopen von Tempeln der archaischen und klassischen Zeit.

Der antike Tempel kannte in der Regel nur Außenschmuck: farbig bemalte Skulpturen in den Giebeln und – bei den dorischen Bauten – ringsum in den von Triglyphen eingerahmten Metopen. Das Repertoire, aus dem die antiken Künstler schöpften, waren die Mythen.

Mythos heißt „Wort“. Mythen erzählen von Göttern und Heroen, sie handeln von Anfängen und Ursprüngen, erklären Phänomene und Ereignisse.

Sie begründen Bräuche und Riten oder rechtfertigen sie, beziehen sie auf einen Bereich des Heiligen und Unverfügbaren. Sie verknüpfen die Welt der Menschen mit der Welt der Götter und stiften Sinn. Ursprünglich galten sie als wahr, als beglaubigt von den göttlichen Musen, als Kunde von einer fernen Vor-, ja, Urzeit. In manchen von ihnen mag sich die Erinnerung an geschichtliche Ereignisse erhalten haben. Ihre Zahl war begrenzt. Man sollte sie wiedererkennen. Aber im Gegensatz zu biblischen Geschichten waren sie veränderbar, freilich nicht beliebig. Orest blieb der Mörder seiner Mutter. Das Motiv aber, die Rolle der Götter, die Folgen der Tat waren disponibel. Eine neue Gestaltung ersetzte die alte nicht, jede Version hatte ihre Gültigkeit. Das Neue setzte das Vorangehende voraus, es wollte in seiner Besonderheit wahrgenommen werden. Mythen sind an kein literarisches Genus gebunden, sie sind Sujets von Epen, lyrischen Gedichten, Dramen, und sie sind in Bildern präsent – auf Vasen und an Tempeln. Es gibt eine Geschichte der Mythen, ihrer Bearbeitungen und Veränderungen, aber es lässt sich kein Anfang der Geschichte benennen (vgl. Kap. 23, 2).

Dass der Tempel nur außen Schmuck aufweist, hängt mit seiner Funktion zusammen. Er war der Schrein, der das Bild der Gottheit in seinem Inneren, in der Cella, birgt.

„Naos" ist das griechische Wort für Tempel, es bedeutet „Wohnstatt der Gottheit". In der Regel betrat nur der Priester das Innere, der Gottesdienst fand außerhalb statt, am Altar, der vor der Tempelfront im Osten stand.

Die Cella mancher Tempel in Sizilien war wie eine Halle gestaltet. Daraus hat man geschlossen, dass doch auch Kultteilnehmer Zutritt hatten.

7, 3   Die Welt der Götter

Bei Herodot lesen wir, dass Homer und Hesiod „den Stammbaum der Götter aufgestellt, den Göttern Beinamen gegeben, ihre Ehren und Wirkungsbereiche geschieden und ihre Gestalten beschrieben" hätten (2, 53).

Sie haben die vielfältigen Überlieferungen strukturiert, die Götter in Beziehung zueinander gesetzt und sie als je eigene Wesenheiten mit Eigenschaften und Funktionen fassbar gemacht.

Seit Homer und Hesiod gibt es eine allen Griechen gemeinsame Vorstellung von der Welt der Götter. Diese Welt ist in einem lange währenden Prozess entstanden aus Einflüssen, die aus Kleinasien, Assyrien, dem Zweistromland und Ägypten stammten, aus Glaubensvorstellungen der Urbevölkerung Griechenlands und der indogermanischen hellenischen Stämme, die in Griechenland eingewandert sind.

Homer ist das Ende einer Entwicklung und zugleich ein neuer Anfang. Die Vorstellung von der Welt der Götter und von der Beziehung zwischen Gottheit und Mensch ist allmählich entstanden, und sie ist im Verlauf der Ge-

schichte Veränderungen und neuen Interpretationen unterworfen worden –
von Dichtern, Schriftstellern, Künstlern und Philosophen. Homer ist nicht
verdrängt worden. Er blieb lebendig und war präsent wie die Bibel im Mittelalter. Von den Vorstellungen, die er uns vermittelt, soll im Folgenden die
Rede sein.

Die griechischen Götter sind nicht transzendent, sind nicht das ganz Andere, das Unerforschliche. Sie sind innerweltliche Mächte, sie denken und fühlen
wie Menschen, und deshalb sind ihre Gefühle, Gedanken und Entscheidungen
prinzipiell verständlich und nachvollziehbar, freilich nicht vorhersehbar. Die
Götter entstehen oder werden geboren wie Menschen und sehen wie Menschen aus; sie sind anthropomorph. Oder sind wir Menschen theomorph?

Die Götter, einmal etabliert, verändern sich nicht mehr, sie altern nicht. Sie
sind und bleiben vollkommen in ihrer makellosen Schönheit. Sie wohnen unter uns, sind präsent in den Statuen, die in den Tempeln stehen, und nehmen
am Kult teil.

> *„Immer erscheinen uns die Götter und sind uns sichtbar,*
> *Wenn wir ihnen die hochberühmten Hekatomben*
> *Opfern, sie speisen mit uns und sitzen mit uns zusammen."*
> Homer, Odyssee 7, 201–203

Der Apostel Paulus tadelt in seiner Predigt in Athen gerade das an ihnen,
dass sie „als Gold, Silber oder Stein", als Gebilde menschlicher Kunst verehrt
werden (Apostelgeschichte, 17, 16 ff.).

Es gibt Konflikte unter den Göttern, aber sie gehen nicht tödlich aus. Die
Götter sind untragisch. In ihnen sind menschliche Träume verwirklicht:

Sie können sich verwandeln, in Menschen und in Tiere. Sie vereinen Identität und Variabilität, und sie sind an keinen Ort gebunden. Sie bewohnen den
Olymp, aber ebenso das Idagebirge in der Troas und den weiten Himmel und
– die Tempel. Die Götter erscheinen, wie und wo es ihnen beliebt.

Flüsse und Winde werden als Götter, Quellen und Bäume als göttliche
Nymphen verehrt, Helios heißt der mächtige Sonnengott. Von dem Philosophen Thales von Milet (ca. 625–547 v. Chr.) wird der Satz überliefert: „Alles
ist voll von Göttern" (DK 11 A 22).

Homer nennt die Götter „makarioi", „selig". Sie sind unsterblich. Die Unsterblichkeit ist das wichtigste Unterscheidungsmerkmal der Götter von den
Menschen.

Jede Gottheit repräsentiert das Ganze des Seins unter einem bestimmten
Aspekt. So ist Aphrodite eine kosmische Macht, die Göttin der Liebe, der Zeu-
gung und Geburt bei Tier und Mensch. Hermes ist der Gott des Übergangs,
der Grenzüberschreitung, der von der Jugend in den Gymnasien als Schutzgott verehrt wird, der zwischen Göttern und Menschen als Bote vermittelt,
der die Toten dem Fährmann Charon zuführt. Dionysos ist der Gott der Re-
ben, des Gastmahls (Symposion) und des Theaters (vgl. Kap. 8, 5).

Die weiblichen Gottheiten sind den männlichen gleichgestellt.

Der Polytheismus war eine tolerante Religion: Er konnte fremde Götter mit den eigenen identifizieren oder sie hinzufügen: Die phönizische Astarte wurde mit Aphrodite identifiziert, die ägyptische Isis neu eingeführt. Schwierig wurde es, wenn ein Gott – wie der Gott der Christen – den Anspruch erhob, als Einziger verehrt zu werden und sich einer Eingliederung in das Pantheon widersetzte.

Es gab kein heiliges Buch, an dessen Interpretation man sich abarbeitete. Die Dichter und Schriftsteller erzählten und tradierten Mythen in unterschiedlichen Versionen. Gerade die Plastizität zeichnete die Mythen aus, und so laden sie auch heute zu immer wieder neuen Gestaltungen ein (vgl. Kap. 7, 2).

Die Priesterinnen und Priester hatten keine Deutungshoheit. Sie waren für die ordnungsgemäße Durchführung der Kulte zuständig. Sie predigten nicht, legten keine Schriften aus, lehrten nicht. So konnten sich Wissenschaft und Philosophie ungehindert von religiöser Bevormundung frei entfalten.

Die Religion war Sache der Polis. Die Polis war im Wesentlichen eine Kultgemeinschaft. Die Teilnahme an den Götterfesten einte die Bürgerschaft, stiftete Identität.

Im Vergleich zum Christentum wird deutlich, was es nicht gab: Es gab keinen Gott, als dessen Geschöpf sich der Mensch verstehen konnte, keinen Gott, der sich dem Einzelnen, dem Individuum, liebend zuwandte. Erst im Monotheismus gibt es eine Beziehung zwischen der Einmaligkeit Gottes und der Einmaligkeit des Individuums. Der heidnisch-antiken Religion fehlte die Dimension des Existenziellen. Es gab kein Bekenntnis der Sündhaftigkeit, kein Bewusstsein der Abhängigkeit von göttlicher Gnade. Keiner antiken Gottheit hat man Barmherzigkeit attestiert. Die antiken Götter hatten eher eine Beziehung zur Gemeinschaft als zu dem Einzelnen.

7, 4   Zeus und Europa

Wir wenden uns den Metopen der Tempel aus Selinunt zu. Da man nicht sicher weiß, welcher Gottheit die Tempel jeweils geweiht waren, hat man sie mit lateinischen Buchstaben versehen.

Wir folgen bei unserer Betrachtung der Chronologie.

Die ältesten sog. „kleinen" Metopen stammen von einem Tempel Y. Er ist gegen 550 v. Chr. errichtet worden. Sein Standort ist unbekannt. Es handelt sich um Flachreliefs aus Kalkstein, von denen drei gut erhalten sind:

LETO MIT IHREN ZWILLINGSKINDERN, Apoll, dem Gott der Musen mit der Leier, und Artemis, der Göttin der Jagd mit dem Bogen. Leto und Artemis begrüßen Apollo, der im Frühling in sein Heiligtum (Delos oder Delphi) einzieht (*Abb. 1*).

Abb. 1. Apoll schreitet mit der Leier auf Leto und Artemis zu. Metope aus
Selinunt, Tempel Y. Gegen 550 v. Chr. Palermo (zu S. 48).

Abb. 2. Der Raub der Europa. Metope aus Selinunt, Tempel Y. Gegen
550 v. Chr. Palermo (zu S. 49).

Abb. 3.   Perseus enthauptet Medusa, Athena schützt ihn dabei. Metope aus
Selinunt, Tempel C. 540 / 530 v. Chr. Palermo (zu S. 50–51).

Abb. 4. Herakles und die Kerkopen. Metope aus Selinunt, Tempel C. 540 / 530 v. Chr. Palermo (zu S. 51).

Abb. 5.   Zeus und Hera. Metope aus Selinunt, Tempel E. 470 / 460 v. Chr. Palermo (zu S. 52–53).

Abb. 6.   Artemis und Aktaion. Metope aus Selinunt, Tempel E. 470 / 460 v. Chr. Palermo (zu S. 53–54).

Abb. 7.   Herakles und die Königin der Amazonen. Metope aus Selinunt,
          Tempel E. 470 / 460 v. Chr. Palermo (zu S. 54).

Abb. 8. Athena und der Gigant Enkelados. Metope aus Selinunt, Tempel E.
Mittleres 5. Jahrhundert v. Chr. Palermo (zu S. 52 und 54).

Eine Sphinx, ein Wesen, dem man apotropäische, d. h. Unheil abwehrende, Kräfte zuschrieb.

Der Raub Der Europa. Es ist eine der frühesten Darstellungen dieses Mythos in der Kunst (*Abb. 2*). In der Literatur ist der Mythos häufig vertreten. Wir wählen die Gestaltung, die ihr der römische Dichter P. Ovidius Naso gegeben hat. Ovid wurde im Jahr 43 v. Chr. in Sulmo, einem kleinen Städtchen in den Abruzzen, geboren. Sein berühmtestes Werk sind die Metamorphosen, die Verwandlungsgeschichten, ein großes Epos, das mit der Entstehung des Kosmos aus dem Chaos beginnt und mit der Apotheose Caesars endet. Etwa zweihundertfünfzig Erzählungen sind locker aneinandergereiht. Ovid ist einundsechzig Jahre alt geworden und im Exil am Schwarzen Meer gestorben.

> *„Hermes, den Sohn, ruft Zeus beiseite. Doch er verheimlicht*
> *Ihm den wahren Grund, seine Liebe. „Mein Sohn, du führst doch*
> *Stets das aus, was ich dir befehle. Nun eile und gleite*
> *Schnell in gewohntem Flug hinab und strebe dem Land zu,*
> *Welches linker Hand zum Gestirn der Mutter hinaufblickt.*
> *Von Sidonien sprechen seine Bewohner. In der*
> *Ferne siehst du des Königs Herde sich vom Gebirgsgras*
> *Nähren, treib sie zur Küste." So sprach er, und unverzüglich*
> *Ziehen die jungen Stiere, herabgetrieben vom Berge, zum*
> *Angegebenen Ufer, wo die Tochter des großen*
> *Königs, von tyrischen Mädchen begleitet, zu spielen pflegte.*
> *Hoheit und Liebe passen nicht zueinander und wohnen*
> *Nicht beisammen: Der Vater und Lenker der Götter, dessen*
> *Rechte Hand mit dem dreigezackten Blitz bewaffnet*
> *Ist und der mit einem Nicken die Erde erschüttert,*
> *Der begibt sich der Würde des Herrschers, und, verwandelt*
> *In einen Stier, gesellt er sich unter die Stiere, stolziert dann*
> *Muhend und schön durch die zarten Gräser. Schneeweiß ist die Farbe. . . .*
> *Frieden kündet die Miene. Es wundert sich sehr Agenors*
> *Tochter, dass er so schön ist, dass er nicht angriffslustig*
> *Ist. Doch zuerst hat sie Angst, selbst den zahmen Stier zu berühren.*
> *Bald aber hält sie, näher tretend, Blumen dem weißen*
> *Maul hin. Freude empfindet das liebende Tier. Und damit nun*
> *Die erwartete Lust sich einstellt, küsst der Stier ihre*
> *Hände, mit Mühe schiebt er das Übrige auf, zähmt sich,*
> *Naht ihr spielend bald und tummelt sich auf der grünen*
> *Wiese, bald legt er sich in den gelben Sand auf die weiße*
> *Seite. Allmählich nimmt der Stier dem Mädchen die Furcht und*
> *Lässt sich gerne die Brust betasten, gerne mit frischen*
> *Kränzen die Hörner umwinden. Die Königstochter wagt es,*
> *Auf den Rücken des Stiers zu steigen; wen sie besteigt, das*

> *Weiß sie nicht. Der Gott setzt langsam vom trockenen Ufer*
> *Und vom Land, sie täuschend, die Füße in die ersten*
> *Wellen, dann weiter und weiter und trägt so mitten durch das*
> *Wasser des Meeres die Beute. Zum sich entfernenden Ufer*
> *Blickt sie, fortgetragen, ängstlich zurück. Mit der Rechten*
> *Hält sie ein Horn des Stieres, die Linke ruht auf seinem*
> *Rücken. Es bauschen flatternd sich auf im Wind die Gewänder."*
> 2, 836–852; 858–875

Dass Maia, die Mutter des Hermes, von Zeus als Stern in den Himmel versetzt worden ist, muss man wissen, ebenso, dass Sidonien ein anderer Name für Phönizien ist, in dessen Gebiet die Stadt Sidon lag.

Ziel der Entführung war die Insel Kreta. Dort gebar Europa dem Zeus, der die Gestalt eines Menschen angenommen hatte, drei Söhne, deren ältester Minos war, der der minoischen Kultur den Namen gegeben hat.

Der Mythos verbindet Phönizien mit Kreta, den Osten mit dem Westen. Er hält die Erinnerung daran wach, dass der Orient vielfältigen Einfluss auf die Enstehung der Mythen, der Dichtung und Philosophie der Griechen ausgeübt hat.

Schon im Altertum hat man den Mythos der Europa mit dem Namen das Erdteils verknüpft (z. B. Ovid, Metamorphosen 5, 548). Heute ziert das Bild der Europa die griechische 2-Euro-Münze und verweist darauf, dass sich die abendländische Kultur zu einem nicht geringen Teil Griechenland verdankt.

7, 5   Perseus und die Medusa

Die Metopen des Tempels C sind jünger. Sie werden in die zweite Hälfte des 6. Jahrhunderts v. Chr. datiert. Es sind Hochreliefs, die von flachen Rahmenleisten eingefasst werden. Erhalten sind drei von ursprünglich zehn Metopen.

Die erste Metope zeigt ein Gespann mit vier Pferden. Sie bewegen sich auf den Betrachter zu. Vermutlich ist die Epiphanie Apolls dargestellt, des Gottes, dem der Tempel wohl geweiht war.

Auf der zweite Metope (*Abb. 3*) trennt Perseus der Medusa, einer der drei Gorgonen, den Kopf ab. Sie hält den geflügelten Pegasos in ihrem Arm. Hinter dem Helden steht die Göttin Athena. Den Mythos erzählt Hesiod in seiner „Theogonie". Dem Perseus war aufgetragen worden, das Haupt der Gorgo zu beschaffen. Der Auftraggeber hoffte, wie es so oft geschieht, Perseus auf diese Weise beseitigen zu können, denn die Medusa versteinerte jeden, den sie anblickte.

> *„Keto gebar dem Phorkys…*
> *Die Gorgonen. Sie wohnen im äußersten Westen jenseits*
> *Des berühmten Okeanos, wo man die hellen Stimmen*
> *Hört der Töchter der Nacht. Stheno und Euryale*

> *Heißen sie und Medusa, die Schlimmes erlitt. Sie war sterblich,*
> *Ewig jung, und unsterblich waren die anderen beiden.*
> *Diese Sterbliche liebte Poseidon, der dunkelgelockte*
> *Gott inmitten von Frühlingsblumen auf einer weichen*
> *Wiese; und als ihr Perseus das Haupt abtrennte, da sprangen*
> *Aus ihr heraus das Pegasosross und der große Chrysaor....*
> *Pegasos flog hinweg von der Erde, der Mutter der Herden.*
> *Zu den Göttern flog er. Dort wohnt er im Haus des weisen*
> *Zeus und bringt ihm die schnellen Blitze und den Donner."*
> 70–81; 284–86

Pegasos durfte dann im 18. Jahrhundert n. Chr. auch noch zum Sinnbild der dichterischen Inspiration werden.

Mythen können unterschiedlich erzählt werden. Bekannt ist die Version, die wir den „Metamorphosen" des Ovid verdanken.

> *„Als sich Perseus dem Haus der Gorgonen näherte, hat er*
> *Auf den Feldern und Wegen durch den Blick der Medusa*
> *Stein gewordene Menschen und Tiere gesehen. Da hat er*
> *Nur im Spiegel des eisernen Schildes, den er in seiner*
> *Linken hielt, Medusa erblickt, die Unheilvolle.*
> *Während sie selbst und die Schlangen in tiefen Schlaf versunken*
> *Waren, hat er ihr das Haupt vom Hals getrennt, und*
> *Aus dem Blut der Mutter sind beide geboren*
> *Worden, Pegasos und sein Bruder. Mit seinen Flügeln*
> *Ist der Pegasos dann auf und davon geflogen."*
> 4, 779–786

Perseus hat das Haupt der Medusa Athena geschenkt, die ihm mit Rat und Tat zur Seite gestanden hatte. Sie hat es zur Abschreckung ihrer Gegner an ihren Schild geheftet. Man findet es auch oft wegen der apotropäischen Wirkung, die man ihm zuschrieb, an Tempeln dargestellt.

7, 6   Herakles und die Kerkopen

Die dritte Metope (*Abb. 4*) zeigt Herakles, wie er zwei Männer kopfüber an einer Stange, die er auf seiner Schulter trägt, aufgehängt hat. Es sind die Kerkopen, die gern allerlei Unfug trieben und dabei auch nicht vor Herakles Halt machten. Der schnappte sie sich kurzerhand und ließ sie kopfüber an seinem Tragbalken zappeln. Über ihr weiteres Schicksal gibt es unterschiedliche Berichte: Die einen sagen, Herakles habe sich über sie amüsiert und sie schließlich laufen lassen, nach anderen sind sie weniger glimpflich davongekommen. Die Darstellung wirkt humorvoll und kontrastiert mit dem Ernst der Perseus-Medusa-Metope. Hier wie dort aber ist es ein Heros, der triumphiert, und hier wie dort wird der Triumph einer Gottheit verdankt. Von den Met-

open des Zeustempels in Olympia wissen wir, dass Athena Herakles bei der
Bewältigung seiner Aufgaben helfend zur Seite stand.

Wie die Pferde der ersten Metope sind auch die menschlichen Figuren der
zweiten und dritten Metope dem Betrachter zugewandt.

7, 7   Die Götter und die Giganten

Der Bau des vermutlich der Athena geweihten Tempels F wird auf die Zeit
um 530 v. Chr. datiert.

Die Metopen, von denen nur zwei erhalten sind, erzählen die Geschichte
des Kampfes der Giganten gegen die Götter. „Stark und groß" nennt Hesiod
(Theogonie 185) die Riesen. Sie stammten von der Erdgöttin Gaia ab, die die
Blutstropfen des von seinem Sohn Kronos entmannten Himmelsgottes Uranos aufgenommen hatte. In dieser Auseinandersetzung, in der urtümliche
göttliche Wesen gegen die Dynastie des Zeus aufbegehrten, mussten sich die
Olympier bewähren, mussten sie den Kosmos vor dem Chaos bewahren (vgl.
Kap. 23, 2). Auf den Metopen sind vermutlich Dionysos und Athena dargestellt, die ihre Gegner im Kampf vernichten. Der sterbende Gigant dürfte Enkelados sein. Der Mythos erzählt, Athena habe ihn getötet, indem sie einen
Felsen auf ihn schleuderte. So soll Sizilien entstanden sein, ein Werkzeug in
der Hand der Göttin und ein Schutzschild der Ordnung gegen das Chaos.

Die Griechen haben gern den Mythos politisch instrumentalisiert und sich
mit den Göttern, ihre Feinde mit den Giganten identifiziert.

In einer Metope des Tempels E, der in der 1. Hälfte des 5. Jahrhunderts
v. Chr. erbaut worden ist, wird das Thema noch einmal aufgenommen (*Abb. 8*)
und viel später noch einmal von den Künstlern, die den berühmten Pergamon-
altar geschaffen haben.

7, 8   Zeus und Hera

Der Tempel E (*Abb. 9*) wurde 470/460 v. Chr. errichtet. Er war Hera geweiht.
Die Metopen sind aus lokalem Sandstein hergestellt, für die weiblichen nack-
ten Körperteile hat man wertvollen Marmor von der Insel Paros verwendet.
Die Metopen waren bemalt.

Eine der berühmtesten und schönsten Metopen (*Abb. 5*) schmückte die Ostfront des Tempels. Sie zeigt Hera und Zeus. Für die Darstellung des Götter-
paares hat man den Begriff der „Heiligen Hochzeit" (griechisch: hieros gamos)
geprägt. Hera wurde als Göttin der Hochzeit und Ehe verehrt. Zeus fasst Heras
Hand. Mit dieser symbolischen Geste ergreift er Besitz von ihr. Er will sie zu
sich heranziehen. Er sitzt lässig mit nacktem Oberkörper zurückgelehnt auf einem Berg, der ihm als Thron dient. Sein Mund ist geöffnet, sein Blick ist bewun-
dernd auf Hera gerichtet. Sie steht, vornehm gekleidet, unbeweglich wie eine

Statue vor ihm. Mit ihrer Linken hat sie den Schleier zurückgeworfen. Der Mythos berichtet, dass Zeus sie alljährlich von Neuem zur Frau nahm und dass sie durch ein kultisches Bad ihre Jungfräulichkeit immer wieder zurückgewann.

Homer schildert in der Odyssee, wie Hera auf dem Idagebirge Zeus verführt. Mag er auch der Weltenherrscher sein, sie triumphiert über ihn. Vielleicht stand dem Künstler diese Szene vor Augen, als er die Metope schuf.

Hera ließ sich von Aphrodite schmücken und mit einem Liebeszauber versehen:

> *„Hera stieg nun schnell hinauf zu des hohen Ida*
> *Gipfel, der Gargaron heißt. Dort sah sie den Wolkensammler*
> *Zeus. Und als er sie sah, erfüllte Liebesverlangen*
> *Ihm seinen klugen Sinn....*
> *Da blieb er*
> *Vor ihr stehen, sprach sie an und sagte die Worte:*
> *>... Auf dem Lager der Liebe wollen wir uns erfreuen,*
> *Nie hat noch das Verlangen nach einer Frau oder Göttin*
> *Mir zuvor das Herz in der Brust durchströmt und bezwungen...*
> *So, wie ich jetzt dich liebe, von süßem Verlangen ergriffen.<"*

Heras Bedenken, dass sie doch alle Göttinnen und Götter dort oben auf dem Gipfel sehen könnten, zerstreut er:

> *„>Hera, hab keine Angst, es wird kein Gott und kein Mensch uns*
> *Sehen. Solch eine goldene Wolke werde ich um uns*
> *Hüllen. Nicht einmal Helios wird uns beide erspähen,*
> *Der doch gewiss das hellste Licht hat, um uns zu sehen.<*
> *Sprach´s, und es nahm in die Arme die Gattin der Sohn des Kronos.*
> *Unter ihnen ließ die göttliche Erde wachsen*
> *Junges Gras und taufrischen Lotos sowie Hyakinthos,*
> *Dichten und weichen, auf dem sie ruhen könnten, und Krokos.*
> *Darauf legten sie sich, und sie zogen die goldene, schöne*
> *Wolke darüber. Glänzende Tautropfen fielen hernieder."*
>
> 14, 291–94; 296–97; 314–16; 328; 342–51

7, 9   Artemis und Aktaion

Eine weitere Metope (*Abb. 6*) zeigt die Göttin Artemis, die zusieht, wie der Jäger Aktaion von seinen eigenen Hunden zerfleischt wird. Über der Schulter trägt er das Fell eines Hirsches. Artemis ist die mädchenhaft-jungfräuliche Göttin der Jagd. Die Reinheit gehört zu ihrem Wesen. Sie blickt zu den Hunden. Die Ruhe, die sie ausstrahlt, kontrastiert mit der verzweifelten Abwehrhaltung des Mannes.

Die Szene entspricht der Version des Mythos, die uns Pausanias überliefert, ein Schriftsteller, der im 2. Jahrhundert n. Chr. gelebt hat (ca. 115 – ca. 180). Er hat Griechenland bereist und sorgfältig notiert, was er gesehen hat. In die topographischen Informationen hat er Mythen und historische Ereignisse eingefügt. Er war der Baedeker der Antike. In seinem Buch über Böotien berichtet er über eine Quelle und einen Fels mit dem Namen „Bett des Aktaion". Dort soll sich Aktaion, müde von der Jagd, ausgeruht haben. Zufällig nahm Artemis gerade ein Bad in der Quelle. Der Jäger beobachtete sie.

„Da hat die Göttin das Fell eines Hirsches um Aktaion geworfen und ihn so zum Tod durch seine eigenen Hunde verurteilt."

9, 2, 3

Das Fell deutet die Verwandlung des Jägers in einen Hirsch an. Aktaions Vergehen war die Verletzung der Grenze, die die Götter von den Menschen trennt.

7, 10   Herakles und die Königin der Amazonen

Ein dramatisches Geschehen bietet auch die folgende Metope (*Abb. 7*). Wieder geht es um eine männliche und eine weibliche Figur. Hier handelt es sich um Herakles, der mit einer Amazone kämpft. Herakles trägt das Löwenfell. Er drängt die Amazone mit einem großen Schritt zurück. Er hat den linken Arm ausgestreckt und sie an den Haaren gepackt, mit der Rechten, in der er eine Waffe hält (sie ist nicht erhalten), wird er sie töten. Sein Fuß steht auf ihrem Fuß. Eine Flucht ist ihr nicht möglich.

Die Amazonen waren ein Volk von Frauen, die sich mit Jagd und Krieg beschäftigten. Herakles sollte der Königin der Amazonen ihr Wehrgehenke entreißen. Er symbolisiert dabei die Überlegenheit des Mannes und Griechen gegenüber dem bedrohlich-wilden Weiblichen.

Die Medusa, die Amazonen – fühlten sich die griechischen Männer in ihrer Dominanz durch die Frauen bedroht? Suchten sie in den Mythen eine Bestätigung ihrer Macht und Überlegenheit?

Heinrich von Kleist hat 1807 die Amazonenkönigin Penthesilia als eine tragische Figur auf die deutsche Bühne gebracht.

Der Kosmos, die Ordnung, die Zeus und Hera repräsentieren, muss im Kampf wieder und wieder aufrecht erhalten werden, im Kampf gegen die Menschen, die wie Aktaion die Grenze missachten, die die Unsterblichen von den Sterblichen trennt, und im Kampf gegen Mächte, die die Kultur bedrohen.

In einer beschädigten Metope (*Abb. 8*) ist das Thema des Gigantenkampfes nochmals aufgenommen worden. Sie ist jünger als die anderen Metopen, sie ist anstelle einer älteren eingesetzt worden. Wieder stehen sich eine weibliche und eine männliche Figur gegenüber. Hier ist es nun gewiss Athena, die den Giganten Enkelados tötet. Man erkennt sie an dem Haupt der Gorgo auf ihrer Brust.

So blickten an den Götterfesten nicht nur in Selinunt, sondern in jeder Polis die Götter und Heroen von den Tempeln auf die Menschen hinab und vermittelten ihnen die Gewissheit ihrer göttlich-ewigen Existenz und ihres Sinn stiftenden Wirkens.

8. Kapitel

Egesta – Segesta

8, 1   Die Egestaier als Täter

Aeneas galt als Gründer der Stadt Egesta – heute Segesta –, die Einwohner hielten sich für die Nachfahren der Trojaner (vgl. Kap. 2, 3).

In der 2. Hälfte des 5. Jahrhunderts v. Chr. trat die Stadt in das Rampenlicht der Geschichte: Die benachbarte griechische Kolonie Selinus wollte ihr Gebiet auf Kosten Egestas erweitern, obwohl die beiden Stadtstaaten miteinander verbündet waren. Egesta beschloss, sich der Hilfe Athens zu versichern. Das bedeutete, dass man sich in die Auseinandersetzung zwischen den beiden damals bedeutendsten Stadtstaaten in Griechenland, Athen und Sparta, einmischen musste. 431 v. Chr. war der sog. Peloponnesische Krieg zwischen ihnen ausgebrochen. In Sizilien hatte sich Syrakus, eine Gründung der dorischen Korinther, den Spartanern angeschlossen. Die jonische Stadt Leontinoi, eine Gründung der Euböer, hatten sie erobert, die Einwohner vertrieben. Nun – im Jahr 416 v. Chr. – machte sich Egesta zum Anwalt der Leontiner. Sie wollten die Athener bei ihrer Ehre packen und sie als Schutzmacht der Jonier nach Sizilien locken. Thukydides berichet:

„Die Egestaier erinnerten die Athener an ihr Bündnis mit Leontinoi und baten sie, ihnen Schiffe zu schicken und ihnen beizustehen. Sie brachten eine Reihe von Argumenten vor, deren wichtigstes das folgende war. Wenn die Syrakuser die Leontiner ungestraft vertreiben, dann die anderen Bundesgenossen der Athener vernichten und sich selbst zu Herren über ganz Sizilien machen dürften, bestehe die Gefahr, dass sie irgendwann einmal mit einer großen Heeresmacht den Peloponnesiern zu Hilfe kommen würden – Dorier den Doriern und die Tochterstadt der Mutterstadt – und dass sie Athens Herrschaft zunichte machten. Es sei vernünftig, mit den noch verbliebenen Bundesgenossen den Syrakusanern entgegenzutreten, zumal sie selbst genug Geld für den Krieg beisteuern könnten. Die Egestaier und die unter den Athenern, die ihnen zustimmten, wurden nicht müde, sich zu wiederholen. Schließlich wurde beschlossen, Gesandte nach Sizilien zu schicken. Ihr Auftrag lautete, zuerst in Egesta zu überprüfen, ob tatsächlich, wie die Egestaier behaupteten, in der Staatskasse und in den Tempeln genug Geld vorhanden sei, dann zu erkunden, wie es mit dem Krieg Egestas gegen Selinus stehe.…

Im darauffolgenden Kriegsjahr (415 v. Chr.) kamen die Gesandten zu Beginn des Frühjahrs zurück, begleitet von Egestaiern. Sie brachten 60 Talente ungemünzten Silbers als den Monatslohn für die Besatzungen von sechzig Schiffen, die die Athener aussenden sollten. Die Athener beriefen eine Volksversammlung ein. Sie hörten von den Egestaiern und von ihren eigenen Gesandten viel Verlockendes, was nicht stimmte, und dass viel Geld sowohl in den Tempeln als auch in der tskasse vorhanden sei. Daraufhin beschlossen sie, sechzig Schiffe nach Sizilien ntsenden."

ò, 6 und 8

So begann die sizilische Expedition, die für Athen verhängnisvoll enden sollte (vgl. Kap. 18, 3) und den Egestaiern nicht zu dem erhofften Erfolg über Selinus verhalf. Kaum in Sizilien angekommen, mussten die Athener feststellen, dass von dem Geld, das die Egestaier über die sechzig Talente hinaus versprochen hatten, nur ein kleiner Teil vorhanden war, nicht mehr als dreißig Talente, die nicht einmal für einen zweiten Monatslohn reichten. Die Gesandten hatten sich täuschen lassen. Wie hatte das geschehen können?

„Die Egestaier hatten die Athener auf den Eryx zum Heiligtum der Aphrodite geführt, sie hatten ihnen dort die den Göttern geweihten Geschenke gezeigt: Schalen, Weinkrüge, Räuchergefäße und eine nicht geringe Zahl anderer Gaben. Sie waren zwar aus Silber, sahen aber viel kostbarer aus, als sie in Wirklichkeit waren. Außerdem hatten sie die Schiffsmannschaften zu sich nach Hause eingeladen. Dabei hatten sie jeweils goldene und silberne Becher aus Egesta selbst zusammengetragen und sich weitere von den Bewohnern der benachbarten phönizischen und griechischen Städte ausgeliehen und sie jeweils in das Haus des Gastgebers gebracht. Der hatte sie verwendet, als seien sie seine eigenen. Da nun alle fast immer dieselben Becher verwendet und alle über eine große Zahl davon verfügt hatten, waren die Athener ... außerordentlich beeindruckt. Wieder in Athen, erzählten sie überall, dass sie viel Geld gesehen hätten. Als sich dann herausstellte, dass das Geld in Egesta gar nicht vorhanden war, da mussten sich die, die sich hatten täuschen lassen, und die, die anderen damals mit ihrem Bericht zu dem Unternehmen überredet hatten, viele Vorwürfe von den Soldaten gefallen lassen."

6, 46

Waren die Weihgeschenke nur vergoldet? Waren sie so geschickt arrangiert, dass ihre Zahl größer erschien, als sie war? Darüber schweigt der Geschichtsschreiber.

Weihgaben als finanziellen Beitrag zur Deckung der Kriegskosten zu verwenden, war eine übliche Praxis. Perikles hatte die Athener zum Krieg mit Sparta u.a. dadurch überredet, dass er auf die finanziellen Ressourcen hingewiesen hatte, die zur Verfügung standen, „bestehend aus Weihgeschenken Einzelner und der Staaten und aus all den heiligen Geräten für die Umzüge und Wettspiele" (Thuk., 2, 13). Die Korinther hatten sogar vorgehabt, mit den Tempelschätzen aus Olympia und Delphi den Bau einer Flotte zu finanzieren und mit hohem Sold Schiffsmannschaften von den Athenern abzuwerben (Thukydides 1, 112).

8, 2 Die Egestaier als Opfer der Griechen

Mehr Glück hatten die Egestaier mit den Karthagern. Mit ihrer Hilfe gelang es ihnen, 410 v.Chr. Selinus zu besiegen, freilich um den Preis der Abhängigkeit von den Karthagern. Hundert Jahre später wollten sie sich, gestützt auf ein Bündnis mit dem Tyrannen Agathokles von Syrakus, der Fremdherrschaft entledigen. Das ließ sich gut an: Agathokles setzte sogar nach Afrika über (vgl. Kap. 18, 6). Das Blatt wendete sich, als der Syrakusaner in Bedrängnis geriet.

„Als Agathokles in aller Eile aus Libyen nach Sizilien übergesetzt war, ließ er einen Teil seiner Streitmacht nachkommen und gelangte in die mit ihm verbündete Stadt der Egestaier. Da er über keine Mittel mehr verfügte, erlegte er den Wohlhabenden die Verpflichtung auf, den größten Teil ihres Vermögens abzuliefern. Die Stadt hatte damals etwa zehntausend Einwohner. Nicht wenige waren über die Maßnahme ungehalten und kamen zu einer Versammlung zusammen. Agathokles beschuldigte sie daraufhin, dass sie sich ihm gegenüber feindlich verhielten, und verhängte furchtbare Strafen über die Stadt: Die ärmsten Bewohner ließ er zum Skamanderfluss außerhalb der Stadt bringen und dort abschlachten. Diejenigen, von denen er annahm, dass sie ein größeres Vermögen besäßen, zwang er unter Foltern, Angaben zur Höhe ihres Vermögens zu machen."

Nicht genug damit, dass sie ihre Habe verloren. Unter entsetzlichen Qualen mussten erst sie selbst und dann ihre Frauen sterben.

„So große Angst herrschte in der Stadt, dass einige von denen, die überlebt hatten, sich mitsamt ihren Häusern verbrannten, andere den Tod durch den Strang suchten. Egesta verlor an einem einzigen Unglückstag alle wehrfähigen Männer. Die jungen Mädchen und Kinder ließ Agathokles nach Italien schaffen und den Bruttiern übergeben. Der Stadt ließ er nicht einmal ihren Namen; er nannte sie „Dikaiopolis", „Gerechte Stadt" und übergab sie Überläufern als Wohnsitz."

Diodor 20, 71

Egesta ging nicht unter. Im 1. Punischen Krieg stellte sich die Stadt auf die Seite der Römer. Diesmal hatte sie die richtige Entscheidung getroffen. Sie wurde ein Hauptstützpunkt in Westsizilien. Im 1. Jahrhundert v. Chr. hat sie dann noch einmal die Rolle des Opfers auf sich nehmen müssen.

8, 3   Die Segestaner als Opfer der Römer

C. Verres war ein unrühmliches Beispiel eines römischen Provinzstatthalters. Er war gewiss nicht der Einzige, aber gewiss auch nicht repräsentativ. 115 v. Chr. geboren, war er bereits Quästor in Rom und Kilikien gewesen. 74 v. Chr. hatte er das Amt des Prätors in Rom bekleidet, und ein Jahr später war er als Proprätor nach Sizilien gekommen. Sein Amtssitz war Syrakus. Im Jahr 71 v. Chr. war er nach Rom zurückgekehrt. Dort war ihm in M. Tullius Cicero ein unnachgiebiger Gegner erwachsen. Cicero war neun Jahre jünger als Verres. Im Jahr 75 v. Chr. war er einer der beiden Quästoren in Sizilien gewesen, verantwortlich für den Westen der Insel. Sein Amtssitz war Lilybaeum. Auf Antrag sizilischer Gemeinden strebte er gegen Verres einen Prozess an (vgl. Kap. 6, 1). Als es Cicero in einem Vorverfahren gelungen war durchzusetzen, dass er als Kläger zugelassen wurde, bereiste er Sizilien und sammelte Beweise. Am ersten Verhandlungstag, dem 5. August, trug er das gesamte Material vor. Weitere Verhandlungstage gab es nicht. Verres verließ Rom und ging nach Massilia (Marseille) ins Exil. Er kam dort 43 v. Chr. um, in demselben Jahr wie Cicero. Die Reden II bis V hat Cicero nie gehalten. Da er sie veröffentlicht hat, sind sie erhalten geblieben.

Segesta gehörte zu den Städten, die Verres ausgeplündert hatte. Cicero leitet seinen Bericht über die Stadt folgendermaßen ein (vgl. Kap. 2, 3):

„Segesta, ihr Richter, ist eine sehr alte Stadt in Sizilien, die, wie man sagt, von Aeneas gegründet worden ist, als er auf der Flucht aus Troja in diese Gegend gekommen war. Deshalb sind die Segestaner auch der Meinung, dass sie mit dem römischen Volk nicht nur durch ein dauerhaftes Bündnis und durch Freundschaft, sondern auch durch Verwandtschaft verbunden seien.“

Cicero fährt fort, von einer Statue der Göttin Diana zu berichten, die die Punier einst geraubt, die Römer aber nach ihrem Sieg über Karthago nach Segesta zurückgebracht hätten.

„Sie war unter äußerst dankbarer und freudiger Anteilnahme der Bürger wieder auf ihrem angestammten Platz aufgestellt worden. Sie wurde von den Bürgern verehrt, von allen Fremden besucht. Als ich Quästor war, ist sie mir als Erstes gezeigt worden. Sie war ziemlich groß, und sie stand erhöht. Die Göttin trug ein lang herabwallendes Gewand. Trotz ihrer Größe wirkte sie durch ihr Alter und ihre Haltung mädchenhaft. Pfeile hingen von der Schulter herab, in ihrer linken Hand hielt sie den Bogen, in der rechten eine brennende Fackel, die sie vorstreckte. Als Verres, der Feind und Räuber aller kultischen und religiös verehrten Gegenstände, die Statue erblickte, wurde er von einer derart wahnsinnigen und brennenden Begierde ergriffen, dass man meinte, die Fackel habe ihn entflammt. Er befahl den Beamten, sie von ihrem Sockel herabzuholen und ihm zu übergeben. Er ließ sie wissen, dass er sich nichts sehnlicher wünsche als diese Statue. Die Beamten beteuerten, das sei für sie ein Fluch, und sie hätten nicht nur sehr große religiöse Scheu, sondern insbesondere auch sehr große Angst, auf Grund gesetzlicher Bestimmungen gerichtlich belangt zu werden. Deshalb könnten sie seinen Befehl nicht ausführen. Verres verlegte sich bald auf Bitten, bald auf Drohungen, bald auf Versprechungen, bald auf Einschüchterung.“

Vergeblich. Er zog unverrichteter Dinge ab, aber er gab nicht auf.

„Wenn es künftig darum ging, dass die Gemeinden Seeleute und Soldaten stellen, Getreide liefern mussten, erlegte er den Segestanern im Vergleich zu allen Anderen immer beträchtlich mehr Belastungen auf, als sie zu tragen vermochten. Außerdem zitierte er ihre Beamten zu sich, ließ alle, die tüchtig und von vornehmer Abkunft waren, zu sich holen und zwang sie, ihm in der Provinz von Gerichtsstätte zu Gerichtsstätte zu folgen (ohne sie zu sich vorzulassen). Jedem Einzelnen kündigte er an, ihn ins Unglück zu stürzen, allen zusammen drohte er, ihre Stadt von Grund auf zu vernichten. So fassten die Segestaner endlich, von den zahlreichen Schikanen und von großer Angst vor der Zukunft zermürbt, den Beschluss, dass man dem Befehl des

Prätors gehorchen müsse. Groß waren die Trauer und das Stöhnen der gesamten Bürgerschaft, zahlreich die Tränen und Klagen aller Männer und Frauen, als der Auftrag erteilt wurde, die Statue der Diana zu entfernen.

Seht nur, wie groß die Gottesfurcht bei den Segestanern war. Ich versichere euch, ihr Richter: Es fand sich niemand, kein freier Mann und kein Sklave, kein Bürger und kein Fremder, der es gewagt hätte, dieses Standbild auch nur anzurühren. Ich versichere euch: Man hat nicht-griechische Handwerker aus Libybaeum anwerben müssen. Man hat sie dafür bezahlt, dass sie das Standbild entfernten. Sie hatten keine Ahnung, welche Bedeutung das hatte, was sie taten, und sie hatten keinerlei religiöse Scheu.

Könnt ihr euch vorstellen, wie viele Frauen sich einfanden, wie heftig die alten Leute weinten, als die Statue aus der Stadt wegtransportiert wurde? Es gibt noch jetzt Leute, die sich an jenen Tag erinnern, an dem eben diese Diana aus Karthago nach Segesta zurückgebracht worden war und mit ihrer Rückkehr zugleich den Sieg des römischen Volkes verkündet hatte. Wie so ganz anders erschien im Vergleich zu jenem Tag dieser Tag jetzt. . . .

Es gab nichts, wovon in ganz Sizilien mehr gesprochen wurde als davon, dass Frauen und Mädchen die Diana, als die Statue aus der Stadt fortgeschafft wurde, mit Öl salbten und mit Kräutern und Blumen über und über schmückten, dass sie Räucherwerk entzündeten und die Göttin bis zur Gebietsgrenze geleiteten. . . .

So ist es nun, ihr Richter, die Aufgabe derer, die die Fremden zu den Sehenswürdigkeiten zu führen und diese einzeln zu erklären pflegten – man nennt sie dort Mystagogen – ins Gegenteil verkehrt. Denn früher zeigten sie, was da war, jetzt weisen sie auf das hin, was fortgeschleppt worden ist. Es hat sie sehr gekränkt, ihr Richter. Erstens, weil alle Menschen religiöse Empfindungen haben und glauben, sie müssten die heimischen Götter, die sie von ihren Vorfahren ererbt haben, gewissenhaft ehren und beibehalten, und zweitens, weil die Griechen an derartigen Gegenständen, Kunstwerken, Statuen und Bildern, eine außerordentlich große Freude haben. Aus ihren Klagen können wir entnehmen, dass ihnen einen großen Schmerz zufügt, was uns vielleicht unbedeutend und vernachlässigenswert erscheint."

2. Rede, Buch 4, Kap. 33–35, 59 (in Auswahl)

Da spricht am Schluss der Römer, der *vir vere Romanus*, der so tut, als ob ihm die Kunst der Griechen eigentlich nichts bedeutet. Hatte sich doch noch sein Großvater, wie er selbst überliefert, sehr negativ über den Einfluss der griechischen Kultur auf die Römer geäußert:

„Unsere Landsleute gleichen den syrischen Sklaven: je besser einer Griechisch kann, desto nichtsnutziger ist er."

Über den Redner 2, 265

Zugleich spricht aber auch der gebildete Intellektuelle, der die Griechen und ihre Kunstwerke kennt und schätzt. Cicero versteht es, die Segestaner und die Statue der Göttin mit Rom zu verknüpfen, die religiösen Gefühle der Segestaner hervorzuheben, die Emotionen der Richter gegen Verres zu schüren.

Die Reden gegen Verres sind ein bedeutendes Dokument antiker Rhetorik. Für uns sind sie darüber hinaus wichtige historische Quellen, durch die wir etwas über die Menschen erfahren, die in Sizilien lebten, über ihre Mentalität und Religion, und etwas über die Macht und Methoden eines Provinzverwalters und über Kunstwerke, die längst verschollen sind und von deren Existenz wir sonst nichts wüssten.

Cicero weist die Segestaner dem griechischen Kulturkreis zu, nicht zu Unrecht. Sie sprachen allerdings nicht Griechisch, obwohl sie sich des griechischen Alphabets bedienten.

8,4   Diana und Artemis

Wenn Cicero von Diana spricht, meint er Artemis; die griechische Artemis hieß bei den Römern Diana.

Römische Gottheiten waren ursprünglich ohne Gestalt, ohne Geschichte, ohne Familie. Sie waren wirkende Mächte. Unter dem Einfluss der Griechen, nicht zuletzt dem der Kolonien, wurden sie mit den griechischen Gottheiten gleichgesetzt. Sie erhielten Gestalt, Familie, Mythen, auch neue Götter wurden übernommen, z. B. Apollon, der als Apollo verehrt wurde. Die Bereiche, die die Griechen dem Schutz der Artemis unterstellten, deckten sich weitgehend mit den Vorstellungen, die die Römer mit Diana verbanden.

Wenn der Apostel Paulus in der Rede, die er der Überlieferung nach auf dem Areopag in Athen gehalten hat, davon spricht, dass „wir nicht meinen dürfen, die Gottheit sei gleich Gold und Silber oder Stein, einem Gebilde menschlicher Kunst und Überlegung (Apostelgeschichte, 17, V. 29)", so trifft er insofern einen Wesenszug der griechischen Religiosität, als die Menschen in dem Bild der Gottheit die Gottheit selbst sahen und verehrten. Statuen wurden, wie es Cicero von den Segestanern berichtet, kultisch gereinigt, gesalbt, bekränzt, bekleidet, nahmen gleichsam als Gastgeber an den Opfermahlen teil. Frevel an dem Bild war Frevel an der Gottheit.

Von der alten Stadt ist nichts erhalten, irgendwann ist sie verlassen worden.

8,5   Der Tempel und das Theater

Wir wissen, dass der Tempel (*Abb. 10*) außerhalb der Mauern lag.

Goethe notiert am 20. April 1787:

„Die Lage des Tempels ist sonderbar: Am höchsten Ende eines weiten, langen Tales, auf einem isolierten Hügel, aber doch von Klippen umgeben, sieht er über viel Land in eine weite Ferne, aber nur ein Eckchen Meer. Die Gegend ruht in trauriger Fruchtbarkeit, alles bebaut und fast nirgends eine Wohnung. Auf blühenden Disteln schwärmten unzählige Schmetterlinge. Wilder Fenchel stand, 8 bis 9 Fuß hoch, verdorrt von vorigem Jahr her, so reichlich und in scheinbarer Ordnung,

dass man es für die Anlage einer Baumschule hätte halten können. Der Wind sauste
in den Säulen wie in einem Walde, und Raubvögel schwebten schreiend über dem
Gebälke."

Die 6×14 Säulen des dorischen Tempels sind zum Teil im 18. Jahrhundert
nach einem Erdbeben wieder aufgerichtet worden.

Vermutlich hat man den Tempel zu bauen begonnen, als man hoffte, mit
Athens Hilfe Herr über Selinunt zu werden, am Ende des 5. Jahrhunderts
v. Chr. Er ist nicht fertiggestellt worden. Die Säulen sind noch mit einer
Schutzschicht ummantelt, es fehlen die Kanneluren, die Hebebossen an den
Steinen des Unterbaus sind noch nicht abgeschlagen. Man hatte gerade erst
mit dem Bau der Cella im Innern begonnen. Das Dach war noch nicht gedeckt.
Die Kurvatur des Stylobats und die Verjüngung der Säulen verraten hohes ar-
chitektonisches Können und verweisen auf eine enge Verwandtschaft mit der
Architektur Attikas. Vielleicht war eine Bauhütte aus Athen in Egesta tätig.
Das Material ist ockerfarbiger Sandstein.

Es handelte sich zweifellos um einen Prestigebau. Welcher Gottheit er geweiht war, weiß man nicht.

Rolf Hochhuth hat zum Ausdruck gebracht, was er bei der Besichtigung
des Tempels empfunden und gedacht hat:

„…dem Anblick dieses gottleeren Heiligtums muss man gewachsen sein! Gerade
weil dieser Tempel zu den am besten erhaltenen zählt, ist das absolute Verschwinden
der Stadt um ihn herum, auch die sonnendurchflutete Leere seines großen Innern,
in das man über vier hohe Stufen eintritt – das Schockerlebnis der Nichtigkeit alles
Irdischen, … allen Menschenwerks.

Ich notierte in Segesta:

> *Tempel*
> *Acker, fast fruchtlos, der Pflug*
> *lockert nur mühsam ihn auf.*
> *Kein Haus, weder Straße noch Grabmal*
> *sind geblieben – ein Tempel allein,*
> *dem mit den Betern auch Gott starb,*
> *behaust nur vom Sandwind*
> *bezeichnet die Stadt noch:*
> *Segesta*
> *Geh weiter auch du – eh´ sie dich*
> *ansteckt, die Schwermut:*
> *sie brütet auf entleerten Altären.*
> *Wo Markt war, Theater und City,*
> *sind Dünen. Wo Menschen lebten,*
> *ist – nichts. Oder du – momentan;*
> *auch so lange nur wie dein Schatten."*

Zum Theater, das sich in 415 m Höhe in einen Hügel schmiegt, muss man hinaufsteigen oder hinauffahren. Vom Zuschauerraum bietet sich heute ein herrlicher ungehinderter Blick auf den Eryx, den Monte Erice, wie er dem antiken Besucher verwehrt war. Vielleicht war das Bühnengebäude am Anfang nur einstöckig; in römischer Zeit ist es um mindestens ein Stockwerk erhöht worden. Über die Zeit der Errichtung gibt es divergierende Theorien, sie reichem von 4. bis ins 2. Jahrhundert v. Chr. Gewiss haben die Römer auch andere Veränderungen vorgenommen. Die Stützmauern entsprechen römischem architektonischen Denken. Die Orchestra bildet keinen Kreis, sie ist hufeisenförmig.

Theater ist ein griechisches Wort, das „Schauplatz" bedeutet, und eine griechische Erfindung. Das Schauspiel hat sich in den Formen der Tragödie und Komödie seit dem Ende des 6. Jahrhunderts v. Chr. in Athen entwickelt. Den oder einen Ursprung bildete wohl ein Kultlied zu Ehren des Dionysos, das einen Vorsänger und einen Chor kannte. Aus dem Vorsänger wurde der Schauspieler. Die Zahl der Sprecher, der Schauspieler, wurde dann zunächst auf zwei, schließlich auf drei erhöht. Die Dramen waren zu einmaliger Aufführung bestimmt, sie waren als Kultspiele gleichsam Gaben an den Theatergott, an Dionysos. Themen waren – von Ausnahmen abgesehen – die Mythen. Der Funktion entspricht der Bau: die Schauspieler agierten auf einem erhöhten Podest vor der Bühnenwand, der Platz für den Chor war die Orchestra, der Tanzplatz. Der Begriff ist bei uns auf den Klangkörper, der vor der Bühne sitzt, übertragen worden.

Was man im Theater in Segesta aufgeführt hat, wissen wir nicht. Vielleicht waren es griechische Tragödien und Komödien, vielleicht derbe, rustikale, nicht selten obszöne Possen, die Mythen travestierten, die sich über Götter und Heroen lustig machten, alltägliche Begebenheiten der Lächerlichkeit preisgaben. Gerade in Sizilien hatten sich Darstellungsformen entwickelt, an denen das einfache Volk seine Freude hatte. Sie sind mit den Namen Epicharm (6./5. Jahrhundert v. Chr.) und Sophron (5. Jahrhundert v. Chr.) verknüpft, die beide in Syrakus wirkten.

Theater wurden auch als Räume für Volksversammlungen genutzt.

9. Kapitel

Der Eryx und das Heiligtum der Astarte

Eryx heißt der etwa 750 m hohe Berg, den man vom Theater in Segesta aus in der Ferne sieht. Hier treffen sich im Mythos, in Religion und Geschichte die Phönizier, die Griechen und die Römer.

9, 1   Herakles und die Instrumentalisierung des Mythos

Die Griechen verknüpften den Eryx mit Herakles. Auf seinem Weg durch die Welt kam der Heros auch nach Sizilien und in die Gegend des Eryx.

„Dort forderte er Eryx zu einem Ringkampf auf. Eryx war ein Sohn der Aphrodite und des Butas, der damals als König über dieses Gebiet herrschte. Man einigte sich auf eine Belohnung und eine Strafe. Eryx setzte sein Land aus, Herakles seine Rinderherde. Eryx war zwar unwillig, weil die Rinder, verglichen mit dem Land, viel weniger wert waren. Als aber Herakles daraufhin erklärte, dass er mit dem Verlust der Rinder zugleich seine Unsterblichkeit einbüße, stimmte Eryx der Vereinbarung zu. Im Kampf zog er den Kürzeren und verlor so sein Land. Herakles übergab es den Bewohnern und gestattete ihnen, allen Nutzen aus ihm zu ziehen, bis einer seiner Nachkommen käme und seinen Anspruch geltend mache.

Das geschah dann auch: Viele Generationen später kam der Lakedaimonier Dorieus nach Sizilien, nahm das Land in Besitz und gründete Herakleia. Die Stadt wuchs schnell. Die Karthager sahen das voller Neid und fürchteten, dass die Stadt einmal mächtiger werden könnte als Karthago und dass die Phönizier so ihre Vormachtstellung verlieren könnten. Sie zogen mit einem großen Aufgebot gegen sie, eroberten sie mit Gewalt und machten sie dem Erdboden gleich."

Diodor 4, 23

Es ist historisch verbürgt, dass Dorieus um 510 v. Chr. versucht hat, am Fuß des Eryx eine Stadt Herakleia zu gründen. Anders als Diodor berichtet Herodot glaubwürdiger und sicher korrekt, dass die Kolonisten schon besiegt worden sind, bevor sie Fuß fassen konnten. Diejenigen, die das Unternehmen überlebten, siedelten sich 505 v. Chr. im Süden in der Stadt Minoa an, die fortan Herakleia oder auch Minoa Herakleia hieß (vgl. Kap. 11, 1).

So also wurden Mythen politisch instrumentalisiert. Nach Herodot ist Dorieus sogar von einem Orakeldeuter ausgesandt worden, die Stadt Herakleia in Sizilien zu gründen.

„Das ganze Land am Eryx gehöre den Herakliden, da es Herakles erworben habe. Als Dorieus das hörte, ging er nach Delphi, um den Gott zu befragen, ob er das Land, in das er geschickt werde, tatsächlich besiedeln könne. Die Pythia bestätigte ihm das.… Als die Auswanderer mit ihrem ganzen Gefolge in Sizilien ange-

kommen waren, wurden sie von den Phöniziern und Egestaiern in einer Schlacht besiegt."

> Herodot 5, 43 und 46,1

Irrte das Orakel? Unmöglich. Es fehlte nicht an Rechtfertigungsversuchen.

Den Bezug Roms zu dem König Eryx stellt Vergil in seiner Aeneis her. Eryx war wie Aeneas ein Sohn der Aphrodite. Aeneas opferte ihm, bevor er in See stach, drei Rinder (5, 363–773).

Es ist offensichtlich, dass sich die griechische und die römische Version der Geschichte nicht in Übereinstimmung bringen lassen.

9, 2.   Astarte und die Tempelprostitution

Glaubt man Diodor, so hat Eryx als König das Heiligtum für seine Mutter gegründet. Aeneas hat es mit zahlreichen Weihgeschenken ausgestattet.

Glaubt man Vergil, so hat es der König Akestes gegründet, als Aeneas sein Gast war (vgl. Kap. 2, 3).

Vermutlich war es ein Heiligtum der einheimischen Bevölkerung, das die Phönizier umwidmeten und ihrer Göttin Astarte weihten. Astarte war als weibliche Gottheit dem Gott Melkart zugeordnet, eine Himmels-, Meeres- und vor allem Fruchtbarkeitsgöttin. Frauen beteten zu ihr und baten um Fruchtbarkeit und um Schutz für ihre Kinder. Die Griechen, die niemals Herren des Heiligtums waren, sahen in ihr Aphrodite, die Römer Venus.

Dass es in dem Heiligtum Tempelprostitution gegeben habe, ist nicht sicher belegt. Die These stützt sich auf zwei Quellentexte.

Nachdem Diodor die Geschichte des Heiligtum resümiert hat, fährt er fort, dass alle über die Insel gebietenden Konsuln und Prätoren sowie alle, die sonst durch eine Amtsgewalt ausgezeichnet waren, das Heiligtum mit reichen Opfern und Weihgaben geschmückt hätten.

> *„Dabei legten sie die mit ihrem Amt verbundene Strenge ab und wandten sich mit großer Heiterkeit dem Scherzen und dem Umgang mit Frauen zu. Nur so, glaubten sie, würden sie der Göttin ihre Anwesenheit angenehm machen."*
>
> 4, 83

Dass es Frauen als Tempeldienerinnen auf dem Eryx gab, gilt als sicher. Sklavinnen und Sklaven betreuten üblicherweise Heiligtümer, sorgten für Ordnung, bewirtschafteten tempeleigene Ländereien, gingen den Priestern zur Hand. Die Frage ist, ob mit dem Begriff „Umgang" auch sexueller Verkehr gemeint ist. Die Wortbedeutung schließt das nicht aus. Tatsächlich kennt man jedoch im phönizischen und im gesamten griechisch-römischen Kulturkreis kein gesichertes Beispiel für Tempelprostitution.

Die zweite Quelle stammt aus den „Geographica" des griechischen Schriftstellers Strabo, der z. Zt. des Kaisers Augustus lebte:

„Der Eryx, ein hoher Berg, ist bewohnt. Auf ihm befindet sich ein Heiligtum der Aphrodite, das sehr verehrt wird. Früher gab es dort eine große Zahl von Tempeldienerinnen; viele Menschen, die teils aus Sizilien, teils von außerhalb kamen, haben sie aufgrund eines Gelübdes dorthin geweiht. Jetzt wohnen nur noch wenige im Ort, und auch das Heiligtum haben die meisten der geweihten Personen verlassen."

6, 2, 6

Dem Text lässt sich nicht mehr entnehmen, als dass es dort in einer Zeit, die für den Autor einer fernen Vergangenheit angehört, Tempelsklavinnen gegeben hat. Auf Prostitution deutet nichts hin.

Zu Strabons Zeit war das Heiligtum offenbar schon sehr baufällig. Mit dem Material errichteten später die Normannen ihre Burg. Anstelle der Venus wurde nun der Heilige Julianus verehrt. Er soll dem Grafen Roger in seinem Kampf gegen die Araber mit seinem Flammenschwert beigestanden haben. Nach ihm hieß der Berg „Monte Giuliano". 1927 erhielt er seinen alten Namen zurück.

10. Kapitel

SELINUS – SELINUNT

10, 1   Daten zur Geschichte

Megara an der Ostküste war eine der ältesten griechischen Kolonien in Sizilien. Die Stadt war 727 v. Chr. von der gleichnamigen Stadt gegründet worden, die an der Landbrücke zwischen Mittelgriechenland und der Peleponnes liegt. Nach dem Sikelerkönig Hyblon, der den Einwanderern ein Gebiet zur Verfügung gestellt hatte, und Hybla, seiner Residenzstadt, hatte das sizilische Megara den Beinamen Hyblaia angenommen (vgl. Kap. 3).

Die Stadt lag eingezwängt zwischen Leontinoi im Norden und Syrakus im Süden. Deshalb entschloss man sich angesichts einer stetig wachsenden Bevölkerung, eine neue Kolonie zu gründen. Das war nach Thukydides (6, 4) im Jahr 651, nach Diodor (13, 59) 628 v. Chr. Die Archäologen plädieren für den späteren Termin.

Ihre neue Stadt nannten die Megarer ebenso wie den Fluss, an dem sie gegründet wurde, nach der in dieser Gegend wachsenden Selleriepflanze Selinus. Sie war und blieb der am weitesten westlich gelegene griechische Vorposten gegen die Karthager, die den Ankömmlingen keineswegs feindlich entgegentraten. Sie versprachen sich offenbar von der Polis mehr Vor- als Nachteile. Als Selinus später immer weiter nach Westen ausgriff, kam es zu Auseinandersetzungen mit Egesta und schließlich zur Expedition der Athener nach Sizilien (vgl. Kap. 8, 1).

Das Gelände war günstig: Ein von Nordwesten nach Südosten verlaufender Hügel setzte sich in südlicher Richtung bis zum Meer fort. Er wurde von je einem Fluss im Osten und im Westen begrenzt. Beide Flüsse bildeten bei ihrer Mündung im Meer Buchten, die sich als Häfen eigneten.

Die Megarer teilten das Plateau in Parzellen ein, die von einem rechtwinkligen System von Haupt- und Nebenstraßen erschlossen wurden. Die Bürger erhielten je gleich große Parzellen zugewiesen. Dass es mehr oder weniger privilegierte Familien gab, zeigen Baumaterial und Bauausführung. Im Laufe der Zeit entstanden öffentliche Bereiche, eine Agora für die Menschen und Tempel für die Götter. Bis zu Zerstörung der Stadt durch die Karthager 409 v. Chr. blieb das System im Wesentlichen unverändert bestehen.

Als Erfinder der Rasterstadt gilt Hippodamos aus Milet. Er lebte im 5. Jahrhundert v. Chr. Die Anlage der Hafenstadt Athens, Piräus, geht auf ihn zurück. Sein Verdienst war es, eine theoretische Begründung geliefert und die Sozialstruktur, Verkehr und Handel berücksichtigt zu haben.

Heilige Bezirke befanden sich im Osten und Westen der Stadt. Sie waren durch Prozessionsstraßen mit dem Zentrum verbunden.

Auf der Akropolis und auf einem im Osten der Stadt gelegenen Hügel entstanden vom frühen 6. Jahrhundert bis in die Mitte des 5. Jahrhunderts v. Chr. gewaltige Tempel, die den Reichtum der Stadt dokumentieren. Die Gebäude sind zerstört, aber Fundamente, am Boden liegende und wieder aufgerichtete Säulen und vor allem die erhaltenen und im Museum in Palermo ausgestellten Metopen (vgl. Kap. 7) legen noch heute Zeugnis ab von der hohen Qualität der Kunst und Architektur, die Selinus auszeichnete. Selinus war eine der blühendsten Städte der antiken Welt. Landwirtschaft und Handel begründeten den Wohlstand. 480 v. Chr. stand die Stadt als einzige griechische Kolonie auf Seiten der Phönizier. Die Sieger verziehen ihr nach ihrem Sieg bei Himera (vgl. Kap. 4).

416 v. Chr. war die Auseinandersetzung mit Egesta die Ursache für Athen, in Sizilien einen weiteren Schauplatz im Peleponnesischen Krieg zu eröffnen (vgl. Kap. 8, 1). Man hatte es auf das mit Sparta verbündete Syrakus abgesehen, auf dessen Seite Selinus stand.

Waren es 416 v. Chr. die Athener, die zu Gunsten von Egesta gegen Selinus intervenierten, so waren es 409 v. Chr. die Karthager (vgl. Kap. 8, 2). Unter der Führung Hannibals eroberten sie Selinus. Die Stadt wurde geplündert:

„Die Häuser wurden teils niedergebrannt, teils eingerissen."
Diodor, 13, 57

Keine griechische Stadt war, obwohl eindringlich aufgefordert, rechtzeitig zu Hilfe gekommen.

Als Gesandte aus Syrakus Hannibal baten, die Tempel nicht zu zerstören, antwortete er, die Götter hätten aus Zorn auf die Einwohner Selinus verlassen (Diodor, 13, 59). Die Tempel blieben trotzdem unversehrt. Im Jahr 408 v. Chr. kehrten Selinuntier, die nach Akragas geflohen waren, mit Duldung der Karthager zurück und bauten die Stadt, nun freilich in viel kleinerem Maßstab, aus den Trümmern ihrer Häuser wieder auf.

In der zweiten Hälfte des 4. Jahrhunderts v. Chr. siedelten sich Punier an.

307/06 v. Chr. ließ Agathokles, Tyrann von Syrakus (vgl. Kap. 18, 6), alle Gebäude einreißen. Er baute eine neue Stadt. Die Verteidigungsanlagen stellten einen Höhepunkt in der Kriegstechnik dar.

250 v. Chr. wurde die Stadt zerstört – entweder von den Karthagern oder den mit ihnen verbündeten Egestaiern. Mit der Politik der verbrannten Erde wollte man verhindern, dass die Römer – es ist die Zeit des 1. Punischen Krieges (264–241 v. Chr.) – sie für ihre Operationen nutzen konnten. Das war das Ende der Stadt. Die Einwohner wurden nach Lilybaeum umgesiedelt.

Den Byzantinern diente Selinus als Festung, den Arabern, die 827 n. Chr. auf die Insel kamen, als militärischer Stützpunkt. Danach tat die Natur ihr Werk: Erdbeben und Flugsand haben die Stadt verschüttet. Nur ihr Ruhm lebt weiter.

10, 2   Die Tempel

Auf der Akropolis stand der Tempel C, dessen Metopen wir im archäologischen Museum in Palermo bewundert haben: das Viergespann, Perseus und die Medusa, Herakles mit den Kerkopen, der sich zu Perseus verhält wie eine Figur aus der Posse zu einem Helden des Epos (vgl. *Abb. 3–4*). Die Metopen schmückten die Front, empfingen und begrüßten alle, die sich dem Tempel näherten. Der Bau ist um 550 v. Chr. errichtet worden. Er war nicht nur wegen seiner Reliefs bewundernswert, sondern auch wegen einiger Besonderheiten bemerkenswert:

Eine Freitreppe mit acht Stufen führte zum Eingang, ein charakteristisches Merkmal sizilianischer Tempel. Sie war die erste ihrer Art.

Eine lang gestreckte Cella, in deren äußerstem westlichen Raum das Götterbild stand, eine Peristasis (6 × 17 Säulen), die die Cella weiträumig umgab, sind zwei weitere Charakteristika nicht nur dieses westgriechischen Tempels. Die Peristasis bot Raum zur Aufstellung von Weihgeschenken und Platz für Prozessionen. Nicht nur die Polis, auch Bürger konnten der Gottheit Geschenke darbringen. Die Weihung war mit einem Opfer verbunden.

Ein Opfertisch in der Cella lässt den Schluss zu, dass auch die Gemeinde Zutritt zum Tempelinneren hatte, eine Praxis, die im antiken Kult im Allgemeinen ungewöhnlich war, sich aber in Sizilien nicht nur hier findet.

Die Metopen gehören auch noch in das 6. Jahrhundert. Sie sind aber jünger als der Tempel, sie haben ältere ersetzt.

Einige Säulen sind in den Jahren 1925–1927 wieder aufgerichtet worden.

Der nördlichste Tempel D ist ebenfalls im 6. Jahrhundert errichtet worden. Fünf Stufen führten zur Ringhalle hinauf. Mit 6 × 13 Säulen nahm er das Maß der Klassik vorweg.

Um die Tempel A und O in der ersten Hälfte des 5. Jahrhunderts zu errichten, musste der heilige Bezirk erweitert werden. Der Tempel O ist nicht vollendet worden. Die Zahl von 6 × 14 Säulen war für die Tempel in Sizilien typisch. Die Säulen neigten sich leicht zur Cella hin.

Der kleine Tempel B im Osten wird in die hellenistische Zeit datiert.

Von den drei Tempeln auf dem Osthügel ist der mit F gekennzeichnete Tempel in der Mitte der älteste. Er ist wohl nur wenig jünger als der Tempel C auf der Akropolis, mit dem er vieles gemeinsam hat (ca. 530 v. Chr.). Auch hier war die Ostfront durch Metopen hervorgehoben. Die Darstellung „Apollon und Athena im Kampf gegen die Giganten" war eine von ihnen. Ein Säulenkranz umgab auch hier den Kernbau in weitem Abstand, allerdings mit 6 × 14 statt mit 6 × 17 Säulen. Gegenüber dem Tempel C wies F eine andere charakteristische Besonderheit auf:

Die Räume zwischen den Säulen waren durch eine Mauer geschlossen, die 4,50 m hoch war, vielleicht sogar noch etwas höher. Sie war mit Reliefbändern geschmückt und bemalt. Im Osten war sie durch fünf Tore durchbrochen, im

Übrigen nur durch Scheintüren gegliedert. Etwas, das sich im Umgang abspielte, sollte offenbar vor den Blicken Unbefugter geschützt werden. Wurden hier Mysterien gefeiert? Mysterien des Dionysos, der, wie man weiß, auf der Akropolis der Mutterstadt Megara verehrt wurde? War der Tempel also Dionysos geweiht?

Der nördlich gelegene Tempel G gehört zu den größten dorischen Ringhallentempeln, der je gebaut worden ist, ja, zu den monumentalsten Tempeln der Antike. Hier hat man versucht, die Maße der jonischen Tempel des Ostens, auf der Insel Samos, in Ephesos, in Didyma, zu übernehmen und auf die dorische Bauweise zu übertragen. Der Tempel ist in der 2. Hälfte des 6. Jahrhunderts v. Chr. begonnen worden. Man ist geneigt anzunehmen, dass er dem „Vater der Götter und Menschen", Zeus, geweiht war. Auf einer Tafel, die einen 450 v. Chr. errungenen Sieg feiert, wird Zeus genannt. Der Tempel ist, wie Farbreste beweisen, benutzt worden, obwohl er nie ganz fertig gestellt worden ist.

Auch hier ist die Peristasis mit ihren sechzehn Meter hohen Säulen im Verhältnis 8:17 in weitem Abstand um den Naos gelegt worden. Die 18 m breite Cella war durch zwei Reihen von je zehn doppelstöckigen Monolithen in drei Schiffe geteilt. Auf der Höhe der ersten Reihe befand sich eine Galerie. Einen rechteckigen Bau im Westen der Cella kann man nicht deuten. Wurde er in einer Prozession umwandert?

Die Cella war nicht überdacht, wie auch der Apollontempel in Didyma nicht überdacht war.

Der jüngste Tempel der archaisch-klassischen Epoche ist der südlich von Tempel F gelegene Tempel E (*Abb. 9*). Er ist wie die Tempel A und O in der ersten Hälfte des 5. Jahrhunderts v. Chr. errichtet worden, und zwar auf den Fundamenten zweier zerstörter Vorgängerbauten.

Bedenken wir: Innerhalb von nur hundert Jahren entstanden sechs monumentale Bauten. So viele kennen wir, wie viele mögen im Verlauf der Jahrhunderte unwiederbringlich verloren gegangen sein?

Von diesem Tempel E stammen die Metopen, die jeweils eine männliche und eine weibliche Figur zeigen (vgl. Kap. 7, 8–10): Zeus und Hera, Artemis und Aktaion, Herakles und Antiope (*Abb. 5–7*). Es spricht viel dafür, dass er einer weiblichen Gottheit geweiht war, der Hera. Er stellt sich heute in seiner 1957/58 restaurierten Form dar, so dass dem Betrachter der Eindruck eines Ganzen vermittelt wird. Dass die Rekonstruktion wissenschaftlich umstritten ist, nimmt der Laie ohne den Unmut des Fachmannes zur Kenntnis. Obwohl der Tempel im Vergleich zu dem unvollendeten Tempel G bescheiden gewirkt haben muss, blieb er mit seinen Maßen hinter den bedeutenden Tempeln des griechischen Mutterlandes keineswegs zurück. Der Zeustempel in Olympia war sein Vorbild. Selinus besaß an diesem Austragungsort panhellenischer Wettkämpfe ein Schatzhaus. Der Tempel war der harmonischste von allen, die Selinus errichtet hatte, wenn er auch mit seinen 6×15 Säulen die Längsausrichtung betont hat. Vielleicht war das dem Vorgängerbau geschuldet.

Es wäre verwunderlich, böte nicht auch dieser Bau eine Besonderheit. Sie bestand darin, dass man zu dem Kultbild in der Cella emporsteigen musste, zunächst zehn Stufen zur Osthalle, weitere sechs Stufen zur Cella, nochmals drei Stufen zum Adyton, in dem die Kultstatue stand, vielleicht eine thronende Hera unter einem Baldachin. So war auch diese Gottheit, wenn auch anders als im Tempel C, entrückt. Die Cella hatte keine inneren Säulen.

10, 3 Mysterien

Mysterien hatten in der Antike eine große Bedeutung. Sie hatten nichts mit Mystik zu tun, wenn auch das Wort Mystik von Mysterien abgeleitet ist.

Die Römer haben Mysterien mit dem Wort initia übersetzt und damit die Sache genau getroffen. Mysterien waren Initiationsrituale. Wie der junge Mensch durch Initiationsriten in den Kreis der Erwachsenen aufgenommen wird, so der Eingeweihte in den Kreis Gleichgesinnter. Ob eine Verwandtschaft zu dem griechischen Wort „myo – Ich schließe Augen und Lippen" besteht, ist wissenschaftlich-etymologisch zweifelhaft. Die Griechen selbst dürften aber eine Verbindung hergestellt haben.

Die Mysterien waren keine eigene Religion neben dem Glauben an die olympischen Götter. Sie waren vielmehr ein Teil davon, wie die Verehrung des heiligen Jakobus in Santiago de Compostela ein Teil des Christentums ist. So wenig die Pilger eine dauernde Gemeinde bilden, so wenig die Mysten. Die Gemeinschaft hatte immer nur während des Festes Bestand. Es gab keine Theologie, kein Dogma, kein Glaubensbekenntnis, keinen Ausschließlichkeitsanspruch, keine Häresie, keine Exkommunikation.

Die Mysterien kamen dem Bedürfnis nach einem umgreifenden, den Tod einschließenden Lebenssinn entgegen. Die olympischen Götter spendeten keinen Trost über das Leben hinaus (vgl. Kap. 13, 1). Es ging nicht um theologische Belehrung, auch nicht um Vergessen bewirkende Ekstase, es ging um eine beglückende Erfahrung im Diesseits und um die Erwartung eines glücklichen Fortlebens im Jenseits. Für die Einweihung wurden keine Bedingungen an die Sittlichkeit gestellt, und mit ihr waren keine ethischen Ansprüche verknüpft. Trotzdem hat Cicero von einem positiven Einfluss auf die Lebensgestaltung der Mysten gesprochen:

„Durch die Mysterien sind wir aus einem unkultivierten und rohen Leben zur Menschlichkeit (humanitas) und Milde gebildet worden."

Über Gesetze 2, 36

Da die Mysten einem Schweigegebot unterlagen, das sehr ernst genommen wurde, sind wir über die Einzelheiten der Vorgänge nur unzureichend informiert.

10, 4　Demeter Malophoros und Zeus Meilichios

Im Westen, dort, wo die Begräbnisstätten lagen, jenseits des Selinusflusses, wurde die Göttin Demeter als die „Bringerin des Granatapfels" in einem Heiligtum verehrt. Die Gründung des Heiligtums geht auf die ersten Siedler zurück. Die Griechen identifizierten wohl eine am gleichen Ort von den Phöniziern verehrte Fruchtbarkeitsgöttin mit ihrer Vegetationsgöttin Demeter. Demeter war zugleich durch ihre Tochter Persephone mit der Unterwelt verbunden.

Am Eingang befand sich der heilige Bezirk, das Temenos der Hekate, der Göttin der Wege, auch des Weges zur Unterwelt.

Die Verehrung der Demeter hatten die Selinuntier aus ihrer Mutterstadt Megara mitgebracht. Megara lag nicht weit von dem berühmten Kultort der Göttin, Eleusis, entfernt.

Ein unter dem Namen Homers überlieferter Hymnus auf Demeter, der aus dem 7. Jahrhundert v. Chr. stammt, erzählt den Mythos vom Raub ihrer Tochter Persephone: Hades hatte sie entführt. In ihrer Trauer ließ Demeter keinen Samen mehr keimen, kein Vieh mehr gedeihen, bis schließlich Zeus seine Mutter Rhea zu ihr schickte, um sie zum Einlenken zu bewegen. Der Mythos zeigt die enge Verbindung, die Vegetation und Tod in der Gestalt Demeters eingehen:

> „>Kind, der donnernde Zeus, der weit in die Ferne blickt, der
> 　　Fordert dich auf: Komm zurück zu den Göttern. Er hat versprochen,
> 　　So dich zu ehren, wie du es bei den unsterblichen Göttern
> 　　Wünschst. Er sichert dir zu, dass die Tochter im Laufe des Jahres
> 　　Nur ein Drittel der Zeit dort unten verbringt im Dunkeln,
> 　　Aber zwei Drittel bei dir und allen anderen Göttern.
> 　　Das, so sagte er, sei sein fester Wille, und mit dem
> 　　Nicken seines Kopfes beglaubigte er die Worte.
> 　　Kind, gib nun nach, beende endlich den heftigen, ewig
> 　　Währenden Groll gegenüber dem dunkel umwölkten Kronion,
> 　　Lass sogleich die Frucht wieder wachsen, von der sich die Menschen
> 　　Nähren.< So sprach sie zu ihr, sie gab nach, die schön bekränzte
> 　　Göttin Demeter, auf den fruchtbaren Äckern ließ sie
> 　　Wachsen das Korn, und die weite Erde wurde mit Blättern
> 　　Und mit Blüten geschmückt."
>
> 460−473

Um Entstehen, Vergehen und erneutes Entstehen, um den ewigen Kreislauf der Jahreszeiten ging es auch in den Mysterien. Mag die Natur auch im Sommer verdorrt sein und tot erscheinen, sie wird wieder zu neuem Leben erwachen. Durfte man nicht auch hoffen, dass der Mensch stirbt und wieder erweckt wird, wenn auch nicht in dieser Welt, so doch in einer anderen, schöneren?

Sizilien war reich an Flächen, die landwirtschaftlich genutzt werden konnten, so ist es verständlich, dass man die Vegetationsgöttin Demeter in besonderer Weise verehrte. Man sagte ihr eine enge Beziehung zu Sizilien nach (vgl. Kap. 17).

Plutarch (45–120 n. Chr.), ein griechischer Schriftsteller, hatte in seinem Werk, den „Parallelbiographien berühmter Römer und Griechen", auch dem Korinther Timoleon eine Vita gewidmet. Als dieser von den Syrakusanern um Hilfe gegen die Karthager gebeten wurde (345/44 v. Chr., vgl. Kap. 18, 6), segelte er mit einer Flotte nach Sizilien. Auf der Fahrt erschien ihm am Himmel eine Fackel, wie sie in den Mysterien verwendet wurde, und sie wies ihm den Weg. Wahrsager deuteten das Wunder so:

„Die Göttinnen zeigten das Licht am Himmel zum Beweis, dass sie selbst den Zug leiteten; denn Sizilien sei der Persephone heilig. Dort soll sie nämlich dem Mythos zufolge entführt worden sein, und die Insel sei ihr zur Hochzeit, als sie sich entschleierte, geschenkt worden."

Kap. 8

Nördlich schließt sich das Temenos des Zeus Meilichios an, ein von Säulengängen umgebener Bezirk, in dessen Mitte ein kleiner Tempel stand. Meilichios heißt „mild, freundlich, zugewandt", und mit dieser Eigenschaft wurde Zeus in Griechenland als der Spender von Wohlstand und Reichtum verehrt. Er war, als ein bärtiger Mann dargestellt, das männliche Pendant zu Demeter. Wie sie hatte auch er eine Beziehung zur Unterwelt. Er konnte als Schlange erscheinen.

Die Griechen verehrten viele Götter, und jede ihrer Gottheiten betrauten sie mit vielen Aufgaben: Zeus war der Wettergott und der „Vater der Götter und Menschen", er war der „Retter" und „Befreier", der die Autonomie der Polis schützte, und der „xenios", zu dem die Hilfsbedürftigen und Fremden beteten. Bei „Zeus horkios" mussten die Teilnehmer der Olympischen Spiele schwören, sich an die Regeln zu halten. Er wachte darüber, dass die geschriebenen und ungeschriebenen Gesetze beachtet wurden, war ein Garant der Ordnung und des sozialen Friedens.

Was ist geblieben von einer Stadt, die einmal zu den blühendsten der antiken Welt zählte? Rolf Hochhuth hat in Worte gefasst, was jeder Besucher schmerzhaft empfindet.

„Selinunt
Städte der Griechen
an den Ufern Siziliens
aus euren Gezeiten
aus euren Geschicken
Spricht unsere Zukunft....
Kläglich nur noch
beklagenswert
die Steinschutt-Spuren
die nicht mehr erzählen
die nur mehr verschweigen
wie mit Schifffahrt und Reichtum
hier die Schöpferlust kam.

Amputiert durch „Geschichten"
benachbarter Krieger:
Trommeln von Säulen, Metopentrümmer
zerrissene Friese
verwuschne Reliefs; Erdbebenkrümel
vier leuchtende Tempel
einer Akropolis!

Darunter, was Stadt war:
ausgeschaufelt zwei Straßen von hundert.
Drei Häuser – „freigelegt"
... weniger als ein Knöchel vom Bein!
Sträucher, Steine und Staub.

Gründung und Überreste
Stille – die gleiche Decke
für Nekropole wie Großstadt

Was weiterlebt:
Flecken von Grün
zwischen Wust und Geröll,
Büschel der Petersilie,
die hier wild wächst
sie gab Selinunt
ihren Namen..."

11. Kapitel

AKRAGAS – AGRIGENT

11, 1   Auf dem Weg nach Akragas: Minoa Eraclea

Der Name Minoa verweist auf den kretischen König Minos. Von ihm wird erzählt, dass er den berühmten Künstler und Architekten Daidalos beauftragt hatte, das Labyrinth zu bauen. In diesem Gebäude hielt Minos den Minotauros, den Sohn eines Stieres (tauros) und seiner Gemahlin, der Pasiphae, gefangen. Da er nicht wollte, dass Daidalos seine Fähigkeiten in den Dienst anderer Herrscher stellte, verbot er ihm, die Insel zu verlassen. Dem Erfinder gelang mit Hilfe von Flügeln die Flucht auf dem Luftweg. Sein Sohn Ikaros musste das Experiment mit dem Tod bezahlen. Daidalos gelangte nach Sizilien.

„Als Minos… von der Flucht des Daidalos erfuhr, beschloss er, gegen die Insel zu Felde zu ziehen. Er ließ eine Flotte von beachtlicher Größe ausrüsten, stach in See und landete an der Stelle im Gebiet von Akragas, die später nach ihm Minoa genannt wurde. Er befahl seiner Streitmacht, an Land zu gehen, und schickte Gesandte zu dem König Kokalos mit der Aufforderung, ihm Daidalos zur Bestrafung auszuliefern. Kokalos bat ihn zu einem Gespräch, versprach, alles zu tun, und nahm ihn gastlich bei sich auf. Als Minos ein Bad nahm, hielt ihn Kokalos eine zu lange Zeit in der Hitze fest und brachte ihn auf diese Weise um. Den Leichnam übergab er den Kretern. Als Grund des Todes gab er an, Minos sei ausgeglitten, in das heiße Wasser gestürzt und gestorben…. Nach dem Tod des Minos waren sich die Kreter in Sizilien, da sie keine Führung mehr hatten, uneinig: Von den Sikanern, die unter der Herrschaft des Kokalos standen, waren ihre Schiffe in Brand gesteckt worden, so dass sie keine Möglichkeit sahen, in die Heimat zurückzukehren. Also beschlossen sie, sich in Sizilien niederzulassen. Die Einen gründeten die Stadt, die sie nach ihrem König Minoa nannten, die Anderen irrten im Landesinneren umher, bis sie einen befestigten Ort eroberten und eine Stadt gründeten, die sie nach der in der Stadt entspringenden Quelle Engyon nannten."

Diodor, 4, 79.

Ob die Kreter Städte auf Sizilien gegründet haben, mag dahingestellt sein. Dass sie in der Zeit, die man die minoische Zeit nennt, im 2. Jahrtausend v. Chr., eine seebeherrschende Macht waren und ihre Handelsbeziehungen im Westen bis nach Sizilien reichten, gilt als sicher. Minoa mag eine minoische Niederlassung gewesen sein.

Die Thermalquellen, von denen in dem Text die Rede ist, gibt es noch heute. Sciacca ist ein beliebtes Heilbad.

In der Geschichte erscheint der Sikanerkönig als falsch und hinterhältig. Die Darstellung spiegelt das Überlegenheitsbewusstsein der Einwanderer gegenüber den Ureinwohnern wider, eine auch für die Kolonisation der Neuzeit typische Erscheinung.

In historischer Zeit ist die Stadt von den Selinuntiern nach 628 v. Chr. gegründet worden. 505 v. Chr. siedelten sich Lakedaimonier in ihr an, die vergeblich versucht hatten, die Gegend des Eryx zu erobern, auf die sie durch ihren Vorfahren Herakles einen Anspruch zu haben glaubten. Sie fügten dem Namen Minoa den Beinamen „Herakleia" hinzu (vgl. Kap. 9, 1).

In römischer Zeit war die Stadt ein Schauplatz im ersten Sklavenkrieg (136 bis 132 v. Chr., vgl. Kap. 6, 2).

Die Antike hat keine Spuren hinterlassen.

11, 2   Der Reichtum der Stadt Akragas

Die Stadt Akragas wurde um 580 v. Chr. gegründet. Spuren einer Besiedlung lassen sich schon in prähistorischer Zeit nachweisen, im Neolithikum (5000–2000 v. Chr.) und in der frühen Bronzezeit (1900–1450 v. Chr.). Der Mythos stellt Beziehungen zur minoischen Kultur her.

Akragas war die jüngste und letzte Gründung einer griechischen Kolonie in Sizilien. Siedler waren Jonier aus Rhodos und der etwa hundert Jahre früher von Rhodiern in Sizilien gegründeten Stadt Gela.

Der Reichtum der Stadt war legendär. Als einer der reichsten Männer galt ein gewissen Gellias, der Diodor zufolge in der 2. Hälfte des 5. Jahrhunderts v. Chr. gelebt hat:

„*Er hatte in seinem Haus mehrere Fremdenzimmer. Am Tor hatte er Diener postiert mit dem Auftrag, alle Fremden als Gäste zu betrachten und hineinzubitten. Auch viele andere Akragantiner handelten entsprechend und zeigten sich in altbewährter Weise großzügig. Deshalb sagt Empedokles von ihnen, sie seien „die ehrwürdigen Zufluchtsstätten der Fremden, bar jeder Bosheit". Als einmal 500 Reiter aus Gela, die von einem Unwetter überrascht worden waren, auftauchten, hat Gellias sie… aufgenommen und sogleich mit Mänteln und Gewändern aus seinem eigenen Besitz beschenkt.…*

Man sagt, Gellias sei zwar äußerlich unauffällig gewesen, charakterlich aber bewundernswert. Man habe ihn einmal als Gesandten nach Kentoripa (einer Stadt der Sikuler) geschickt. Als er dort in der Volksversammlung aufgetreten sei, habe die Menge unbändig zu lachen begonnen, da er äußerlich so weit hinter seinem Ruf zurückblieb. Da habe er ihnen zugerufen, sie sollten sich nicht wundern: In die berühmten Städte schickten die Akragantiner Gesandte, die sich sehen lassen könnten, in die unbedeutenden und gewöhnlichen aber Männer, die zu deren Einwohnern passten."

Unter den vielen anderen Akragantinern war auch ein Mann namens Antisthenes.

„*Als er die Hochzeit seiner Tochter feierte, bewirtete er die Bürger auf den Gassen, an denen sie wohnten. Der Braut folgten auf dem Weg zur Hochzeit mehr als achthundert Zweigespanne, und sie begleiteten nicht nur die Reiter, über die die Stadt verfügte, sondern noch viele andere, die aus den Nachbarstädten herbeigerufen worden waren. Am aufwändigsten, erzählt man, sei eine Illumination gewesen. Antisthenes ließ auf den Altären an allen Heiligtümern der Stadt Holz aufschichten, händigte den Arbeitern Holzsplitter und Reisig aus und gab ihnen den Auftrag, sobald auf der Akropolis ein Feuer entzündet werde, das Holz in Brand zu stecken. Die Arbeiter führten den Auftrag aus, als die Braut mit zahlreichen ihr voranschreitenden Fackelträgern unterwegs war. Die Stadt war hell erleuchtet; die Straßen fassten die Menge nicht, die dem Brautzug folgte. Alle setzten ihren Ehrgeiz darein, an der Pracht, die dieser Mann bot, teilzuhaben.”*

13, 83 und 84

Der Philosoph Empedokles, ein Akragantiner, soll über seine Landsleute gesagt haben:

„Sie schwelgen, als ob sie morgen sterben müssten, ihre Häuser aber bauen sie, als ob sie ewig leben würden.”

Diogenes Laertios 8, 63

Der Reichtum der Stadt beruhte auf der Landwirtschaft, dem Anbau von Weizen, Oliven und Mandelbäumen, auf der Schafzucht sowie auf der Salz- und Schwefelgewinnung.

11, 3   Phalaris und sein Stier (vgl. Kap. 5)

Phalaris hatte nur wenige Jahre nach der Gründung der Stadt die Tyrannis begründet. Von ca. 570–554 v. Chr. lenkte er die Geschicke der Stadt. Obwohl er durchaus segensreich gewirkt hat, ist er trotzdem als ein grausamer Despot in die Geschichte eingegangen. Der Adel war nicht gut auf ihn zu sprechen, da er seine Macht auf das Volk stützte. Von ihm erzählte man sich die Geschichte des bronzenen Stiers, in dessen Hohlraum er Menschen qualvoll töten ließ. Ganz anders lesen wir den Sachverhalt bei Lukian, einem griechisch schreibenden Satiriker aus Syrien (ca. 120 – nach 170 n. Chr.). In dessen Darstellung stiftet Phalaris den Stier dem delphischen Apollon als ein Weihgeschenk. Er schickt Gesandte nach Griechenland und lässt sie folgende Rede halten:

„Nun ist es Zeit, auch von dem Weihgeschenk zu reden, welches ich dem Apollo übersende, und wie ich zu diesem Stier gekommen bin, ohne ihn bei einem Bildgießer bestellt zu haben. Denn das wollte der Himmel nicht, dass ich jemals so rasend werde, zu einem Kunstwerk dieser Art Lust zu bekommen. Ich habe ihn von einem gewissen Perilaus, der ein ungemein geschickter Künstler, aber dabei ein äußerst böser Mensch war. Dieser Mann, der sich an meinem wahren Charakter sehr übel betrog, glaubte, mir als einem Tyrannen, der große Freude am Strafen hätte, einen besonders wohlgefälligen Dienst zu erweisen, wenn er mir mit einer neuen Todesart von seiner Erfindung seine Aufwartung machte. Er brachte mir also diesen Stier, ein Werk von der höchsten Schönheit, wie ihr seht, und dem zur vollkommensten Ähnlichkeit zur Natur nichts fehlte, als sich zu bewegen und zu brüllen.

Bei seinem Anblick war mein erstes Wort: „Wahrlich, ein Werk, das des Apollo würdig ist! Dieser Stier soll in den Tempel zu Delphi gestiftet werden!" „Was wirst du erst sagen", sprach Perilaus, „wenn du das Kunststück, das darin angebracht ist, und den Gebrauch, der davon gemacht werden kann, kennen wirst? Wenn du", fuhr er fort, indem er den Rücken des Stieres aufhub, „jemand abstrafen willst, so lass ihn in diese Maschine einschließen, diese Flöten an die Naslöcher des Stiers befestigen und dann Feuer unter ihm anmachen. Natürlicherweise wird die unausstehliche Marter dem Patienten ein entsetzliches Geschrei und Gebrüll auspressen; dieses aber wird vermittelst der Flöten zu einem dumpfen, aber so sanften und melodiösen Brüllen werden, dass man es eher für die Begleitung eines schönen Trauergesangs halten sollte, und so wirst du, während jener gemartert wird, das Vergnügen haben, eine sehr angenehme Musik zu hören."

Diese unmenschliche Erfindung, worauf sich der Mann noch viel zugute zu tun schien, erfüllte mich mit Abscheu gegen den Künstler, und ich beschloss auf der Stelle bei mir, sie zu seiner Strafe zu machen. „Wohlan, Perilaus", sprach ich zu ihm, „wenn du deiner Sache so gewiss bist, so zeige mir auf der Stelle eine Probe davon; steige hinein und ahme das Schreien eines Menschen, der darin gepeinigt würde, nach, damit wir hören, ob eine so schöne Musik herauskommt, wie du uns glauben machen willst." Perilaus gehorcht, und, sobald er in dem Bauch des Stieres ist, lasse ich die Öffnung zuschließen und Feuer unterlegen. „Nimm das", sage ich, „als die einzige Belohnung, die ein solches Kunstwerk wert ist, und singe uns die erste Probe der schönen Musik vor, deren Erfinder du bist!"

Und so litt der Unmensch, was er mit einer so schändlichen Anwendung seines mechanischen Talents wohl verdient hatte."

Der erste Phalaris oder Rede der Abgesandten des Phalaris an die Priester und das Volk in Delphi
(Übersetzung: Christoph Martin Wieland)

Wir müssen es ungeklärt lassen, was es in Wahrheit mit dem Stier auf sich hat.

Als die Römer im Jahre 146 v. Chr. Karthago eroberten, fiel ihnen ein bronzener Stier in die Hände, der eine Rückenklappe aufwies. Der Stier des Phalaris? Vielleicht, vielleicht handelte es sich aber auch um ein rituelles Gerät, in dem die Phönizier Kindesopfer darbrachten. Der im Alten Testament mehrfach belegte Begriff „Moloch" könnte auf derartige Menschenopfer hinweisen.

11, 4   Theron und Pindar

Theron, seit 488 v. Chr. Tyrann von Akragas, seit 483 auch von Himera, hatte mit seinem Schwiegersohn Gelon, dem Tyrannen von Syrakus, 480 v. Chr. die Karthager vernichtend geschlagen (vgl. Kap. 4). Nicht zuletzt durch diesen Sieg, die Kontributionen und Kriegsgefangenen, hatte Akragas einen großen wirtschaftlichen Aufschwung erlebt. Die Stadt entwickelte sich auch zu einem bedeutenden kulturellen Zentrum: Pindar hat von 476–474 hier gelebt, der Dichter Simonides (ca. 556 v. Chr. geboren) hat 476 v. Chr. Theron und

Hieron I. von Syrakus versöhnt. Er war ein Chorlyriker wie Pindar. Er ist
468 v.Chr. in Akragas gestorben (vgl. Kap. 18, 2).

476 v.Chr. hat Theron in Olympia im Wagenrennen mit einem Viergespann einen Sieg errungen. Pindar hat ihm in seiner 2. Olympischen Ode ein
Denkmal gesetzt (zu Pindar vgl. Kap. 5 sowie 18, 2 und 23, 2). Seit 480 gab es
in Olympia Wagenrennen. Es war der Sport der Reichen. Die Lenker wurden
angeworben, den Preis erhielten die Besitzer.

> *„Lieder, die ihr Herren der Harfe seid,*
> *Von welchem Gott, von welchem Heros, von welchem Mann werden wir*
> *singen?*
> *Herr von Pisa* (Olympia) *ist gewiss zwar Zeus, die Olympischen Spiele aber*
> *Hat Herakles gegründet*
> *Als Dank für den siegreichen Krieg* (gegen Augias).
> *Und Theron muss man wegen seines Sieges mit dem Viergespann*
> *Preisen, den gerechten Beschützer der Fremden,*
> *Die Stütze von Akragas,*
> *Der, hochgeehrt, über die Stadt herrscht als der Trefflichste seiner*
> *Vorfahren,*
> *Die viel Leid ertragen mussten,*
> *Bevor sie die heilige Wohnstadt am Fluss in Besitz nahmen und Siziliens*
> *Zierde wurden. Die Zeit verstrich, wie das Schicksal es bestimmte.*
> *Sie brachte Reichtum und Lohn*
> *Für echte Tugenden.*
> *Sohn des Kronos und der Rhea, der du Herr bist des Olymps,*
> *Der Stätte der Wettkämpfe und des Alpheiosflusses,*
> *Freue dich an den Gesängen*
> *Und überlasse dem Geschlecht Therons wohlwollend*
> *Auch in Zukunft das väterliche Land.*
> *Taten, die, sei es gerecht oder ungerecht, geschehen sind, vermag auch*
> *Die Zeit, die Herrin über alles, nicht ungeschehen zu machen.*
> *Vergessen könnte es nur geben, wenn das Geschick gewogen ist.*
> *Denn von herrlichen Freuden wird schlimmes Leid*
> *Besiegt und stirbt, wenn göttliches Schicksal*
> *Großes Glück verleiht....*
> *Die Grenze des Menschenlebens, der Tod,*
> *Ist nicht festgesetzt,*
> *Auch nicht, wann wir einen Tag, der Sonne Kind,*
> *Friedlich mit ungetrübtem Glück beenden.*
> *Ströme kommen auf uns Menschen zu*
> *Und bringen bald Freuden, bald Leiden.*
> *So bringt die Schicksalsgöttin, die das freundliche Los*
> *Dieses Geschlechts von alters her lenkt, von Göttern geschickten Segen,*

Aber auch Leid,
Das zu anderer Zeit wieder umschlägt….
Den Sohn des Ainesidamos, den Theron,
Ziemt es zu preisen mit Liedern und Harfenspiel.
Denn er empfing in Olympia
Den Siegespreis….
Es zu wagen
Und den Wettkampf zu gewinnen, erlöst von Sorgen.
Wenn Reichtum mit Tugenden gepaart ist,
Ermöglicht er vieles,
Lässt er Pläne reifen,
Ist er ein weithin strahlender Stern,
Das echte Licht für einen Mann. Glücklich, wer ihn besitzt und weiß,
                                        was die Zukunft bringt.
Nach dem Tod werden die ruchlosen Seelen
Sogleich bestraft. Für alle Vergehen,
Die in des Zeus Herrschaftsbereich begangen werden,
Gibt es einen Richter unter der Erde, der sein
Urteil mit unbarmherziger Notwendigkeit fällt.
Die Edlen aber genießen stets ebenso
Bei Nacht wie am Tag die Sonne, sie führen
Ein Leben, das weniger mühevoll ist als das Leben hier,
Sie wühlen nicht mit der Kraft des Armes die Erde auf
Und nicht das Meer,
Um ein nichtiges Dasein zu fristen, sondern bei den verehrten Göttern,
Die ihr Gefallen an den treu gehaltenen Eiden haben,
Verbringen sie die Zeit ohne Tränen….
Wohlan, mein Herz, nimm mit dem Pfeil das Ziel ins Visier.
Wen treffen wir, wenn wir aus schwachem Geist
Ruhmvolle Pfeile entsenden?
Ich ziele auf Akragas
Und verkünde aufrichtig unter Eid:
Dass in 100 Jahren die Stadt nicht einen Mann
Hervorgebracht hat, der sich mehr als Theron
mit freundlicher Gesinnung als Wohltäter erwiesen
Und sie reichlicher beschenkt hat. Aber Unverschämtheit greift das Lob an,
Sie tritt ihm zu Unrecht entgegen. Von törichten Menschen
Stammt das Geschwätz, das die guten Taten edler Männer
Unsichtbar machen will. Jedoch: So wenig, wie der Sand sich nicht zählen
                                        lässt,
So wenig könnte man sagen,
Wie viel Freude Theron anderen Menschen geschenkt hat."

Das Lied beginnt, indem es scheinbar vom Bedeutenden, dem Gott, zum weniger Bedeutenden, dem Heros und dem Menschen, fortschreitet. Tatsächlich zielt es aber in einer Steigerung gerade auf den Menschen, auf Theron, den es in die Sphäre des Heroischen und Göttlichen emporhebt. Der Mythos schreibt Herakles die Gründung der Olympischen Spiele zu.

Auf das Proömium folgt das Gebet: Die Freude über den Sieg möge erlittenes Leid aufwiegen. Der Schluss preist Theron und verheißt ihm, pythagoreische Lehren aufnehmend, den Lohn seiner Tugend nach seinem Tod.

Auf Theron folgte sein Sohn Thrasybulos. Er stürzte sich in einen Krieg mit Syrakus, den er verlor. Er floh, und mit ihm endete die Zeit der Tyrannen in Akragas (471 v. Chr.).

11, 5   Die Zerstörung der Stadt durch die Karthager

Im Jahr 406 v. Chr. belagerten die Karthager Akragas, drei Jahre nach Selinus und Himera. Ihr Feldherr war Himilkon. Acht Monate hielt die Stadt stand. Über das Ende berichtet Diodor:

„Da nur noch sehr wenige Lebensmittel vorhanden waren, sahen die Feldherren es als notwendig an, die Stadt zu räumen. Sobald die Nacht hereinbrach, gaben sie allen Einwohnern den Befehl zum Aufbruch. Als nun eine so große Menge Männer, Frauen und Kinder sich aufmachte, die Stadt zu verlassen, erfüllten auf einmal Jammern und Tränen die Häuser. Furcht vor den Feinden brachte die Menschen aus der Fassung, aber auch die durch die Eile verursachte Notwendigkeit, alles das, um dessentwillen sie sich glücklich geschätzt hatten, nun den Barbaren zum Raub zu überlassen. Das Schicksal nahm ihnen die Verfügung über all das Schöne, das ihre Häuser schmückte. Sie mussten zufrieden sein, wenn sie wenigstens ihr Leben retten konnten, und mussten mit ansehen, wie nicht nur der Reichtum einer so blühenden Stadt zurückblieb, sondern auch eine große Anzahl Menschen. Denn niemand kümmerte sich um die kranken Verwandten, da jeder nur auf seine eigene Rettung bedacht war, und auch die alten Menschen ließ man zurück, weil sie zu schwach waren mitzugehen. Viele, die den Verlust des Vaterlands dem Tod gleich achteten, legten Hand an sich, um in ihren von den Vätern ererbten Häusern zu sterben. Bewaffnete Soldaten begleiteten die Menschen, die aus der Stadt auszogen, nach Gela. Der Weg und das ganze Gebiet, das sich bis dorthin erstreckte, war voll von Frauen, Kindern und Mädchen, die die Bequemlichkeit, an die sie gewöhnt waren, nun mit einem beschwerlichen Fußmarsch und übermäßigen Anstrengungen vertauschen mussten; aber sie hielten tapfer durch, die Angst gab ihnen Kraft....

Himilkon führte seine Streitmacht bei Tagesanbruch in die Stadt; er ließ fast alle, die dort zurückgeblieben waren, töten. Die Karthager zerrten auch Menschen, die sich in die Tempel geflüchtet hatten, heraus und brachten sie um. Dabei soll auch Gellias, der unter den Bürgern durch seinen Reichtum und seinen vorbildlichen Charakter einen Ehrenplatz eingenommen hatte, dasselbe Schicksal wie seine Vaterstadt erlitten haben: Er habe sich mit einigen Freunden im Tempel der Athena in Sicherheit bringen wollen in der Annahme, die Karthager würden davon Abstand nehmen, gegen die Götter zu freveln. Als er aber gesehen habe, wie sie frevelten, habe er Feuer an den Tempel gelegt und sich mitsamt den Weihgeschenken, die sich darin befanden, verbrannt. Mit der einen Tat, glaubte er, könne er den Feinden die Möglichkeit nehmen, gegen die Götter zu freveln, viel Wertvolles zu rauben und vor allem, ihm selbst Schimpf anzutun.

Himilkon ließ die Heiligtümer und Häuser plündern und sorgfältig nach Wertgegenständen durchsuchen. Er machte große Beute, wie man sich denken kann bei einer Stadt, die 200 000 Einwohner hatte, die seit ihrer Gründung unzerstört geblieben war und die es an Reichtum mit nahezu allen griechischen Städten hatte aufnehmen können.“

13, 88–90

Der Athenatempel (E), in der Mitte des 5. Jahrhunderts v. Chr. errichtet, lag auf dem Burgberg an der Stelle der Kirche Santa Maria dei Greci.

Acht Monate überwinterten die Karthager in der Stadt, dann wurde sie dem Erdboden gleich gemacht. 338 v. Chr. durften die Akragantiner zurückkehren. Durch die Ansiedlung weiterer Kolonisten erlebte die Stadt in der 2. Hälfte des 4. Jahrhunderts v. Chr. noch einmal eine Blüte.

11, 6   Die Eroberung durch die Römer

Die Stadt war den Karthagern tributpflichtig und mit ihnen im ersten und zweiten Punischen Krieg verbündet. Im Jahre 220 v. Chr. wurde sie als letzte bedeutende karthagische Bastion in Sizilien von den Römern erobert. Die Geschichte ihres Falls erzählt der römische Geschichtsschreiber Titus Livius (59 v. Chr. – ca. 17 n. Chr.). Sein hundertzweiundvierzig Bücher umfassendes Geschichtswerk trägt den Titel „Von der Gründung der Stadt an“. Die 3. Dekade, die Bücher 21–30, behandelt den zweiten Punischen Krieg. Die Darstellung des Livius ist jeweils so zuverlässig, wie es die Quellen sind, auf die er sich stützt. Seinen Stil hat er an Cicero geschult.

„Von Syrakus führte der Konsul M. Volusius Laevinus die Legionen nach Akrigent. Die Stadt war noch nicht unterworfen. Sie war in der Hand der Karthager, die sie mit einem starken Aufgebot besetzt hielten. Das Schicksal war dem Unternehmen des Laevinus günstig.“

Es kam in der belagerten Stadt zu einem Machtkampf zwischen Hanno, dem Karthager, und Muttines, der die verbündeten Numider befehligte. Als Muttines seines Postens enthoben wurde, übte er Verrat.

„Die Numider besetzten das zum Meer führende Tor, nachdem sie die karthagischen Wachen vertrieben oder getötet hatten, und ließen die Römer, die dorthin dirigiert worden waren, in die Stadt ein. Als das Heer schon mitten in der Stadt und mit großem Lärm auf dem Weg zum Forum war, glaubte Hanno, es handele sich wie schon so oft um den Lärm aufbegehrender Numider und machte sich auf, den Aufruhr niederzuschlagen. Als er an der großen Zahl erkannte, dass es sich nicht um

Numider handelte, und als er Worte der ihm nicht unbekannten römischen Sprache hörte, ergriff er, noch bevor er in Schussweite geriet, die Flucht. Er entkam durch eine Hintertür und gelangte… mit wenigen Begleitern ans Meer. Glücklicherweise fanden die Flüchtenden dort ein kleines Boot. Mit dem setzten sie nach Afrika über und überließen Sizilien, um das so viele Jahre gekämpft worden war, den Feinden.

Alle anderen Punier und Sikuler ließen es erst gar nicht auf einen Kampf ankommen. Als sie sich blindlings in eine ungeordnete Flucht stürzten und alle Ausgänge verschlossen fanden, wurden sie an den Toren niedergemacht. Laevinus nahm die Stadt in Besitz. Die führenden Köpfe von Akrigent ließ er auspeitschen und enthaupten. Alle anderen verkaufte er ebenso wie die Beute, die ihm in die Hände fiel. Den erlösten Betrag schickte er nach Rom.

Als die Nachricht von der Katastrophe der Akrigentiner sich in Sizilien verbreitete, änderte sich mit einem Schlag die Lage zu Gunsten der Römer. Innerhalb von kurzer Zeit wurden 20 Städte durch Verrat ausgeliefert, 6 mit Gewalt erobert, an die 40 begaben sich freiwillig unter den Schutz Roms.

Nachdem der Konsul die Führer der Städte je nach Verdienst ausgezeichnet und bestraft hatte, brachte er die Sikuler dazu, endlich die Waffen niederzulegen und sich den landwirtschaftlichen Tätigkeiten zuzuwenden, damit die Insel nicht nur ihre Einwohner ernähren, sondern auch die Not Roms und Italiens mildern könne, was sie schon oft in vielen Krisen getan hatte. Dann segelte er… nach Italien ab.

Sizilien ist in diesem Jahr endgültig besiegt worden.“

26, 90

Noch nicht ganz endgültig: 212 musste erst noch das 215 zu den Karthagern abgefallene Syrakus erobert werden (vgl. Kap. 18, 6).

Agrigent bestand weiter. Unter dem Namen Kerkent oder Gergent war es im 9. Jahrhundert n. Chr. das wichtigste und einzige Zentrum der arabischen Herrschaft im Süden Siziliens. Als Kaiser Friedrich II. 1245 n. Chr. die Araber auswies, versank die Stadt für viele Jahrhunderte in die Bedeutungslosigkeit. Heute ist sie als Agrigento Provinzhauptstadt, an der kein an der Antike interessierter Tourist vorbeifährt.

11, 7   Empedokles und die Vorsokratiker

Der letzte bedeutende Philosoph, der zu den Vorsokratikern gerechnet wird, war Empedokles. Er lebte von ca. 485 – ca. 425 v. Chr. (ca. 495 – ca. 435 v. Chr.?), war also ein Zeitgenosse des Sokrates (469–399 v. Chr.). Als Vorsokratiker gilt er, weil er in erster Linie nach dem Wesen des Kosmos gefragt und nicht wie Sokrates den Menschen zum Mittelpunkt seines Denkens gemacht hat. Von Sokrates sagt Cicero:

„Er hat die Philosophie vom Himmel herabgeholt und in den Städten angesiedelt, ja, sogar in die Häuser gebracht.“

Gespräche in Tusculum 5, 10

Empedokles war Akragantiner. Es wird berichtet, er habe sich in seiner Heimatstadt für eine demokratische Regierungsform eingesetzt und die ihm angebotene Königswürde abgelehnt. Die Einen bezeichnen ihn als Arzt und Priester, die Anderen als Scharlatan. Diogenes Laertios, ein Autor des 3. Jahrhunderts n. Chr., berichtet, er habe seinem Leben durch einen Sprung in den Ätna ein Ende gesetzt. Es handelt sich dabei um eine Legende. Friedrich Hölderlin übernimmt sie in sein Trauerspiel „Der Tod des Empedokles". Wahrscheinlich ist der Philosoph im Exil in der Peloponnes gestorben.

Empedokles hat seine Vorstellung über die Entstehung und das Wesen des Kosmos in einer Schrift mit dem (sicher späteren) Titel „Über die Natur" dargelegt. Es ist ein Lehrgedicht in Hexametern. Nur etwa ein Drittel ist erhalten.

> „ . . . *Werden gibt es bei keinem der sterblichen Dinge,*
>   *Auch kein Ende, keinen verfluchten Tod, es gibt nur*
>   *Mischung und dann Entmischung wiederum des Gemischten;*
>   *Werden nennen nur die Menschen diesen Vorgang,*
>   *Toren, denn sie denken zu kurz, die da glauben, dass etwas,*
>   *Das es vorher nicht gab, nun plötzlich entstehen könne,*
>   *Oder es könne sterben und völlig zu Grunde gehen.*
>   *Denn aus dem, was nicht ist, kann unmöglich etwas werden.*
>   *Dass, was ist, zu Grunde geht, auch das ist unmöglich."*
> DK 8, 11, 12
> „*Doppelt ist das Entstehen der sterblichen Dinge, und doppelt*
>   *Ihr Vergehen. . . .*
>   *Bald vereinigt sich alles zu Einem*
>   *Durch die Liebe, bald trennt es sich wieder im Hass des Streites.*
>   *Wie nun Eines gelernt hat, aus Mehrerem zu entstehen,*
>   *Eines sich auflöst und Mehreres wieder hervorbringt, so gibt es*
>   *Werden, und keinem sterblichen Ding bleibt das Leben beständig.*
>   *Wie der Wechsel durch alle Zeiten hindurch nie aufhört,*
>   *So bleibt alles unverrückbar in ewigem Kreislauf."*
> DK 17
> „ . . .*Alles ist im Groll entzweit und verschiedengestaltig,*
>   *Doch in der Liebe kommt es zueinander, es sehnt sich*
>   *Eins nach dem Anderen. Daraus ist alles, was ist, was*
>   *War und was sein wird: Daraus sind Bäume entsprossen und Männer,*
>   *Frauen und Tiere und Vögel und Fische, die sich im Wasser*
>   *Nähren, und lange lebende hochgeehrte Götter.*
>   *Vier Elemente gibt es; indem sie einander durchmischen,*
>   *Wechseln sie ihre Gestalt. Die Mischung bewirkt den Wechsel."*
> DK 21
> „*Wie wenn Maler bunte Bilder als Weihegaben*
>   *Malen, Männer, die sich auf ihre Kunst verstehen,*

Wenn sie mit ihren Händen vielfältige Pulver nehmen,
Wenn sie diese harmonisch, hier mehr, hier weniger nehmend,
Mischen, schaffen sie daraus Gestalten, die allem ähnlich
Sind. Sie bilden Bäume daraus und Männer und Frauen,
Tiere und Vögel und Fische, die sich im Wasser nähren,
Und lange lebende Götter, die am höchsten geehrt sind.
Lass dir durch Trug nicht den Sinn verdunkeln, als ob es eine
Andere Quelle der vielen sichtbaren sterblichen Dinge
Gäbe. Halte fest an dem Wort, es stammt von der Muse."

DK 23

Wie es sich die moderne Physik zum Ziel gesetzt hat, die Erscheinungen der Natur auf Elementarteilchen zurückzuführen, so will auch Empedokles die mit den Sinnen wahrgenommene Welt auf ihr zugrunde liegende Prinzipien reduzieren. Das ist das Anliegen aller vorsokratischen Philosophen. Empedokles nimmt Vorstellungen seiner Vorgänger auf und fügt sie in ein System ein.

Seine erste These lautet: Der Kosmos und die Materie sind ewig. Es gibt keinen Anfang, keine Schöpfung, kein Ende. Die Idee eines die Welt aus dem Nichts hervorbringenden Gottes ist der heidnischen Antike fremd.

In seiner zweiten These führt er aus, dass der Kosmos in einer ständigen Bewegung ist, in einem ewigen Kreislauf. Bald wird alles zu Einem, bald aus Einem alles. Der Kosmos unterliegt einem Rhythmus von Harmonisierung und Dissoziierung. Die Welt, in der wir leben, entsteht in diesem Prozess in den beiden Zwischenphasen, sowohl, wenn alles im Begriff ist, zusammenzuwachsen, als auch, wenn es in der entgegengesetzten Richtung im Begriff ist, auseinanderzufallen. In der Weltzeit gibt es ein zweifaches Durchgangsstadium. Die Kräfte, die die Bewegungen bewirken, sind „Liebe", „Eintracht", „Harmonie" und „Hass", „Streit", „Groll", „Zwietracht": die eine zieht an, die andre stößt ab.

Manche Interpreten sind der Meinung, dass Empedokles nicht vom Makrokosmos, sondern von innerweltlichen Vorgängen spricht. Die Schwierigkeit, zu einem gesicherten Ergebnis zu kommen, liegt in der nur fragmentarischen Überlieferung.

Feuer, Luft, Wasser und Erde sind die vier Elemente, aus denen alles entsteht, was ist. Sie vermischen sich mechanisch, nicht chemisch. Sie dringen durch Poren ineinander ein und trennen sich wieder. Die Mischungsverhältnisse bestimmen die Erscheinungsformen. Quantität schlägt in Qualität um. Von der Lehre der vier Elemente ist es nur ein kleiner Schritt zur Lehre von den Atomen, qualitativ gleichen, nur in der Form unterschiedenen Elementarteilchen (vgl. Kap. 23, 2).

Worin liegt die Bedeutung der vorsokratischen Philosophie? Der Glaube an personale, anthropomorphe Gottheiten wird ersetzt durch Theorien, die von Stoffen und Kräften handeln. Die Welt Homers wird entpersonalisiert und entmythisiert. Die uns erscheinende Realität wird hinterfragt: Wie ist sie entstanden? Was ist sie ihrem Wesen nach? Wie verhalten sich Werden und Sein zueinander? Es wird ein System lückenloser rationaler Erklärung angestrebt.

Es wird unterschieden zwischen der Welt, die wir mit den Sinnen wahrnehmen, und den Ursachen, die wir mit dem Verstand erfassen. Die Vorsokratik begründet die Theorie der zwei Welten. Platon wird von den Ideen sprechen als dem wahrhaft Seienden, das keinen Anfang und kein Ende hat, im Gegensatz zu der Schattenexistenz der Dinge, die entstehen und vergehen, der Kirchenvater Augustinus (354–430 n. Chr.) wird die civitas dei der civitas diaboli gegenüberstellen.

Die nach Ursachen forschende Wissenschaft wird begründet. Diese Wissenschaft verfolgt keinerlei praktische Zwecke. Im Unterschied zur neuzeitlichen Naturwissenschaft wurde nicht experimentiert.

Die Philosophie hat den Glauben der Menschen an die homerischen Götter nicht verdrängt.

Während die Vorsokratiker allgemeine Sätze über die Welt formulierten, wird Platon fragen, wie es möglich ist, dass wir allgemeine Sätze formulieren können.

11, 8   Polos und Sokrates

Von Polos wissen wir, dass er aus Akragas stammte, dass er ein Lehrer der Rhetorik war und dass er ein Buch über die Rhetorik verfasst hat. Er lebte im 5. Jahrhundert v. Chr. Wir erwähnen ihn, weil Platon ihn in seinem Dialog „Gorgias" (ca. 390 v. Chr.) zu einem Gesprächspartner des Sokrates gemacht hat. Er bestreitet dessen These, dass Unrecht erleiden besser sei als Unrecht tun, ja, dass, wer Unrecht leidet, glücklicher sei, als der, der Unrecht tut. Für ihn bedeutet Glück, tun zu können, was man will. Am glücklichsten ist der unumschränkt herrschende Tyrann. Polos fragt:

„Wenn ein Mensch, der sich widerrechtlich zum Tyrannen machen will, ergriffen, gefoltert… und schließlich ans Kreuz geschlagen oder mit Pech bestrichen und verbrannt wird, wird er glücklicher sein, als wenn er Erfolg hat, sich zum Tyrannen macht, sein Leben lang im Staat herrscht und tun kann, was er will, beneidet und glücklich gepriesen von den Bürgern und den Fremden? Du meinst, es sei unmöglich, das zu widerlegen?…"

Sokrates: „Keiner von beiden wird jemals glücklicher sein als der andere, weder der, der sich widerrechtlich die Tyrannenherrschaft verschafft hat, noch der, der es nicht geschafft hat und bestraft wird. Denn wenn zwei unglücklich sind, kann keiner glücklicher sein als der andere. Unglücklicher aber ist der, der Erfolg hat und Tyrann geworden ist. Was, Polos? Du lachst? Ist das eine neue Art der Widerlegung, zu lachen statt zu widerlegen, wenn einer etwas behauptet?"

473 c – e

In der sokratischen Philosophie ging es um die Frage nach dem Glück, nach einem sinnerfüllten Leben, nach der Begründung und Geltung ethischer Maßstäbe. In einem dialogischen Verfahren wurden Argumente ausgetauscht. Als wahr galt, was nicht widerlegt war, solange es nicht widerlegt war (vgl. Kap. 18, 4).

AKRAGAS: DAS TAL DER TEMPEL

Nicht anders als die Selinuntier haben die Akragantiner ihren Reichtum und ihre Macht vornehmlich durch den Bau von Tempeln demonstriert. Man kann nicht weniger als elf Tempel nachweisen, die im Verlauf des 5. Jahrhunderts v. Chr. fast um die ganze Stadt an nach außen abfallenden Kanten errichtet worden sind. Von den Göttern erhoffte man sich Schutz vor den Feinden. Die Namen, mit denen heutzutage die Tempel bezeichnet werden, sind ihnen im 16. Jahrhundert n. Chr. beigelegt worden. Man weiß nicht, welchen Göttern die Tempel ursprünglich geweiht waren. Einer der Ersten, der sie wissenschaftlich untersucht und beschrieben hat, war der Münchener Hofbauintendant Leo von Klenze (1784–1864 n. Chr.), der 1823/24 zusammen mit dem Kronprinzen, der ab 1825 als König Ludwig I. Bayern regierte, Sizilien bereist hat.

12, 1   Der sog. Tempel der Juno Lacinia und das Ritual des Opfers

Am weitesten östlich, an der höchsten Stelle, liegt der Tempel der Juno Lacinia. Den Beinamen hat die Göttin von einem Vorgebirge in Bruttium bei der Stadt Kroton; dort besaß sie einen berühmten Tempel.

Der Bau ist in der Mitte des 5. Jahrhunderts v. Chr. (ca. 460) in klassischem Maß errichtet worden. Der Stylobat weist wie der Parthenon auf der Akropolis von Athen das Verhältnis 4:9 auf, die Peristasis bestand aus 6 × 13 Säulen. Für Sizilien war das ein eher ungewöhnliches Maß. Man bevorzugte eine im Verhältnis zur Breite längere Cella. Aber das Meiste von dem, was den Parthenon auszeichnet, fehlte hier: die Neigung der Säulen und die Kurvatur, d. h. die Krümmung der Horizontalen des Stylobats. Die Säulen wiesen eine leichte Schwellung (Entasis) auf. Zehn Stufen führten zum Eingang.

Brandspuren deuten darauf hin, dass der Tempel 406 v. Chr. von den Karthagern zerstört worden ist.

Ebenfalls zehn Stufen führten auf den dem Tempel vorgelagerten Altar, an dem das Opfer vollzogen wurde. Tempel und Altar bildeten stets eine Einheit, beide waren aufeinander bezogen. Der Altar war nicht selten genauso aufwändig geschmückt wie der Tempel. Eine Vorstellung von einem Opferritus vermittelt Homer:

> *„Es kam Athene,*
> *Um an dem Opfer teilzunehmen…*
> *Stratios und Echephron, der göttliche, brachten das Rind, und*
> *Aus der Kammer kam Aretos und trug in einem*
> *Blumenverzierten Becken Wasser für die Hände,*
> *Gerste in einem Korb. Der mutige Thrasymedes*

Trat hinzu, in der Hand eine scharfe Axt, um das Rind zu
Töten. Perseus hielt die Schale. Da wusch der greise
Rosselenker Nestor zuerst die Gerste, und er
Betete viel zu Athene. Dann begann er das Opfer,
Schnitt die Haare vom Haupt des Rindes und warf sie ins Feuer.
Als sie gebetet und die Gerste ausgestreut hatten,
Trat Thrasymedes, Nestors mutiger Sohn, heran und
Holte aus und durchhieb mit einem Schlag der Axt die
Sehnen des Nackens und löste die Kraft des Rindes. Es schrieen
Auf die Töchter und Schwiegertöchter und die verehrte
Gattin Nestors, Eurydike, Klymenos´ älteste Tochter.
Darauf hoben die Männer das Rind von dem weiten Boden
Auf, sie hielten es, und es stach Peisistratos zu, der
Führer der Männer. Aus dem geopferten Tier floss nun das
Schwarze Blut, das Leben entschwand. Die Männer zerlegten
Schnell das Tier und schnitten heraus die Schenkelknochen,
Alles, wie sich´s gehört, umhüllten sie mit einer
Doppelten Fettschicht und legten oben darauf noch rohes
Fleisch. Der Greis verbrannte es auf Scheiten und goss noch
Funkelnden Wein darüber. Neben ihm hielten junge
Männer Spieße mit fünf Zinken in den Händen.
Als sie von Herz und Leber und Lunge gekostet hatten,
Schnitten sie das andere Fleisch in Stücke, und sie
Steckten es auf die Spieße und ließen es braten. Die spitzen
Spieße hielten sie fest... Und als sie das Fleisch gebraten
Und von den Gabeln gezogen hatten, setzten sie sich,
Und sie speisten."
Odyssee 3, 435–463;470/71

Die Gottheit, deren Statue in der Cella des Tempels stand, nahm an dem Ritus teil.

Die Tötung des Tiers wurde sorgfältig vorbereitet. In dem Augenblick, in dem die Axt seinen Nacken traf, erschallte der Opferruf der Frauen, gleichsam der Aufschrei des Lebens gegen den Tod. Waren die nicht-essbaren Schenkelknochen auf dem Altar verbrannt, wurde das Fleisch gebraten und verspeist. Auf die Begegnung mit dem Tod folgte das Leben schenkende und Kraft spendende Mahl, auf den Schrecken die Freude. Die Gottheit war Gastgeberin, sie schenkte den Gästen, durch das Opfer versöhnt, die Gabe des Fleisches. Die unsterblichen Götter bedurften der Nahrung nicht wie die sterblichen Menschen.

In den Stadtstaaten nahm – anders als bei Homer – die ganze Bürgerschaft an dem Fest teil. Das Opfer verwies auf den Zusammenhang zwischen der Schuld, die der das Tier jagende und tötende Mensch auf sich lud, und dem

Bedürfnis nach Wiedergutmachung, nach Versöhnung mit der Natur und der Gottheit. Es war ein Akt der Befreiung.

Der Gott des Alten Testaments hat das Tieropfer verboten (Jesaia 66, 3).

Der Tempel ist im 18. Jahrhundert n. Chr. durch ein Erdbeben zerstört worden. 1785 hat man ihn wieder errichtet. Caspar David Friedrich (1774–1840 n. Chr.) hat ihn gemalt.

12, 2   Der sog. Tempel der Concordia (*Abb. 11*)

Goethe notiert in der „Italienischen Reise":

„Der Tempel der Concordia hat so vielen Jahrhunderten widerstanden; seine schlanke Baukunst nähert ihn schon unserem Maßstab des Schönen und Gefälligen, er verhält sich zu denen in Pästum wie Göttergestalt zum Riesenbilde. . . . Man findet noch Überreste eines feinen Tünchs an den Säulen, der zugleich dem Auge schmeichelt und die Dauer verbürgen sollte."

Mittwoch, den 25. April 1787

In Pästum waren Goethe „die stumpfen, kegelförmigen, eng gedrängten Säulenmassen lästig, ja, furchtbar" erschienen.

Der Tempel ist jünger als der der Juno Lacinia (um 400 v. Chr.). Er gehört mit dem Hephaisteion in Athen, mit dem er Ähnlichkeit hat, zu den besterhaltenen griechischen Tempeln. Wie jener verdankt er seine Erhaltung der Tatsache, dass er in eine Kirche umgewidmet worden ist. Der heilige Gregorius hat sie zu einer dreischiffigen Basilika umbauen lassen und im Jahre 594 n. Chr. den Aposteln Paulus und Petrus geweiht. Die Längswände der Cella wurden mit zwölf Bögen arkadenartig durchbrochen, die Westwand wurde beseitigt, damit der Eingang dorthin verlegt werden konnte, die Peristasis wurde geschlossen. Noch bis in die Mitte des 18. Jahrhunderts n. Chr. wurde Gottesdienst gehalten. Bald danach wurde von den Archäologen der originale Zustand wiederhergestellt.

Tempel in Kirchen umzuwandeln, war üblich. Ein heiliger Ort blieb heilig. Ein berühmtes Beispiel ist der Parthenon in Athen, in dem die Zeustochter Athena durch die Gottesmutter Maria ersetzt worden ist. Aus einem anderen Grund weist Gregor der Große, Papst 590–604, den Erzbischof Augustin von Canterbury an, zwar die antiken Statuen zu zerstören, nicht aber die Tempel.

„Wenn diese Heiligtümer ordentlich erbaut worden sind, dann muss man sie im Gehorsam gegenüber dem wahren Gott umwandeln, damit die Heiden, wenn sie sehen, dass ihre Heiligtümer nicht zerstört werden, den Irrglauben aus dem Herzen verbannen, den wahren Gott erkennen und anbeten und sich an den gewohnten Orten einfinden, weil sie ihnen vertrauter sind als die fremden."

Lateinisch zitiert in: Tilo Schabert/Matthias Riedl (Hrsg.): Gott oder Götter? God or Gods?, Würzburg, 2009

Natürlich spielten auch praktisch-ökonomische Gründe eine Rolle.

Concordia, Eintracht, ist die Personifikation eines abstrakten Begriffs. Die Griechen kannten Personifikationen, aber sie weihten ihnen keine Tempel. Darin unterschieden sich die Römer von ihnen.

Den Namen verdankt der Tempel einer lateinischen Inschrift aus dem 2. Jahrhundert n. Chr. Sie besagt, dass ein sacrum, ein heiliger Gegenstand, *concordiae Acragantinorum* gewidmet worden sei. Um welches sacrum es sich handelt, weiß man nicht.

Wie der Tempel der Juno Lacinia ist auch dieser Tempel von 6 × 13 Säulen umgeben. Harmonische Proportionen, die Neigung der Säulen, die Entasis und die Kurvatur zeichnen ihn aus. Die Cella war nicht durch Säulen unterteilt, ein Zeichen dafür, dass sie im Kult genutzt wurde.

Die Metopen waren nur bemalt. Im Giebel über dem Eingang zum Naos war eine Fensteröffnung ausgespart. Auf beiden Seiten führten Treppen zu ihr hinauf. Erschien die Gottheit hier den Menschen, die am Altar das Opfer darbrachten?

12, 3   Der sog. Heraklestempel und die Polychromie

Der Heraklestempel ist der älteste Tempel der Stadt. Er ist zu Beginn des 5. Jahrhunderts v. Chr. an Stelle eines älteren Heiligtums aus dem 6. Jahrhundert errichtet worden. Vielleicht hat ihn Theron in Auftrag gegeben, der 488 Tyrann geworden war (vgl. Kap. 11, 4). Nur der Zeustempel übertraf ihn noch an Größe. Die Zuweisung an Herakles stützt sich auf Cicero, sie ist jedoch unwahrscheinlich. Während die Römer Herculestempel kannten, gab es bei den Griechen keine Heraklestempel. 6 × 15 Säulen umgaben die im Vergleich zu den beiden besprochenen jüngeren Tempeln längere Cella. Acht von ihnen sind 1924 wieder errichtet worden. Die Cella war wie die des Concordiatempels als ein Saal gestaltet, sie war nicht durch Säulen unterteilt.

Cicero berichtet von einer Bronzestatue des Herakles, die in einem Heraklestempel in der Nähe der Agora gestanden habe:

„Ich könnte nicht leicht sagen, wo ich schon einmal etwas Schöneres gesehen habe. Zieht man die vielen Kunstwerke, die ich gesehen habe, in Betracht, ist meine Kenntnis auf diesem Gebiet allerdings nicht besonders groß. Die Statue ist so schön, ihr Richter, dass ihr offener Mund und ihr Kinn ein wenig abgeschliffen waren, weil man sie bei Bitt- und Dankgebeten nicht nur zu verehren, sondern auch zu küssen pflegte. Als Verres sich in Agrigent aufhielt, überfiel mitten in der Nacht plötzlich ein Haufen bewaffneter Sklaven... diesen Tempel.“

2. Rede gegen Verres, Buch 5, Kap. 43

Auf das Geschrei der Wächter hin lief eine große Menschenmenge zusammen und verhinderte den Raub.

Dem Text entnehmen wir, dass die Menschen im Tempel beteten und dass sie den Herakles küssten. Man fühlt sich an Michelangelos Petrusstatue in der Peterskirche in Rom erinnert, deren Fuß im Lauf der Jahrhunderte blank geküsst worden ist. Gab es diesen Brauch schon in der Antike? Die Heraklesstatue kennen wir nicht, wir wissen weder, von wem, noch, wann sie geschaffen worden ist. Von Ciceros Heraklestempel nahe der Agora fehlt jede Spur.

Die Säulen des Tempels waren mit Stuck überzogen und bemalt. Antike Tempel müssen wir uns bunt vorstellen, die Architektur ebenso wie den plastischen Schmuck. Seit dem 18. Jahrhundert n. Chr. wusste man das, Farbreste hatten sich erhalten und sind zum Teil heute noch sichtbar. Moderne Techniken erlauben es, die Farbigkeit mit einem hohen Grad an Wahrscheinlichkeit zu rekonstruieren. Es wäre in der Tat erstaunlich, wenn sich gerade die sinnesfrohen Griechen mit farblosem Marmor oder Stuck begnügt hätten, da doch die ägyptische Kunst, der die griechische viel verdankt, farbig war. Das gilt nicht weniger für die Kirchen des Mittelalters.

Es war vor allem Johann Joachim Winckelmann (1717–1768 n. Chr.), der sich gegen die Erkenntnis einer bunten antiken Kunst und Architektur stemmte. Der weiße Marmor sollte gleichsam immateriell dem reinen Geist entsprechen. In der unbefleckten Form äußerten sich „edle Einfalt und stille Größe". Moderne Künstler wie Picasso und Modigliani haben sich von der vermeintlich farblosen Kunst inspirieren lassen. Es wird Zeit, dass wir uns von dieser Vorstellung lösen.

12, 4   Das sog. Grabmal des Theron und der Asklepiostempel

Südlich des Heraklestempels steht ein zweistöckiges Gebäude. Den Mauern des oberen Stockwerks sind jonische Halbsäulen vorgesetzt, die ein dorisches Gebälk tragen, eine merkwürdige Mischung. Der Name „Grabmal des Theron" hat mit der Realität wenig zu tun. Der Bau ist römisch und stammt aus dem 1. Jahrhundert v. Chr. Man deutet ihn als ein Monument für die im 1. Punischen Krieg bei der Belagerung der Stadt im Jahre 262 v. Chr. gefallenen römischen Soldaten oder als das Grabmal eines vornehmen Römers, dessen Name unbekannt ist.

Ein Stück weiter im Süden befindet sich ein auf einem Podium stehender Tempel mit zwei dorischen Säulen zwischen den Anten und zwei Halbsäulen an der Rückwand. Er liegt in der Nähe einer Heilquelle, an der man opferte, bevor man auf Reisen ging.

Der Tempel, der in der Mitte des 5. Jahrhunderts v. Chr. erbaut worden ist, wird dem Asklepios zugeschrieben. Der Fund einer Statuette des Gottes unweit des Concordiatempels lässt darauf schließen, dass der Gott im Tal der Tempel verehrt wurde. Warum nicht hier an der Heilquelle?

Zur Zeit, als man den Tempel baute, begann sich der Asklepioskult, ausgehend von Epidauros in der Argolis, in der ganzen Ökumene zu verbreiten. Viele Beinamen brachten das Wesen des Gottes zum Ausdruck: Menschenfreundlichster, Helfer, Wohltäter, Volksfreund, der leicht Zugängliche, schließlich: Retter, Soter. Kein Wunder, dass die Christen ihn als einen gefährlichen Rivalen Christi betrachteten und bekämpften.

Bis in unsere Gegenwart ist er präsent. Sein Attribut, der Stab, um den sich die Schlange ringelt, ist zum Zeichen der Ärzte geworden. Eine allgemein anerkannte Deutung des Symbols gibt es nicht. Die Schlange war eine Erscheinungsform des Gottes, der Stab vielleicht das Zepter, das ihn als einen Würdenträger auszeichnete.

12, 5   Der Tempel des Olympischen Zeus

Durchquert man das Goldene Stadttor, die porta aurea, so stößt man auf die gewaltigen Trümmer des Zeustempels, des nach der siegreichen Schlacht bei Himera 480 v. Chr. errichteten Siegesmonuments. An der Zuweisung gibt es keinen Zweifel. Dank der Kriegskontributionen mangelte es nicht an Geld, dank der Kriegsgefangenen nicht an Arbeitskräften. Diodor berichtet, dass Gelon die Kriegsgefangenen an die Bundesgenossen entsprechend der Größe ihres jeweiligen Truppenkontingents verteilte.

„Die Städte legten die ihnen zugeteilten Gefangenen in Fesseln und benutzten sie, öffentliche Bauten zu errichten. Die Akragantiner hatten die meisten bekommen. Mit ihrer Hilfe schmückten sie ihre Stadt und das umliegende Land. Die Menge der Gefangenen war bei ihnen so groß, dass viele Privatleute je fünfhundert bei sich aufnahmen. . . . Die meisten wurden dem Staat zugeteilt. Sie arbeiteten in den Steinbrüchen, aus denen das Material gewonnen wurde, mit dem unter anderem die gewaltigen großen Tempel der Götter errichtet wurden."

11, 25

Theron wollte mit dem Zeustempel den Selinuntiern nicht nachstehen (vgl. Kap. 10, 2). Im Gegenteil, er sollte den dort in der Mitte des 6. Jahrhunderts v. Chr. begonnenen Zeustempel in den Schatten stellen. Man orientierte sich dort wie hier an den großen jonischen Tempeln in Kleinasien, hier besonders an dem Apollontempel in Didyma und dem Artemision in Ephesos. Der Zeustempel in Akragas war nach dem Artemision der zweitgrößte Tempel der griechischen Welt. Seine Höhe maß bis zum Giebel vierzig Meter.

Sportanlagen deuten darauf hin, dass man vielleicht sogar mit Olympia in Konkurrenz treten und ein neues panhellenisches Zentrum begründen wollte.

Tempel als Siegesmale zu errichten, war der Ehrgeiz sizilianischer Tyrannen. Kein Athener ist nach den Siegen über die Perser auf eine derartige Idee verfallen.

Goethe notiert über den Tempel:

„Die nächste Station ward sodann bei den Ruinen des Jupitertempels gehalten. Dieser liegt weitgestreckt, wie die Knochenmasse eines Riesengerippes inner- und unterhalb mehrerer kleiner Besitzungen, von Zäunen durchschnitten, von höhern und niedern Pflanzen durchwachsen. Alles Gebildete ist aus diesem Schutthaufen verschwunden außer einem ungeheuren Triglyph und einem Stück einer demselben proportionierten Halbsäule. Jenen (Triglyph) maß ich mit ausgespannten Armen und konnte ihn nicht erklaftern, von der Kannelierung der Säule hingegen kann dies einen Begriff geben, dass ich, darin stehend, dieselbe als eine kleine Nische ausfüllte, mit beiden Schultern anstoßend. 22 Männer, im Kreise nebeneinander gestellt, würden ungefähr die Peripherie einer solchen Säule bilden.“

Der Tempel stellte die originellste Schöpfung der Griechen dar: Der Stylobat hatte eine Länge von 113,48 m, eine Breite von 56,30 m. Länge zu Breite verhielt sich wie 2:1. Fünf Stufen führten auf ihn hinauf. 7 × 14 Säulen umgaben die Cella.

Die Cella war nicht überdacht, eine Eigenart, die auch der Apollontempel in Didyma und der Tempel G in Selinus aufwiesen, ein großer Saal, den zwei Reihen hoher Pfeiler in drei Schiffe unterteilten, wobei die Seitenschiffe breiter waren als das Mittelschiff. Die Zwischenräume zwischen den Pfeilern waren durch mindestens halbhohe Wände geschlossen.

Die die Cella umschließende Mauer war innen durch Pilaster gegliedert, denen außen gemauerte Halbsäulen entsprachen. Zwischen den Halbsäulen standen auf Plinthen achtunddreißig männliche Gestalten, die halfen, das Gebälk zu tragen. Man nannte sie „Atlanten" oder „Telamone". Beide Begriffe sind von derselben Wurzel tla – abgeleitet und bedeuten „Träger".

Im Osten war die Mittelachse durch eine Säule verstellt. Eingänge gab es an den Ecken und in der Mitte der südlichen Langseite.

Im Ostgiebel war der Kampf der Götter gegen die Giganten dargestellt, ein Symbol für den Kampf der Griechen gegen die Karthager, der Zivilisation gegen die Barbarei.

Das Thema des Westgiebels war die Eroberung Trojas, auch dies ein Hinweis auf die Überlegenheit der Griechen.

Bis zum Jahr 401 n. Chr. standen noch Mauern des Tempels aufrecht, gestützt von drei Telamonen. Sie erscheinen noch heute im Wappen der Stadt. Ein Erdbeben brachte den Bau zum Einsturz. Fortan diente er als Steinbruch. Als „Cava dei Giganti", „Höhle der Riesen", war er im Mittelalter bekannt. Die Mole von Porto Empedocle wurde im 18. Jahrhundert n. Chr. mit den Materialien des Tempels gebaut. 1850 hat man eine Atlasfigur wieder zusammengesetzt, sie ist im Museum zu bewundern.

Aus der Tatsache, dass die Cella ungedeckt war, hat man fälschlicherweise geschlossen, dass der Tempel unvollendet war.

Alle Tempel, die nach dem Olympieion gebaut worden sind, nehmen sich bescheidener aus. Von nun an sollte es mehr auf die Qualität als auf die Quantität ankommen.

In der homerischen Religion war Zeus „der Vater der Götter und Menschen", zwar der Höchste und Größte, aber doch nur einer unter vielen. Schon früh begann man aber, in ihm gleichsam den Repräsentanten des Göttlichen zu sehen. In Aischylos´ Tragödie „Agamemnon" (aufgeführt 458 v. Chr.) ruft der Chor ihn an:

> *„Zeus, wer er auch ist, wenn*
> *Es ihm lieb ist, so zu heißen,*
> *Rufe ich ihn so an.*
> *Alles erwägend,*
> *Finde ich nichts*
> *Mit Zeus Vergleichbares außer Zeus,*
> *Wenn ich die Last der Sorge*
> *Wahrhaft von mir werfen soll."*
> 160–166

So konnte er in der stoischen Philosophie der Inbegriff des Geistes, der Vernunft, des Logos werden, der den Kosmos durchwaltet und ihn sinnvoll lenkt, mit dem der Mensch kraft seines Verstandes verwandt ist.

13. Kapitel

AKRAGAS: DAS HEILIGTUM
DER CHTHONISCHEN GOTTHEITEN
UND DER TEMPEL DES HEPHAISTOS

13, 1   Das Heiligtum der chthonischen Gottheiten

Ein beliebtes Fotomotiv sind vier dorische Säulen, die sich westlich des Tempels des olympischen Zeus erheben. Sie sind das Wahrzeichen von Agrigent. Es handelt sich um die Nordwestecke eines Tempels, der den Dioskuren Kastor und Pollux (griechisch: Polydeukes) zugeschrieben wird. Er ist in der Mitte des 5. Jahrhunderts v.Chr. errichtet worden. 6×13 Säulen umgaben die Cella. Der Stufenbau ist modern, die vier Säulen sind im 19. Jahrhundert n.Chr. wieder aufgerichtet worden, nicht zur Freude der Archäologen, da man Elemente aus verschiedenen Jahrhunderten miteinander vermischt hat.

Die Dioskuren waren Zwillinge. Die Überlieferung kennt zwei Väter, Zeus und Tyndareos, den König von Sparta. Die Mutter war Leda, jene Frau, mit der Zeus in Gestalt eines Schwans die schöne Helena gezeugt hat. Die Dioskuren waren Halbbrüder Helenas. Polydeukes war unsterblich, Kastor sterblich. Als Kastor in einem Kampf tödlich verwundet wurde, eilte Polydeukes zu ihm und bat Zeus, ihn vor dem Tod zu retten. Zeus stellt ihn vor die Wahl:

> „>Wenn du dem Tod
> Und dem verhassten Alter entfliehen
> Und im Olymp wohnen willst mit mir,
> Mit Athena und Ares, dem Gott mit der blutgefärbten Lanze,
> Dann wird das dein Los sein. Wenn du aber für deinen Bruder
> Kämpfst und ihm in allem den gleichen Anteil gewähren willst,
> Dann wirst du die Hälfte der Zeit unter der Erde leben,
> Die andere Hälfte im goldenen Palast des Himmels.<
> Als er so gesprochen hatte, legte er keinen Zweifel in den Sinn des Polydeukes.
> Der befreite zuerst das Auge, dann die Stimme
> Des erzgegürteten Kastor vom Tod."
>
> Pindar, Nemeen 10, 80–91

Die Dioskuren bieten ein Beispiel brüderlicher, ja, menschlicher Treue über das Leben hinaus.

So sind die vier Säulen, mögen sie nun zu einem Tempel der Dioskuren gehört haben oder nicht, eine Mahnung zur Solidarität und vielleicht auch ein Symbol einer über das irdische Dasein hinausweisenden Hoffnung.

Die Dioskuren wurden in Griechenland und in Italien als Helfer in Kriegen und in Seenot verehrt. Sie sind noch immer gegenwärtig in dem nach ihnen benannten Sternzeichen der „Zwillinge".

Ein zweiter Tempel ist zur gleichen Zeit in unmittelbarer Nachbarschaft errichtet worden. Er ist völlig zerstört. In den Plänen ist er mit dem Buchstaben L bezeichnet.

Beide Tempel lagen innerhalb eines mit einer Mauer umschlossenen heiligen Bezirks der chthonischen Gottheiten. Der Bezirk ist im 6. Jahrhundert v. Chr. wohl an der Stelle einer sikanischen Kultstätte angelegt worden. Das Zentrum bildete ein großer runder Altar von acht Meter Durchmesser. Um ihn waren drei kleine Tempel angeordnet sowie zwei ummauerte Bezirke, deren einer an ein Labyrinth erinnert. Es gab eine Vielzahl von Altären.

Natürlich ist die Zuweisung des dorischen Tempels am Rande des den chthonischen Gottheiten geweihten Gebiets an die Dioskuren willkürlich, aber dennoch nicht sinnlos. Kastor und Polydeikes verbanden die beiden Reiche des Himmels und der Erde, die sonst so streng getrennt sind, und verwiesen auf Mysterien, die hier begangen wurden.

Zu den chthonischen Gottheiten, den Gottheiten der Unterwelt im Gegensatz zu den olympischen Gottheiten, gehörten Hades, Demeter, Persephone und Hekate, die uns bereits in Selinus begegnet sind (vgl. Kap. 10, 4), außerdem die Rachegöttinnen, die Erinnyen.

Aischylos (525/24–456/55 v. Chr.) war einer der drei großen Tragödiendichter des 5. Jahrhunderts v. Chr. Nach der Epik, in der der Autor hinter seinem Werk zurücktritt, und der Lyrik, in der das Individuum seinen Gedanken und Gefühlen Ausdruck verleiht, war das Drama die Form der Literatur, in der Menschen unmittelbar miteinander und gegeneinander sprechen und handeln. Die Tragödie hatte sich in Athen aus Elementen des Kults entwickelt und war ein Kultspiel (vgl. Kap. 8, 5). Das dritte Stück einer Trilogie, der „Orestie", die 458 v. Chr. aufgeführt worden ist, trägt den Titel „Eumeniden". In ihm treffen die Erinnyen einerseits und Apollon und Athena als Vertreter der olympischen Götter andererseits aufeinander. Die Erinnyen erheben Anspruch darauf, Orest zu bestrafen, der, um die Ermordung seines Vaters Agamemnon zu rächen, seine Mutter Klytaimestra getötet hat. Sie spornen sich selbst zur Tat an:

> *„Auf, wir wollen einander anfassen und tanzen.*
> *Denn es ist beschlossen, den grausigen Gesang*
> *Anzustimmen*
> *Und zu sagen, wie unsere Schar*
> *Die Schicksalslose der Menschen zuteilt.*
> *Wir glauben, gerecht zu sein.*
> *Kein Zorn von uns trifft den,*
> *Der reine Hände vorweist,*

Unversehrt durchschreitet er das Leben.
Verbirgt aber einer wie dieser Frevler
Seine blutigen Hände,
Da sind wir zur Stelle als wahrhaftige Zeugen
Der Toten und erscheinen bei ihm unwiderruflich
Als Rächer der Blutschuld....
Es hat uns das unerbittliche Schicksal
Zugesponnen, dieses Amtes
Beharrlich zu walten,
Die Sterblichen zu verfolgen,
Die frevelhaften Mord begangen haben,
Bis sie unter die Erde gelangen.
Aber auch, wenn sie tot sind,
Sind sie nicht gänzlich frei von uns....
Von Geburt an ist uns dieses Los zugeteilt,
Die Hände fernzuhalten von den Unsterblichen,
Und es gibt keine Mahlgemeinschaft mit ihnen,
An den weißen Gewändern haben wir keinen Anteil,
Wir sind ausgeschlossen von Festen....
So nämlich bleibt es: Erfindungsreich,
Untrüglich und der Frevel eingedenk, ehrwürdig
Und von den Sterblichen nicht zu betören,
Verrichten wir unsere verachteten Aufgaben
Ungeehrt, fern von den Göttern
Im sonnenlosen Dunkel der Unterwelt,
Unbegehbar für die sehenden Lebenden
Und die blinden Toten gleichermaßen."

307–388 (mit Auslassungen)

Die aischyleische Tragödie könnte Friedrich Schiller vor Augen gehabt haben, als er in seiner Ballade „Die Kraniche des Ibykos" (1797) den Auftritt der Erinnyen schildert.

Der Kosmos war zweigeteilt: hier der Olymp, dort der Hades. Es gab besondere, sich unterscheidende Riten für die Götter im Himmel und die Mächte in der Unterwelt. Ihre Heiligtümer mögen einander benachbart gewesen sein, es galten andere Gesetze hier wie dort.

Über den Toten haben die olympischen Götter keine Macht. Sie verlassen den sterbenden Menschen. Artemis nimmt Abschied von Hippolytos, der ihr ein Leben lang treu ergeben war:

„Nun lebe wohl! Denn Tote zu erblicken, ist mir nicht erlaubt,
Und nicht, mein Antlitz zu beflecken mit dem Hauch der Sterbenden;
Ich sehe, dass du diesem Übel nun schon nahe bist."

Euripides, Hippolytos 1437–39

Und doch war die der Nacht zugewandte Welt nicht gänzlich negativ: Persephone ist die Göttin des Hades und zugleich zusammen mit ihrer Mutter Demeter die Spenderin des Getreides, und Hades ist zugleich auch „Pluton", „der Reiche". Nicht zuletzt dieser Ambivalenz verdankten die Mysterien ihre Anziehungskraft. Vermittelten sie den Menschen doch die Hoffnung, dass ein Weg aus der Finsternis ins Licht führt (vgl. Kap. 10, 3).

13, 2   Therons Süßwassersee und der Tempel des Hephaistos

Westlich des Bezirks der chthonischen Götter befand sich, jenseits eines Geländeabfalls, der nur teilweise natürlichen Ursprungs ist, ein von Theron (488–466 v. Chr.) künstlich angelegter Süßwassersee. Er hatte Bedeutung für die Trinkwasserversorgung der Stadt. Von ihm berichtet Diodor:

„Die Akragantiner bauten einen prächtigen Süßwassersee mit einem Umfang von ca. 1350 m; er war ca. 9 m tief. In ihn leiteten sie das Wasser von Flüssen und Quellen. So entstand ein Teich, der viele Fische nährte, die man verzehrte und genoss. Da sich in dem Teich eine Menge Schwäne tummelte, bot er einen erfreulichen Anblick. Nach und nach wurde er vernachlässigt, er versandete und verschwand. Da der Boden aber fruchtbar war, pflanzten die Akragantiner Wein und viele Arten von Bäumen an, so dass er ihnen reiche Einkünfte verschaffte."

> 11, 25

Jenseits befand sich ein dorischer Tempel (G) mit einer Ringhalle, die 6 × 13 Säulen aufwies. An den Kanneluren dieser Säulen, die nicht – wie beim dorischen Bautyp üblich – scharfkantig aneinanderstoßen, zeigt sich jonischer Einfluss. Der Tempel war noch unvollendet, als er 406 v. Chr. zerstört wurde. Er ist in der 2. Hälfte des 5. Jahrhunderts erbaut worden und entsprach in seiner Größe den Tempeln der Juno Lacinia und der Concordia (*Abb. 11*). Hephaistos war der merkwürdigste der olympischen Götter (vgl. Kap. 23,2). Er war der Sohn der Hera; von Geburt an war er lahm. In einer Schilderung Homers sehen wir ihm bei der Arbeit zu. Thetis besucht ihn. Sie möchte ihn bitten, für ihren Sohn Achilleus neue Waffen zu schmieden. Sie betritt sein Haus.

> *„Er hat es selbst gebaut aus Erz, der Gott, der hinkte.*
> *Schwitzend wirbelte er um die Blasebalge voll Eifer,*
> *Als sie eintrat. Dreifüße schuf er gerade, im Ganzen*
> *Zwanzig, damit er sie an den Wänden der gut erbauten*
> *Halle aufstellte. Goldene Räder erhielt ein jeder*
> *Unter den Füßen, damit sie von selbst zur Versammlung der Götter*
> *Gehen und wieder zurückkehren könnten, ein Wunder zu schauen.*
> *Diese waren fast vollendet, es fehlten nur die*
> *Kunstvollen Ohren, die befestigte er gerade,*

Schuf die Ösen. Während er mit kundigem Sinn sich
Mühte, trat heran die silberfüßige Thetis."
Ilias 18, 371–381

Er ist der verkrüppelte Handwerker, der sich schwitzend in seiner Werkstatt abmüht und zugleich der erfindungsreiche Künstler, verachtet und bewundert. Er zeigt die zwiespältige Stellung dessen, der als „Banause" mit seiner Hände Arbeit seinen Lebensunterhalt verdienen musste, zugleich aber Anerkennung genoss, wenn er als Töpfer, Maler, Bildhauer bedeutende Werke schuf.

In der Erfindung des Hephaistos, den Dreifuß-Automaten, paart sich das Schöne mit dem Nützlichen, eine für die Griechen typische Sicht der Dinge.

Die Römer haben ihren Volcanus mit Hephaistos identifiziert.

14. Kapitel

AKRAGAS: DIE AGORA
UND DER PHAIDRA-SARKOPHAG

14, 1   Die Agora

Zwischen dem Tal der Tempel und dem modernen Ort auf dem Athenafelsen lag ein Verwaltungszentrum der antiken Stadt, die Agora. Heute befindet sich dort auch das archäologische Museum.

Die Agora war der Mittelpunkt des sozialen Lebens einer Polis, Verkaufsmarkt, Versammlungsplatz, Treffpunkt für Diskussionen und Gespräche, ggfs. auch Regierungsviertel und Gerichtsstätte. Sie war eine typisch griechische Einrichtung. Der Perserkönig äußert sich verwundert zu Gesandten aus Griechenland:

„Ich habe noch niemals vor solchen Männern Angst gehabt, die mitten in ihrer Stadt einen Platz eingerichtet haben, auf dem sie sich versammeln und, einander Eide leistend, betrügen."

Herodot 1, 153

Sie bot auch Raum für Feste und sportliche Wettkämpfe. In der Nachbarschaft des Museums hat man zwei Plätze als Ekklesiasterion und Buleuterion identifiziert. Im Ekklesiasterion kam das Volk zu seinen Versammlungen zusammen. Von dem griechischen Wort ist das französische „l´église – Kirche" abgeleitet. Neunzehn Stufen sind aus dem Felsen herausgeschlagen. Etwa dreitausend Bürger fanden in dem Rund Platz.

Die Datierung ist schwierig. Ist die Anlage bald nach der Gründung der Stadt angelegt worden, im 6. Jahrhundert v. Chr., oder im 5. Jahrhundert? Im 1. Jahrhundert ist sie aufgegeben worden. Über ihre Funktion im Rahmen der Verfassung der Stadt lässt sich nur spekulieren.

Im 2. Jahrhundert v. Chr. war oberhalb der Anlage ein kleiner Tempel errichtet worden mit vier jonischen Säulen zwischen den Anten. Er wird „Oratorium des Phalaris" genannt. Mit dem Tyrannen (vgl. Kap. 11, 3) wird der Ort verknüpft, weil an dieser Stelle ursprünglich sein Palast gestanden haben soll. Der Begriff „Oratorium – Kapelle" erinnert daran, dass das Gebäude, das im 1. Jahrhundert n. Chr. eine Zeitlang als Grab gedient hatte, im Mittelalter umgebaut und in ein Kloster integriert worden ist. Der Tempel ist einer der wenigen Bauten aus römischer Zeit.

Nicht weniger Probleme als das Ekklesiasterion verursacht das sog. Buleuterion. Vielleicht sollte es das Ekklesiasterion ersetzen, vielleicht ist es älter, vielleicht, wie manche meinen, am Ende des 4. Jahrhunderts v. Chr. entstanden. Es verfügte wie dieses über etwa dreitausend Plätze. Der Zuschauer-

raum, die Cavea, öffnete sich auf ein mit Säulen eingefasstes Areal. Ein Buleuterion ist der Versammlungsort für die Bulé, den Rat. In einer demokratisch
regierten Polis hatte er unter anderem die Aufgabe, die Tagesordnung für die
Volksversammlung zu erstellen und deren Beschlüsse vorzubereiten. Aber
auch Könige und Tyrannen bedienten sich eines derartigen Gremiums. Sollten es wirklich dreitausend Männer gewesen sein? Gewiss nicht. In Athen
hatte der Rat fünfhundert Mitglieder. Es heißt, dass die Anlage seit dem
4. Jahrhundert v. Chr. als Odeon diente, als Ort für musische Veranstaltun-
gen, Lesungen, Vorträge.

Vielleicht hat es sich bei beiden Anlagen, ob sie nun neben- oder nach-
einander existierten, um Versammlungsstätten gehandelt, die mannigfachen
Zwecken dienten.

14, 2   Der Phaidra-Sarkophag

Neben dem archäologischen Museum liegt die kleine Kirche San Nicola. Sie
ist im 12. oder zu Beginn des 13. Jahrhunderts n. Chr. aus Materialien des
Zeustempels errichtet worden und gehörte zu einem Kloster der Zisterzien-
ser. Dem einschiffigen Bau sind im Süden vier Kapellen angefügt worden. In
der zweiten wird der Phaidra- Sarkophag aus dem zweiten Viertel des 3. Jahrhunderts n. Chr. aufbewahrt. Sarkophage waren teuer, nur wohlhabende Familien konnten sie sich leisten. Sie wurden nicht in die Erde versenkt, sondern
in Grabkammern aufgestellt.

Die Geschichte der Phaidra gleicht der Geschichte von Josef und Potifars
Frau, die im 1. Buch Moses im 39. Kapitel erzählt wird. Das Buch wird auf das
7. Jahrhundert v. Chr. datiert, die Geschichte ist älter.

Die Tragödie des Euripides, die den Titel „Hippolytos" trägt, ist 428 v. Chr.
in Athen aufgeführt worden. Phaidra ist die Tochter des kretischen Königs
Minos. Sie heiratet den attischen Heros Theseus. Er hatte aus seiner ersten
Ehe einen inzwischen erwachsenen Sohn, Hippolytos. In ihn verliebt sich
Phaidra. Um den Konflikt zwischen Begehren und Moral geht es in dem Drama des Euripides. Ort des Geschehens ist Troizen, eine Stadt an der Ostküste
der Argolis. Phaidra wendet sich an den Chor, Frauen von Troizen. Hippolytos weiß von ihrer Liebe noch nichts.

> *„Ich habe oft*
> *In langen Nächten nachgedacht, wodurch*
> *Die Menschen scheitern: Meiner Meinung nach*
> *Ist nicht das Denken fehlerhaft und Grund dafür,*
> *Dass sie in Not geraten. Viele zeigen doch,*
> *Dass sie vernünftig denken. Es verhält sich vielmehr so:*
> *Das Gute wissen und verstehen wir,*
> *Jedoch wir handeln nicht danach, teils, weil wir träge sind,*

Teils, weil uns anderes mehr Freude als das Gute macht....
Seitdem ich diese Einsicht habe, gibt es nichts,
Das mich von ihr noch trennen kann.
Ich will euch sagen, welchen Weg mein Denken nahm:
Als mich die Liebe traf, da sah ich zu,
Wie ich mit größtem Anstand das Geschick ertrage. Ich begann damit,
Dass ich das Leid verschwieg und es verbarg.
Der Zunge darf man nicht vertrauen, sie versteht es zwar,
Zu tadeln, wenn es um die Feinde geht,
Sie zieht sich aber damit selbst den größten Schaden zu.
Dann strebte ich danach, den Wahnsinn zu ertragen, wie es sich gehört,
Indem ich ihn durch Sittsamkeit und Zucht bezwang.
Doch weil es mir versagt blieb, Kypris zu besiegen, da
Beschloss ich schließlich, dass ich sterben muss.
Das war der beste Plan. Es gibt wohl keinen Menschen, der dem
                                                    widerspricht.
Was ich im Leben Ehrenhaftes tat, soll nicht verborgen sein,
Und keiner soll bezeugen können, dass ich jemals schändlich handelte.
Ich wusste, dass mein Leid mir Schande bringen würde und noch mehr die
                                                    Tat, der Ehebruch,
Und mir war außerdem bewusst: Ich bin ein Weib....
Wenn edlen Menschen Schändliches
Zu tun gefällt, gefällt es doch erst recht dem Volk.
Die Frauen hasse ich, die sittsam sind im Wort,
Doch heimlich Taten wagen, die nicht sittlich sind.
Wie können sie, oh Herrin Kypris, die du einst
Dem Meer entstiegen bist, dem Gatten noch ins Auge schauen ohne Angst,
Dass sie die Nacht, die Spießgesellin, dass die Wand des Hauses sie verrät?
Denn das, ihr Lieben, ist der Grund für meinen Todeswunsch:
Es soll mich niemand jemals überführen einer Tat,
So dass mein Mann, dass meine Kinder Scham empfinden müssen über mich.
Sie mögen frei sein und sich offen äußern können in dem herrlichen Athen,
Der Stadt, in der sie wohnen werden. Ihre Mutter soll
Kein Makel sein auf ihrem Ruhm.
Es knechtet nämlich einen Mann, mag er auch noch so mutig sein,
Wenn er von Freveltaten seiner Mutter oder seines Vaters weiß.
Man sagt, im Leben gibt es Eines nur, worin man sich bewähren muss:
Dass einer sich als tugendhaft und als gerecht erweist.
Dem Schlechten hält die Zeit, wenn er sich dessen nicht versieht,
Wie einer jungen Frau den Spiegel vor.
Ich wünsche nicht, dass man mich unter diesen sieht."

375–430 (mit Auslassungen)

Phaidra erkennt die Verbindlichkeit der Moral an und bedenkt zugleich ihre soziale Verantwortung für die Familie und die Gemeinschaft. Dieses Bewusstsein unterscheidet sie von Hippolytos, der sich selbstbezogen nur der jungfräulich-reinen Jagdgöttin Artemis verpflichtet fühlt.

Auf der Stirnseite des Sarkophags sehen wir, wie Hippolytos im Begriff, zur Jagd aufzubrechen, durch die Amme von Phaidras Liebe erfährt. Goethe würdigt die Darstellung:

> „... *Hippolyt, mit seinen Jagdgesellen und Pferden wird von der Amme Phädras aufgehalten, die ihm ein Täfelchen zustellen will. Hier die Hauptabsicht, schöne Jünglinge darzustellen, deswegen auch die Alte, ganz klein und zwergenhaft, als ein Nebenwerk, das nicht stören soll, dazwischen gebildet ist. Mich dünkt, von halberhabener Arbeit nichts Herrlicheres gesehen zu haben, zugleich vollkommen erhalten.*

>> Dienstag, den 24. April 1787

Auf der nächsten Seite sehen wir die verzweifelte Phaidra inmitten ihrer Dienerinnen, die versuchen, sie aufzuheitern. Es gelingt ihnen nicht. Phaidra tötet sich. Da nun aber ihre Liebe offenbar geworden ist, weiß sie ihren Ruf nicht anders zu wahren, als dass sie Hippolytos in einem Brief beschuldigt, sie bedrängt zu haben.

Die dritte und vierte Seite zeigen Hippolytos zunächst auf der Jagd, dann auf dem Heimweg, der ihn am Meeresufer entlangführt. Hier ereilt ihn der Tod: Sein Vater Theseus hatte den Brief seiner Frau gefunden und ihr geglaubt. Er verflucht seinen Sohn. Der Fluch erfüllt sich. Ein Meeresungeheuer erscheint, die Pferde scheuen, Hippolytos wird vom Wagen geschleudert und zu Tode geschleift. Leblos liegt er auf einem Felsen.

In Euripides´ Drama erfährt Theseus, bevor Hippolytos stirbt, von der Göttin Artemis die Wahrheit. Vater und Sohn versöhnen sich.

Warum hat der Auftraggeber des Sarkophags – sei es der Tote zu seinen Lebzeiten, seien es seine Erben – das Schicksal des Hippolytos für die Darstellung ausgewählt und warum hat er auf den versöhnlichen Schluss verzichtet? Wir wissen es nicht.

Das Thema hat eine lange Rezeptionsgeschichte. Sie reicht in der Neuzeit von Jean Racine (1677) bis zu Werner Henze (2007), und sie wird gewiss eine Fortsetzung erfahren.

15. Kapitel

DIE VILLA DEL CASALE IN PIAZZA ARMERINA

15,1   Auf dem Weg nach Piazza Armerina: Gela

Gela zu besichtigen, lohnt nicht. Die Stadt ist ca. 280 v. Chr. aufgegeben worden. Von ihrer einstigen Macht und Größe zeugen außer schriftlichen Quellen nur Oberflächenfunde: Münzen und Keramik. Dorier haben sie 689 v. Chr. gegründet. Hundert Jahre später, ca. 580 v. Chr., hat sie selbst Kolonisten ausgesandt, Akragas verdankt ihnen seine Entstehung. Einer der bedeutendsten Herrscher dieser Stadt war Gelon, der Sohn des Deinomenes. Als er 491 v. Chr. die Stellung eines Tyrannen erlangte, war Gela bereits eine der mächtigsten griechischen Städte Siziliens und dabei, Zentrum eines Territorialstaates zu werden. Gelon ging diesen Weg konsequent weiter. Er knüpfte eine enge Verbindung zu Theron, dem Tyrannen von Akragas, indem er dessen Tochter zur Frau nahm und ihn mit der Tochter eines seiner Brüder, Polyzalos, verheiratete. Polyzalos siegte 478 oder 474 v. Chr. mit einem Viergespann bei den Pythischen Spielen und weihte eine Statuengruppe nach Delphi, zu der der berühmte Wagenlenker im Museum in Delphi gehörte. 485 v. Chr. führte Gelon die vom Volk aus Syrakus vertriebenen Aristokraten in die Stadt zurück. Mit ihrer Hilfe machte er sich zum Herrn von Syrakus (vgl. Kap. 18, 1).

„Als er ihr Herr geworden war, verlor er sein Interesse daran, Gela zu regieren. Er übergab die Herrschaft seinem Bruder Hieron und konzentrierte sich auf die Stadt Syrakus, der er seine ganze Aufmerksamkeit zuwandte. Sie entwickelte sich schnell und blühte auf. Alle Einwohner von Kamarina verpflanzte er nach Syrakus und schenkte ihnen das Bürgerrecht, die Stadt Kamarina zerstörte er. Mit mehr als der Hälfte der Einwohner von Gela verfuhr er auf die gleiche Weise."

Herodot 7, 156

Herodot berichtet auch (Kap. 157–162), die Athener und Spartaner hätten Gelon 480 v. Chr. um Hilfe im Krieg gegen den Perserkönig Xerxes gebeten. Seiner Forderung, dass ihm der Oberbefehl im Ganzen, mindestens jedoch über das Landheer oder die Flotte übertragen werde, hätten sie nicht nachkommen wollen. So seien sie unverrichteter Dinge abgereist. Über den Wahrheitsgehalt dieser Darstellung gibt es Zweifel.

Dieser Gelon war es, der gemeinsam mit seinem Schwiegervater Theron, dem Tyrannen von Akragas und Himera, die Karthager 480 v. Chr. bei Himera vernichtend geschlagen hat (vgl. Kap. 4). Als er 478 v. Chr. starb, trat sein Bruder Hieron sein Erbe an. 466 wurde die Herrschaft der Deinomeniden in Syrakus gestürzt.

Im Peloponnesischen Krieg (vgl. Kap. 8, 2) stand Gela wie fast alle Städte Siziliens auf der Seite von Syrakus. Als die Karthager 406 Akragas eroberten, flohen die Menschen in ihre Mutterstadt (vgl. Kap. 11, 5). Ein Jahr später fiel auch Gela.

Die Stadt hat in der 2. Hälfte des 4. Jahrhunderts v. Chr. noch einmal eine kurze Blüte erlebt, bis sie 280 v. Chr. endgültig zerstört wurde und aus der Geschichte verschwand.

Die Bedeutung, die die Stadt im 5. Jahrhundert v. Chr. hatte, bezeugt u. a. die Tatsache, dass Aischylos seine letzten Lebensjahre (von 458–456/5 v. Chr.) in ihr verbracht hat. In Gela ist er gestorben und begraben worden. In seiner Biographie wird folgende Geschichte über seinen Tod erzählt:

„Ein Adler packte eine Schildkröte. Als er seinen Raub nicht mehr festzuhalten vermochte, ließ er das Tier fallen, um seinen Panzer auf dem Felsen zu zerschmettern. Er traf aber den Kopf des Dichters und tötete ihn.“

Kapitel 10

Symbolisch wird der Adler als Bote des Zeus mit der Schildkröte verknüpft, aus deren Panzer Hermes den Resonanzbogen der Leier gefertigt haben soll. Nicht Krankheit und Alter setzten dem Leben des Dichters ein Ende, sondern der Himmelsgott selbst.

Aber nicht als Dichter, sondern als Kämpfer für seine Heimat Griechenland wird Aischylos in dem Epigramm gepriesen, das in derselben Biographie überliefert ist. Wenn er es auch vielleicht nicht, wie manche sagen, selbst verfasst hat, so ist es doch gewiss bald nach seinem Tod entstanden:

„Den Toten bestatteten die Geloer mit großem Aufwand in einem Staatsgrab, und sie hielten ihn in großartiger Weise in Ehren. Auf das Grab ließen sie folgende Inschrift setzen:

Aischylos, den Athener, birgt dieses Grab, den Sohn des
Euphorion; der Tod traf ihn in Gela, das sehr
Reich an Getreide ist. Es rühmt seine Kraft der Meder,
Der sie erfuhr, sowie Marathons heiliger Hain.“

Alle, die ihr Leben den Tragödien geweiht hatten, suchten das Grab auf, brachten Opfer dar und führten seine Dramen auf.“

Kapitel 11

Nicht zuletzt durch Aischylos lebt die Erinnerung an Gela weiter.

15, 2 Die Geschichte der Villa

Armerino hieß der Berg, auf dem der Normannenkönig Wilhelm I. im Jahre 1163 n. Chr. einen Ort gründete, der sich im Mittelalter zu einer beachtlichen Stadt entwickelte. Sie trug den Namen „Piazza Armerina“. Die römische Villa, die hier einst gestanden hatte, war längst verschwunden. Die Rodung der Wälder in byzantinischer Zeit hatte einen Erdrutsch verursacht, der das Gebäude unter sich begraben hatte. Die Araber hatten auf dem Gelände einen Bauern- oder Gutshof errichtet, ein Casale. Er ist von den Normannen zunächst restauriert und als Kaserne genutzt, dann aber entweder zerstört oder verlassen worden. Auf die Villa ist man erst 1929 wieder aufmerksam geworden. Seitdem hat man sie ausgegraben und zugänglich gemacht. Fünfzig Räume sind bisher freigelegt worden.

Die Gelehrten versuchen, sie mit dem Namen eines prominenten Römers in Verbindung zu bringen. Es gibt drei Theorien:
 – Auf Grund einer rekonstruierten Inschrift wird sie dem Mitkaiser M. Aurelius Maximianus Herculeus zugeschrieben. Er war von 265–305 n. Chr. der 2. Augustus neben Diokletian.
 – Andere wollen wissen, dass die Villa L. Aradius Valerius Proculus Populonius gehört habe. Er war von 327–331 n. Chr. Verwalter der Insel. Er stammte aus Nordafrika.
 – Eine dritte Theorie kennt einen Besitzer, der in der 2. Hälfte des 4. Jahrhunderts n. Chr. lebte.
Die Zuweisungen sind spekulativ.

Mit einiger Sicherheit kann man sagen, dass die Villa schon im 1. oder 2. Jahrhundert n. Chr. errichtet und später – vor oder nach 300 – erweitert und ausgestaltet worden ist. Sie war bis zu den Einfällen der Vandalen in der Mitte des 5. Jahrhunderts bewohnt.

Seit Sizilien nach dem Sieg der Römer über die Karthager Provinz geworden war, hatte es sich zur Kornkammer des Reichs entwickelt. 31 v. Chr. war Ägypten Provinz geworden. Sehr schnell hatte es Sizilien an Bedeutung übertroffen. Die Insel war ein Nebenschauplatz geworden, sie verwahrloste. Das änderte sich im 3. Jahrhundert n. Chr. Jetzt siedelten sich wieder reiche Bürger aus Rom und Italien an, die sich große Ländereien aneigneten und repräsentative Villen als Verwaltungszentren erbauten. Eine Ursache lag wohl in der Reform des Kaisers Diokletian (284–305 n. Chr.), der in den Diözesen den Provinzen übergeordnete Einheiten schuf. Sizilien wurde der Diözese Rom eingegliedert und gewann die Aufmerksamkeit der hauptstädtischen Aristokratie. Lange kannte man nur die Villa Casale, inzwischen hat man eine Reihe anderer großer Villen entdeckt. Sie waren durch ein Netz von Straßen miteinander verbunden.

Die Villa Casale spiegelt in der Größe der Anlage und der Pracht der Ausstattung den hohen Lebensstandard der Bewohner wider. Als großzügige Gastgeber haben sie gern und oft zu Jagden und Gelagen eingeladen.

Die Handwerker, die die Mosaiken verlegt haben, stammten aus Nordafrika. Sie waren zu der Zeit tätig, als die Villa erweitert wurde. Die Themen entnahm der Auftraggeber Büchern, die als Vorlagen dienten.

Die Mosaiken bedecken eine Fläche von 400 m². Nicht alle sind von gleicher Qualität. Dargestellt sind Szenen aus dem Mythos und dem täglichen Leben. Die Wände muss man sich wie in Pompeji bemalt vorstellen.

15, 3   Das Peristyl: Die Hausgötter und Orpheus

Waren die Zimmer eines römischen Hauses ursprünglich rings um einen rechteckigen Raum, das Atrium, angeordnet, so entwickelte sich im 2. Jahrhundert v. Chr. ein Typus, bei dem das Atrium um einen von Säulen umstandenen Hof, das Peristyl, erweitert wurde.

Wer das Atrium von Süden betrat und sich nach Osten wandte, blickte durch das Vestibül und das Peristyl bis in eine Apsis, die einen großen Saal abschloss. Dort empfing der Hausherr seine Besucher. Sie mussten einen langen Weg durchschreiten, bis sie zu ihm gelangten. Nach diesem Prinzip ließen Herrscher ihre Paläste und Christen ihre Basiliken bauen. Als „Basilika" bezeichet man denn auch diesen Saal.

Im Peristyl befand sich ein Hausaltar. Gottheiten im Haus zu verehren, war ein Charakteristikum der römischen Religiosität. Als Beschützer der Vorräte galten die Penaten, des Herds die Laren, Mächte ohne Individualität und ohne Eigennamen. Zu ihrer Verehrung bedurfte es keines großen Aufwands.

„Die Hausherrin soll an den Kalenden, Nonen, Iden (dem 1., 5. bzw. 7., 13. bzw. 15. Tag im Monat) *und an allen Festtagen einen Kranz auf den Herd legen und an eben diesen Tagen dem Lar Familiaris, ihrem Vermögen entsprechend, ein Opfer darbringen."*

Cato (234–149 v. Chr.), Über die Landwirtschaft Kap. 143,3

In einem kleinen Raum im Nordwesten des Peristyls stellt ein Mosaik die sog. „Kleine Jagd" dar: Hirsche, Wildschweine und Hasen werden mit Hunden und Falken gejagt. Ein Gelage wird gefeiert, der Diana wird ein Opfer dargebracht.

Zum Peristyl öffnet sich im Süden ein Raum mit einem nur fragmentarisch erhaltenen Mosaik: Orpheus, umringt von wilden Tieren. Er war Thraker, freilich ein ganz und gar hellenisierter, ein Kitharode, d. h. einer, der sang und sich dabei mit einem Saiteninstrument begleitete. Er galt als Gründer von Mysterien, deren Besonderheit in der Vorschrift einer streng vegetarischen Lebensweise und in der Lehre der Seelenwanderung bestand.

15, 4   Das Ambulacrum: Die große Jagd

Bevor man in die „Basilika" gelangte, durchquerte man eine doppelte Säulenreihe und einen Wandelgang, das Ambulacrum. Es ist 63 m lang und 5 m breit und erstreckt sich von Nord nach Süd. Beiderseits wird es von Apsiden abgeschlossen. Seine Bedeutung wird durch das Mosaik hervorgehoben, die Darstellung der „Großen Jagd".

Alle Arten von Tieren wurden damals in der ganzen Welt eingefangen, um sie im Circus zur Unterhaltung der Zuschauer töten zu lassen (vgl. Kap. 21, 2).

Unter Probus, der von 276–282 n. Chr. Kaiser war, hat sich folgendes Ereignis in Rom abgespielt:

„Er ließ im Circus eine Massenjagd veranstalten, bei der alle Tiere der Willkür des Volkes anheimgegeben wurden. Das Schauspiel lief so ab: Dicke Bäume, die von Soldaten entwurzelt worden waren, wurden in der Arena längs und quer mit Balken befestigt. Erde wurde aufgeschüttet. So belaubte sich der ganze Platz wie ein Wald mit frischem Grün. Dann wurden durch alle Zugänge die Tiere hineingelassen: tausend Strauße, tausend Hirsche, tausend Wildschweine, tausend Gazellen, Steinböcke, wilde Schafe und andere Pflanzenfresser, so viele man aufgezogen oder aufgetrieben hatte. Dann wurde das Volk hineingeschickt. Jeder durfte raffen, was er wollte.

An einem anderen Tag ließ er bei einer einzigen Veranstaltung im Amphitheater hundert Löwen los, mit ihrem Brüllen verursachten sie Lärm wie Donner. Sie wurden alle hinterrücks getötet, eine Art der Tötung, die kein Vergnügen bereitete. Gab es doch nicht jenes Wüten der wilden Tiere, wie es sonst zu sein pflegt, wenn sie ihre Käfige verlassen. Viele, die sich nicht zur Wehr setzten, sind außerdem von Pfeilen getroffen worden.

Dann ließ er hundert libysche Leoparden in die Arena, dann hundert syrische, hundert Löwinnen und dreihundert Bären. Diese Tiere boten zwar ein imposantes, aber gewiss kein erfreuliches Schauspiel."

Historia Augusta (4. Jahrhundert n. Chr.), Probus, Kap. 19

Der Autor hatte offensichtlich kein Vergnügen an derartigen Darbietungen, und er hätte sich gewiss auch nicht mit dem Argument beruhigen lassen, dass die Römer auf diese Weise große Landstriche für eine gefahrlose Besiedlung erschlossen hätten.

Ob wohl der Auftraggeber des monumentalen Mosaiks mit der Jagd und dem Transport von Tieren Geld verdient hat?

15, 5 Wohnbezirke: Odysseus und Arion

Die Raumkomplexe nördlich und südlich der „Basilika" identifiziert man als Wohnbereiche der Hausherrin und des Hausherrn.

Im nördlichen Wohnbereich ist im Vestibül eine Szene aus Homers Odyssee dargestellt: Odysseus und der Kyklop Polyphem. Welche Beziehung zu der Funktion des Raums bestand, wissen wir nicht, wohl aber, dass Sizilien als die Heimat der Kyklopen galt.

Die Kyklopen waren das Gegenteil eines zivilisierten Volkes. Die Idylle, die das Mosaik vorspiegelt, täuscht. Odysseus hatte geahnt, dass er sich in Gefahr begab, aber wissbegierig, wie er nun einmal war, musste er erkunden, was es mit den Kyklopen auf sich habe (vgl. Kap. 1, 3). So betrat er die Höhle des Polyphem und blieb in ihr, so sehr ihn auch die Gefährten bedrängten, umzukehren. Plötzlich war er gefangen: Der Riese war zurückgekehrt, hatte die Herde hineingetrieben und den Eingang mit einem riesigen Fels verschlossen. Zu jeder Mahlzeit verspeiste er jeweils zwei Gefährten des Odysseus. Odysseus wäre nicht Odysseus, hätte er nicht eine rettende List ersonnen: Mit der glühenden Spitze eines Pfahls stach er dem Kyklopen sein einziges Auge aus und verließ dann mit den überlebenden Gefährten, unter die Bäuche der Schafe gebunden, die Höhle. Unser Künstler hat dem Kyklopen drei Augen geschenkt. Wie sehr er damit dem Odysseus die Arbeit erschwerte, hat er nicht bedacht. Bevor der listige Held den Mann blenden konnte, musste er ihn außer Gefecht setzen. Odysseus erzählt, wie er das bewerkstelligt hat:

> *„Da trat ich näher an den Kyklopen heran und sagte,*
> *Während ich einen Becher mit dunklem Wein in der Hand hielt:*
> *„Nimm und trinke den Wein, nachdem du das Fleisch von Menschen*
> *Aßest, damit du erkennst, welch ein Trunk in unserem Schiffe*
> *Ruhte. Und diesen brachte ich Dir zum Opfer, damit du*
> *Mich nch Hause sendest. Du aber wütest furchtbar,*
> *Schrecklicher. Wird denn künftig ein anderer von den vielen*
> *Menschen dich noch besuchen, da du so unbillig handelst?"*
> *So nun sprach ich. Der nahm und trank und freute sich mächtig*
> *Über das süße Getränk und erbat sich sogleich noch ein zweites:*
> *„Lieber, schenk mir noch ein und sage mir gleich Deinen Namen.*
> *Geben will ich dir ein Geschenk, es wird dich erfreuen.*
> *Auch nämlich uns Kyklopen bringt die fruchtbare Erde*
> *Große Trauben hervor für Wein; Zeus´ Regen lässt sie*
> *Wachsen. Dies aber schmeckt nach Ambrosia und nach Nektar."*
> *So nun sprach er. Ich gab ihm den Becher funkelnden Weines.*
> *Dreimal schenkte ich den Becher voll und dreimal*
> *Leerte der Tor ihn. Als seine Sinne umnebelt waren,*
> *Da nun sprach ich ihn an und sagte mit schmeichelnden Worten:*
> *„Meinen berühmten Namen, Kyklop, erfragst Du? Du sollst ihn*
> *Hören, vergiss du nur das Geschenk nicht, du hast es versprochen.*
> *„Niemand" ist mein Name, und „Niemand" nennen mich alle,*
> *Meine Mutter und mein Vater und alle Gefährten."*
> *So also sprach ich, und der Kyklop erwiderte mir mit*
> *Grausamem Sinne: „Niemand will ich zuletzt verzehren,*
> *Alle andern zuvor, und das soll für dich mein Geschenk sein."*
> *Sprach´s und lehnte sich zurück und fiel auf den Rücken,*
> *Lag auf dem Boden, den feisten Nacken zur Seite geneigt, und*
> *Schlummer ergriff ihn, der so viel stärker ist als alles."*
> 9, 344–373

Als der Kyklop, geblendet, laut brüllte und um Hilfe rief, musste er auf die Frage, wer ihm etwas zu Leide tut, antworten:

> *„Niemand tötet mich, Freunde, mit List und auch nicht gewaltsam."*
> 408

So gelang Odysseus zu guter Letzt die Rettung.

Der zweite, größere und deswegen dem Hausherrn zugesprochene Wohnkomplex liegt im Süden der „Basilika". Den Absidenraum schmückt ein Mosaik, auf dem der Sänger Arion zu sehen ist. Arion war wie Orpheus ein berühmter Kitharode. Im Gegensatz zu jenem ist er jedoch eine historisch fassbare Persönlichkeit. Man spricht ihm eine wichtige Rolle in der Entwicklung der Tragödie zu. Er stammt aus Lesbos und wirkte um 600 v. Chr. Von ihm handelt die folgende Legende, die Herodot überliefert. Sie verknüpft Arion mit dem Tyrannen Periander von Korinth.

„Nachdem Arion sich eine lange Zeit bei Periander aufgehalten hatte, fasste er den Entschluss, nach Italien und Sizilien zu reisen. Dort angekommen, verdiente er viel Geld. Schließlich wollte er nach Korinth zurückkehren. Er brach von Tarent auf. Da er am meisten den Korinthern vertraute, hatte er ein Schiff mit einer korinthischen Besatzung gemietet. Als das Schiff mitten auf dem Meer war, beschlossen die Männer, sich Arions zu entledigen und ihn seines Geldes zu berauben. Als Arion das erfuhr, flehte er sie an. Er bot ihnen sein Geld und bat um sein Leben. Es gelang ihm nicht, die Schiffsleute mit diesem Angebot umzustimmen. Sie forderten ihn vielmehr auf, entweder sich zu töten, damit er an Land bestattet werde, oder unverzüglich ins Meer zu springen. In dieser ausweglosen Lage bat er sie, da sie es nun einmal so beschlossen hätten, ihm zu erlauben, dass er in seinem ganzen Ornat auftrete und von dem erhöhten Platz des Steuermanns aus singe. Er versprach ihnen, sich zu töten, sobald er seinen Gesang beendet habe. Die Männer waren einverstanden; denn sie freuten sich darauf, den besten aller Sänger singen zu hören; sie zogen sich vom Heck zurück und nahmen in der Mitte des Schiffes Platz. Arion zog sein Ornat an, nahm die Kithara, stellte sich auf den Platz des Steuermanns und sang eine feierlich-rhythmische Weise zum Lob Apollons. Kaum hatte er geendet, stürzte er sich in dem Ornat, den er trug, ins Meer. Das Schiff setzte seine Fahrt nach Korinth fort, den Arion aber nahm, so erzählt man, ein Delphin auf seinen Rücken und brachte ihn nach Tainaron. Dort ging er an Land. Von dort begab er sich, angetan mit seinem Ornat, nach Korinth und erzählte, was ihm zugestoßen war. Periander glaubte ihm nicht. Er stellte ihn unter Bewachung und ließ ihn nicht aus den Augen. Er wartete auf die Ankunft der Schiffsmannschaft. Als sie eintraf, rief er die Männer zu sich. Er wollte wissen, ob sie sich über Arion äußerten. Sie erklärten, er halte sich wohlbehalten in Italien auf. Als sie ihn in Tarent verlassen hätten, habe er sich bester Gesundheit erfreut. Da tauchte Arion vor ihnen auf, ganz so, wie er ins Meer gesprungen war. Sie erschraken, und, da sie überführt waren, konnten sie ihre Vergehen nicht mehr leugnen.

Diese Geschichte erzählen die Korinther und die Lesbier. In Tainaron gibt es eine nicht sehr große Bronzestatue des Arion; dargestellt ist ein Mann, der auf einem Delphin reitet."

1, 24

Tainaron liegt an der Südspitze Lakoniens.

Orpheus und Arion: der Hausherr scheint ein kunstbeflissener Mann gewesen zu sein.

Die Bedeutung, die die Musik in der antiken Bildung gehabt hat, kann man kaum überschätzen. Apollon war ihr Schutzgott, die Leier war sein Attribut. Er war der Musagetes, der Anführer des Kreises der neun Musen. Worin man den Wert der musischen Erziehung sah, hat Platon in seiner Schrift über den Staat zum Ausdruck gebracht:

> *„Ist nicht deswegen die Unterweisung in der Musik die wertvollste, weil Rhythmus und Harmonie am tiefsten in das Innere der Seele eindringen und sie am stärksten beeinflussen, indem sie Sittlichkeit vermitteln? Macht die Musik nicht den, der richtig unterwiesen wird, sittlich, und bewirkt sie nicht andernfalls das Gegenteil?"*
>
> 401 d

Über die wichtige Rolle der Musik in der Bildung besteht auch heute kein Zweifel, wenn sich auch die Begründung von der Platons unterscheidet.

15, 6   Das Triclinium und Herakles

Den Süden der Villa nimmt ein Komplex ein, der dem Genuss gewidmet war. An einen von einem gedeckten Umgang umgebenen ovalen Gartensaal schloss sich das Triclinium an. Mit dem Garten wurde in den Luxus der verfeinerten Wohnkultur ein Stück Natur integriert.

Den westlichen Abschluss des Gartens bildete ein in eine Schaufassade eingefügter Brunnen. Fließendes Wasser sorgte für Kühlung und akustische Untermalung. In den Apsiden des Tricliniums standen die Speisesofas (Klinen), auf die man sich zum Essen lagerte, jeweils zu Dritt auf einem Sofa, nicht beliebig, sondern nach einer streng vorgeschriebenen hierarchischen Ordnung. Man saß nicht, man lag. Das Triclinium hatte die Funktion des Atriums übernommen, in dem die Familie, im Kreis auf Stühlen um die Feuerstelle sitzend, gemeinsam gegessen hatte. Von der Schwärzung durch den Rauch (ater-schwarz) hatte der Raum seinen Namen.

Während die Griechen in der Regel nach der Mahlzeit zu einem Symposion, einem „Trinkgelage", zusammenkamen, trafen sich die Römer zum Bankett. Man servierte gewöhnlich drei Gänge. Anschließend blieb man beisammen, trank mit Wasser vermischten Wein, spielte, erfreute sich an Tänzerinnen, Musikantinnen, auch an Prostituierten. Die Ehefrauen hatten an der Mahlzeit teilgenommen, hatten die Gesellschaft aber dann verlassen – vermutlich gern und freiwillig.

Die Mosaiken des Tricliniums zeigen in der Mitte die Taten des Herakles. In der Ostapsis ist eine Szene aus dem Kampf der Götter gegen die Giganten dargestellt. Herakles hatte auf der Seite der Götter gekämpft (vgl. Kap. 7, 7). Die Südapsis zeigt die Apotheose des Herakles. Der Heros war ein Symbol für Herrschaft und Kraft, ein Held, der die Welt vom Bösen befreit und die Zivilisation begründet hat, ein Vorbild, dessen Leistung schließlich von den Göttern belohnt wurde (vgl. Kap. 12, 3). Am Ende seines Lebens ließ er auf dem Berg Oeta in Thessalien einen Scheiterhaufen errichten. Er legte sich darauf und ließ ihn entzünden.

> *„Mächtig prasselte schon die Flamme, sie griff nach allen*
> *Seiten aus und züngelte um die sorglosen Glieder*
> *Ihres Verächters. Die Götter bangten um den, der die Erde*
> *Schützte. Jupiter nahm es wahr, der Sohn des Saturnus.*
> *Heiter sprach er zu ihnen:... >Nicht grundlos sollt ihr in euren*
> *Treuen Herzen fürchten. Achtet nicht auf des Oetas*
> *Flammen. Herakles wird, da er alles besiegt hat, auch diese*
> *Flammen besiegen, die ihr seht. Er wird es bemerken:*
> *Macht hat der Gott Vulcanus nur über das, was von der*
> *Sterblichen Mutter stammt. Mein Erbteil ist ewig, ist frei vom*
> *Tod, und keine Flamme bezwingt es. Verlässt es die Erde,*
> *Werde ich es sogleich am Tor des Himmels empfangen.<"*
> Ovid, Metamorphosen 9, 239–243; 248–255

Herakles war der Sohn einer sterblichen Frau, der Alkmeme, und des Göttervaters Zeus. Vielleicht sollten die Darstellungen den Gästen ein Ansporn sein und ihnen die Gewissheit vermitteln, dass Tugend belohnt wird.

In den Mosaiken dieses Raumes hat man einen Hinweis auf den Kaiser Maximinianus sehen wollen, dem Diokletian den Beinamen „Herculeus" verliehen hatte.

Die Nordapsis stellt einen Bezug zur Funktion des Raumes her. Die Mänade Ambrosia, die „Unsterbliche", wird in einen Weinstock verwandelt. Auf diese Weise rettet die Erdgöttin Gaia sie vor der Zudringlichkeit des Lykurg, des Königs der Edonen, eines thrakischen Stamms, bevor noch Dionysos ihr helfen konnte. Mänaden, die Rasenden, waren die Begleiterinnen des Gottes. Der Mythos ist weniger bekannt, ordnet sich jedoch in die zahlreichen Verwandlungsgeschichten ein, die die Antike kannte. Stets bewahrt sich in der Verwandlung das ursprüngliche Wesen, im Rausch, den der Wein erzeugt, das ekstatische Wesen der Mänade. Hinter den Erscheinungen der Natur werden Gestalten sichtbar gemacht, die Natur wird belebt.

Gab es eine Verbindung zwischen Herakles und dem Weinstock? Sie gab es, und vielleicht wollte der Hausherr versteckt auf sie hinweisen. Die Griechen kannten ihren Herakles auch als einen Mann, der alles andere als ein Kostverächter war.

Im Haus eines Freundes verheimlicht ihm der Diener den Tod der Herrin. Herakles bemerkt, dass er traurig ist, und muntert ihn auf:

> *„Komm her, damit du klüger wirst. Kennst du*
> *Das Wesen der Vergänglichkeit? Ich glaube nicht.*
> *Woher denn? Also hör mir zu.*
> *Der Tod ist allen Menschen auferlegt, und kein Mensch weiß,*
> *Ob er am nächsten Tag noch leben wird.*

> *Denn welchen Weg das Schicksal nehmen wird, ist ungewiss,*
> *Nicht lehrbar, und es wird durch keine Kunst erkannt.*
> *Da du dies nun von mir gehört hast und verstehst,*
> *Sei fröhlich, trinke, plane für das Heute nur,*
> *Dem Schicksal überlasse alles Weitere.*
> *Und ehre Kypris, die von allen Göttern Sterblichen*
> *Am meisten zugetan ist. Denn sie will uns wohl. . . .*
> *Wer sterblich ist, muss denken wie ein Sterblicher.*
> *Nach meinem Urteil ist für den,*
> *Der stets nur ernst die Stirne kraust,*
> *Das Leben nicht ein Leben, das sich wahrhaft lohnt,*
> *Es ist nicht mehr als nur ein Missgeschick."*
>
> Euripides, Alkestis 778–791; 799–802

So mochte der Hausherr sich vielleicht wünschen, dass jeder Gast in dem Herakles das sah, was seinem Wesen entsprach.

15, 7   Die Kultur des Muße

Die Villa lag außerhalb städtischer Zentren. Man wird nicht annehmen, dass der Besitzer sie das ganze Jahr über bewohnt hat; eher wird er sie als ein Refugium vor der Hitze des Sommers und der Last der Verpflichtungen genutzt haben. Reiche Römer leisteten sich neben ihrem Haus in der Stadt ein Domizil auf dem Land.

In einem Brief an einen Freund schwärmt der jüngere Plinius (61 oder 62 – ca. 112 n. Chr.) von den Annehmlichkeiten, die das Landleben bietet:

„Es ist erstaunlich, wie (in Rom) *an jedem einzelnen Tag die Rechnung aufgeht oder aufzugehen scheint, wie sie aber an mehreren zusammenhängenden Tagen nicht aufgeht. Denn wenn du einen Menschen fragst: „Was hast du heute gemacht?", so antwortet er vielleicht: „Ich habe an einer Feier der offiziellen Verleihung des römischen Bürgerrechts teilgenommen, ich habe eine Verlobungs- oder Hochzeitsfeier besucht, Einer hat mich gebeten, als Zeuge ein Testament zu unterzeichnen, ein Anderer hat mich aufgefordert, ihm bei Gericht beizustehen, ein Dritter hat ein Rechtsgutachten verlangt." Das erscheint an dem Tag, an dem du es tust, notwendig; wenn du dir aber überlegst, dass du es tagtäglich tust, unsinnig, zumal dann, wenn du dich aufs Land zurückgezogen hast. Dann nämlich überkommt dich die Erinnerung, und du denkst: Wie viele Tage hast du mit wie vielen trivialen Dingen verbracht? So geht es mir, seit ich auf meinem Landgut entweder etwas lese oder schreibe oder auch nur Zeit für meinen Körper erübrige, der mich stützt. Ich höre hier nichts, was ich lieber nicht gehört, sage nichts, was ich lieber nicht gesagt hätte. Niemand ist bei mir, der mit gehässigen Bemerkungen über jemanden herzieht, und ich mache auch selbst niemandem Vorhaltungen außer mir selbst, wenn ich nicht gut genug schreibe. Keine Erwartung, keine Angst erregen mich, kein Gerücht beunruhigt mich. Ich unterhalte*

mich mit mir selbst und mit meinen Büchern. Das ist das wahre und reine Leben. Das
ist eine angenehme und würdige Muße, fast schöner als jede Tätigkeit. . . . Darum lass
auch du, sobald sich die Gelegenheit bietet, den Lärm, die leere Betriebsamkeit und
die so völlig unsinnige Plackerei hinter dir und widme dich der Wissenschaft oder der
Muße. Es ist nämlich, wie unser Atilius ebenso treffend wie witzig einmal gesagt hat,
besser, müßig zu sein, als nichts zu tun. Leb wohl."
    1, 9

Atilius war ein Komödiendichter, der im 2. Jahrhundert v. Chr. lebte.

    „Muße" ist ein Charakteristikum der antiken Gesellschaft. Die Griechen
nannten sie „schole", unser Wort „Schule", die Römer „otium". „Arbeit" war
für sie negativ besetzt, war „Nicht-Muße", „neg-otium". Wer arbeitete, musste Geld verdienen. Muße war zweckfreies Tun. Über sie verfügte, wer andere
für sich arbeiten lassen konnte. Zur Gesellschaft der Muße gehörten die Sklaven. Nur wer reich war und Muße hatte, konnte sich auf eine Laufbahn in der
Politik vorbereiten. Und nur wer reich war, konnte sich in Muße in einer Villa
wie in der Villa del Casale von den Strapazen des politischen Alltags erholen.

16. Kapitel

Die Villa del Casale: die Thermen

16, 1   Thermen

Wandte man sich vom Hof aus nicht nach rechts, um in die Villa zu gelangen, sondern ging man geradeaus weiter, so kam man zunächst in einen Gymnastiksaal und damit in den Bereich der Thermenanlage. Thermen gehörten zur Kultur der Muße. Sie waren für die Römer das, was für die Griechen die Gymnasien waren. Gymnasien waren öffentliche Institutionen, reiche Römer bevorzugten ihre privaten Thermen. In den Gymnasien hielten sich nur Männer auf. Thermen waren auch Frauen zugänglich. Es gab für Männer und Frauen getrennte Bereiche oder je eigene Zeiten. Die Griechen haben die Thermen erfunden, die Römer haben sie technisch und architektonisch vervollkommnet und in ihrem ganzen Imperium verbreitet.

„Hypokausten" heißt das ausgeklügelte Heizsystem (von griechisch „kausis – Heizen" abgeleitet), bei dem heiße Luft unter die Fußböden und mit Hilfe von Hohlziegeln hinter den Wandverkleidungen nach oben und teilweise sogar über die Decke geführt wurde, bevor sie abgeleitet wurde, so dass die Räume von einer warmen Hülle umgeben waren.

Mit den Präfurnien, in denen die Luft erhitzt wurde, standen Anlagen in Verbindung, in denen das Wasser erhitzt wurde. Es wurde mit Holz geheizt. Der Verbrauch war enorm hoch. Ganze Wälder fielen dem Luxus zum Opfer.

Thermen bestanden aus Räumen, die in ihrer Funktion festgelegt waren. In ihrer Anordnung, Zahl, Größe und Ausgestaltung gab es jedoch viele Variationsmöglichkeiten.

Im Apodyterium legte man seine Kleider ab. Zur Aufbewahrung dienten in der Regel Wandnischen.

Das Frigidarium, der Kaltbaderaum, war entweder mit einem Becken oder mit Wannen ausgestattet.

Das Tepidarium, der Warmluftraum, bildete den Übergang vom Frigidarium zum Caldarium, in dem man sich, in Wannen sitzend, heißes Wasser über den Körper gießen ließ und in dem die Raumtemperatur 50 °C, die Luftfeuchtigkeit annähernd 100 % betrug.

Manche Thermen verfügten darüber hinaus über ein Laconicum oder Sudatorium, einen Schwitzraum, in dem trockene Luft auf 60 °C erhitzt war.

Frauen war es verboten, ihn zu benutzen, er galt als ihrer Gesundheit abträglich.

Die Hallen waren gewölbt, durch Glasfenster fiel Tageslicht ein. Ein Außenbecken rundete zuweilen das Ensemble ab. Man konnte sich gut und gerne einen ganzen Tag in den Thermen aufhalten. Man durchwanderte die

Räume mehrfach gemächlich von einem Ende zum anderen, man ließ sich salben und massieren, spielte, trieb Gymnastik, unterhielt sich oder ruhte sich einfach nur aus.

Auch an Latrinen hatte man gedacht. Unter den nebeneinander angeordneten Sitzen verlief ein Wasserkanal, der für die Spülung sorgte und der an das Abwassersystem angeschlossen war.

Die öffentlichen Thermen, die von den Kommunen oder reichen Mäzenen erbaut und oft von Pächtern betrieben wurden, kosteten Eintritt.

Galenos aus Pergamon lebte im 2. Jahrhundert n. Chr. Er war der berühmteste Arzt seiner Zeit. Unter seinen vielen Schriften befindet sich auch ein Werk mit dem Titel „Die Methode des Heilens", in dem er sich mit der therapeutischen Wirkung des Badens befasst. Kranken empfiehlt er, zunächst im Tepidarium den Körper zu erwärmen, ihn dann im Caldarium mit heilsamer Feuchtigkeit anzureichern, im Frigidarium abzukühlen und schließlich im Sudatorium durch Schweißfluss zu entleeren.

Wer allerdings Sport getrieben hat, sollte sich sogleich ins Frigidarium begeben. Die Bewegung habe dieselbe Wirkung wie das Tepidarium und das Caldarium. Sie erzeuge Wärme, die die inneren Organe vor der Kälte schütze. Im Übrigen gab es keine festgelegte Reihenfolge. Den Körper mit Öl einzureiben, hielt man für wichtig. Man wollte die Haut, indem man ihre Poren schloss, davor bewahren, spröde zu werden.

Die Mediziner mögen beurteilen, ob die Anweisungen des antiken Arztes dem Standard der modernen Medizin entsprechen.

Liest man, was der stoische Philosoph L. Annaeus Seneca (4–65 n. Chr.) in einem Brief über den Betrieb in einem öffentlichen Bad schreibt, kann man es einem Mann wie dem Besitzer der Villa del Casale nicht verdenken, dass er seine Zeit lieber in einer eigenen Anlage verbrachte. Er scheint übrigens sehr sozial eingestellt gewesen zu sein: Man konnte seine Thermen auch von außen betreten, so dass sie – zu bestimmten Zeiten, versteht sich – auch öffentlich genutzt werden konnten.

„Ich müsste längst tot sein, wenn Ruhe wirklich so notwendig für einen ist, der sich in seine Studien vertieft, wie allgemein angenommen wird. Hier umdröhnt mich von allen Seiten mannigfacher Lärm. Ich wohne direkt über einem Bad. Stelle dir jetzt alle Arten von Geschrei vor; sie können dich dazu bringen, deine Ohren zu verfluchen. Ziemlich kräftige Männer trainieren und schwingen ihre bleischweren Hände; ich höre sie stöhnen, wenn sie sich anstrengen oder so tun, als ob sie sich anstrengten; wenn sie die Luft einhalten und dann ausstoßen, höre ich Zischen und ganz raues Wiederatemholen.

Wenn ich auf einen unfähigen Masseur stoße, der sich nur auf die gewöhnliche Art der Massage versteht, höre ich, wie seine Hände auf die Schultern klatschen. Der Ton ändert sich je nach dem, ob er mit offener oder geschlossener Hand auftrifft. Kommt ein Ballspieler dazu, der anfängt, seine Aufschläge zu zählen, bin ich vollends am Ende.

Stell dir weiter einen Raufbold vor, einen Dieb, der gefasst wird, einen, der sich im Bad gern singen hört; stell dir die Leute vor, die du hörst, wenn sie ins Becken springen und krachend auf das Wasser aufschlagen.

Deren Töne sind wenigstens natürlich, aber denk dir einen Haarausrupfer, der ununterbrochen hohe und knarrende Töne von sich gibt, um sich bemerkbar zu machen, und nicht eher den Mund hält, als bis er jemandem die Achselhaare ausrupft und den dazu bringt zu schreien.

Endlich die verschiedenen Schreie der Kuchenbäcker, Zuckerbäcker und Wursthändler; nicht zu vergessen die Verkäufer der Garküchenspeisen, die ihre Waren anpreisen, jeder in einer anderen Tonart.“

Epistel 56,1 und 2

Trotzdem mochten die Römer auf das Vergnügen, das die Thermen boten, nicht verzichten. In einem Grabepigramm läßt sie der Tote wissen:

„Die Bäder, die Weine, die Liebe: Sie richten unseren Körper zugrunde,
Aber sie machen das Leben aus: Die Bäder, die Weine, die Liebe.“

CIL VI 15258

Im 4. Jahrhundert n. Chr. gab es in Rom nicht weniger als elf große Thermen und etwa tausend kleinere Bäder.

16, 2   Die Thermen der Villa del Casale

In die Palästra, den Sportraum, gelangte man entweder, von Süden kommend, über den Hof oder vom Peristyl aus über einen kleinen trapezförmigen Raum. Das Mosaik des Übergangsraumes stellt eine vornehme Dame dar mit einem Knaben auf der einen, einem Mädchen auf der anderen Seite, beide flankiert von Dienerinnen. Eine von ihnen trägt eine Tasche mit den Badeutensilien. Vielleicht haben Frauen vornehmlich oder ausschließlich diesen Zugang benutzt.

Das Mosaik der Palästra zeigt einen prächtigen Circus, in dem ein Wagenrennen stattfindet. Im Wagenrennen traten Parteien gegeneinander an, die durch Farben gekennzeichnet waren. Es gab die Blauen, Grünen, Weißen und Roten. An den Renntagen war ganz Rom im Rennfieber, vom Kaiser bis zum einfachen Sklaven, Männer und Frauen, die neben ihren Männern sitzen durften. Bei Wetten wurden große Vermögen gewonnen und verloren. Spiele waren an die Stelle der Politik getreten.

Einen Bericht über ein solches Ereignis verdanken wir dem jüngeren Plinius, jenem Intellektuellen, der die Vorzüge des Lebens auf dem Lande so eindringlich gepriesen hat. Es verwundert nicht, dass er dem Vergnügen der Masse nichts abgewinnen konnte. Er schreibt in einem Brief:

„Die ganze Zeit habe ich mit Schreibtafeln und Büchern in äußerst angenehmer Ruhe verbracht. „Wie? War das möglich mitten in der Stadt?“ wirst du fragen.

Ja, es war möglich, es gab Circusspiele, eine Art von Schauspiel, die mich nicht im Geringsten interessiert.

Diese Spiele bieten ja nichts Neues, keine Abwechslung, nichts, was man mehr als einmal sehen müsste. Umso mehr wundere ich mich darüber, dass so viele tausend Menschen immer und immer wieder in kindischer Weise Pferde sehen wollen, die um die Wette rennen, und Lenker, die auf den Rennwagen stehen. Wenn sie durch die Schnelligkeit der Pferde oder die Geschicklichkeit der Lenker fasziniert würden, hätte das noch einigen Sinn. Tatsächlich schenken sie aber ihre Gunst dem farbigen Tuch eines Trikots. Nur das lieben sie, und wenn mitten im Rennen und Wettkampf diese Farbe dorthin, jene hierhin wechselte, dann änderten sich auch ihre Begeisterung und Gunst, und auf einmal verließen sie die Lenker und die Pferde, die sie schon aus weiter Entfernung erkennen und mit Namen rufen. So großes Ansehen, so große Bedeutung besitzt ein einziges, ganz billiges Trikot, ich will nicht sagen, beim niederen Volk, das ja billiger ist als ein Trikot, sondern bei einigen durchaus ernst zu nehmenden Menschen.

Wenn ich mir vergegenwärtige, dass sie mit einer so nutzlosen, banalen, eintönigen Sache ihre Zeit vertrödeln und nie genug davon haben, bereitet mir der Gedanke ein gewisses Vergnügen, dass mir so etwas kein Vergnügen bereitet. Und in diesen Tagen investiere ich sehr gern meine Muße in die Wissenschaft, die andere in den müßigsten Geschäften vergeuden.

Leb wohl.“

9, 6

Das Mosaik zeigt, wie sich zwei Wagenlenker, die von Knaben begleitet werden, auf das Rennen vorbereiten, wie Viergespanne aus den Toren herauskommen, Grüne, Rote, Blaue und Weiße, und wie schließlich je zwei Gespanne der vier Parteien miteinander wetteifern. Die Zuschauer auf den Tribünen verfolgen das Geschehen gespannt.

Spezielle Bauten für Wagenrennen gab es in Rom und später in Konstantinopel, im übrigen Reich nur selten. Sie unterschieden sich von den Amphitheatern (vgl. Kap. 21, 2).

Von der Palästra gelangt man in den achteckigen Zentralraum, das Frigidarium. Vier Nischen dienten als Umkleideräume, in zwei einander gegenüberliegenden, einer länglichen und einer kleeblattartigen, standen die Becken. Die Mosaiken zeigen in den Nischen Umkleide-, in der Mitte Meeresszenen.

Die Funktion des sich anschließenden Raums lässt sich aus den Darstellungen des Mosaikfußbodens entnehmen: Ein nackter Mann wird massiert, Diener tragen Utensilien für die Körperpflege herbei.

An das Tepidarium, das in seiner Form der Palästra entspricht, schließen sich die Caldarien an, zwei Räume, in deren Apsiden vermutlich die Wannen standen, und das Schwitzbad.

Der Aufwand, eine Thermenanlage in Betrieb zu halten, war immens. Mit Sklaven und Sklavinnen und mit einem Raubbau an der Natur wurde der Luxus erkauft.

Wer die römische Badekultur nacherleben möchte, möge ein türkisches Bad besuchen.

17. Kapitel

ENNA: CERES UND DIE „RELIGIO" DER RÖMER

Enna teilte das Schicksal so vieler Städte in Sizilien: eine Gründung der Sikeler, gräzisiert, von Griechen erobert und besetzt, von den Römern im 2. Punischen Krieg wegen des Verdachts, sie falle ab, grausam bestraft. Im 1. Sklavenkrieg (136–132 v. Chr.) war sie die Residenz des Eunus (vgl. Kap. 6, 2).

Die Stadt war dank ihrer Lage auf einem fast 1 000 m hohen Fels und in der Mitte der Insel von großer strategischer Bedeutung. Sie war ein Zentrum des Demeterkults. Hier soll Persephone von Hades geraubt worden sein (vgl. Kap. 10, 4).

> „Der Mythos erzählt, Kore sei auf den Wiesen Ennas geraubt worden. Der Ort befindet sich in der Nähe der Stadt. Er ist wunderschön übersät mit Veilchen und einer Fülle anderer Blumen, so recht einer Göttin würdig. Man sagt, der Duft der sprießenden Blüten sei so stark gewesen, dass die zur Jagd abgerichteten Hunde ihren Geruchsinn eingebüßt und die Witterung verloren hätten. Die erwähnte Wiese ist hoch gelegen, eben und in ihrer ganzen Ausdehnung gut bewässert, ringsum fällt sie steil ab. Sie scheint in der Mitte der ganzen Insel zu liegen; deswegen nennen sie einige auch den Nabel Siziliens. In der Nähe liegen Haine und Wiesen, umgeben von sumpfigem Gelände, und eine riesige Höhle mit einer Öffnung im Norden, durch die, wie der Mythos erzählt, Pluton mit seinem Wagen erschienen sei, um Kore zu rauben. Die Veilchen und die anderen duftenden Blumen behielten wider Erwarten das ganze Jahr hindurch ihre Blüten und gewährten das ganze Jahr einen heiteren und erfreulichen Anblick.*
>
> *Der Mythos will weiter wissen, dass Athena und Artemis, die wie Kore die Jungfräulichkeit hoch schätzten, zusammen mit ihr Blumen gepflückt und aus ihnen für den Vater Zeus ein Gewand hergestellt hätten. Und weil sie sich so oft in Sizilien aufgehalten und gemeinsam die Zeit verbracht hätten, sei ihnen diese Insel besonders ans Herz gewachsen, und jede der Göttinnen habe einen Landstrich erlost, Athena die Gegend von Himera, und Artemis habe im Gebiet von Syrakus die Insel von den Göttern erhalten, die ... Ortygia heißt."*
>
> Diodor 5,3

Das Gebiet von Enna war besonders fruchtbar. Schon die vorgriechischen Einwohner hatten eine Fruchtbarkeitsgöttin verehrt, an deren Stelle Demeter getreten war. Auf einem vorspringenden Felsen hat man die Reste eines Heiligtums gefunden.

Noch im 1. Jahrhundert v. Chr. hatte der Demeterkult große Bedeutung. In seiner Anklage gegen Verres führt Cicero aus:

> „Der Glaube, ihr Richter, ist alt, dass die ganze Insel Sizilien der Ceres und der Libera geweiht sei; er stützt sich auf sehr alte schriftliche Quellen der Griechen und auf Denkmäler. Dieser Meinung sind zwar auch die anderen Völker, aber die*

Sizilianer sind so fest davon überzeugt, dass es in ihre Herzen eingepflanzt und ihnen angeboren zu sein scheint.... Weil dieser Glaube alt ist und sich in dieser Gegend die Spuren und sozusagen die Wiegen dieser Gottheiten befinden, wird die Ceres von Enna in ganz Sizilien von Privatpersonen und Gemeinden in geradezu bewundernswerter Weise verehrt. Denn zahlreiche und häufige Wunder legen Zeugnis ab von ihrer Macht und ihrem Wirken. Oft hat sie in sehr schwierigen Situationen wirksame Hilfe geleistet, so dass diese Insel von ihr nicht nur geliebt, sondern auch bewohnt und beschützt zu werden scheint. Nicht nur die Sizilianer, sondern auch andere Völker und Nationen verehren die Ceres aus Enna in höchstem Maß. Denn wenn man schon mit größtem Eifer zu den heiligen Festen nach Attika strebt – Ceres hat die Athener, als sie auf der Suche nach der Tochter umherirrte, aufgesucht und sie, wie es heißt, den Getreideanbau gelehrt –, wie müssen dann doch ohne Zweifel diejenigen die Göttin verehren, bei denen sie nach der festen Überzeugung aller geboren wurde und den Getreideanbau erfunden hat? Folglich hat man zur Zeit unserer Vorfahren, als man sich nach der Ermordung des Tiberius Gracchus auf Grund von Vorzeichen vor großen Gefahren fürchtete, in einer so gefährlichen und schwierigen Lage unseres Staates im Konsulatsjahr des P. Mucius und L. Calpurnius (133 v. Chr.) die Sibyllinischen Bücher befragt. Man hat ihnen die Weisung entnommen, dass die altehrwürdige Ceres besänftigt werden müsse. Daraufhin sind Priester des römischen Volkes aus dem hochangesehenen Kollegium der Zehn nach Enna aufgebrochen, obwohl es in unserer Stadt einen sehr schönen und sehr prächtigen Tempel der Ceres gibt. So groß waren nämlich das Ansehen und das Alter dieses Kults, dass die Priester, wenn sie nach Enna gingen, nicht zu einem Tempel der Ceres, sondern zu Ceres selbst aufzubrechen schienen. ... Diese sehr alte, sehr verehrungswürdige Ceres selbst, die Stifterin aller heiligen Feste, die bei allen Völkern und Nationen gefeiert werden, hat C. Verres aus ihren Tempeln und Wohnstätten geraubt."

2. Rede gegen Verres, Buch 5, Kap. 48 und 49

Die Schilderung wirft ein bezeichnendes Licht auf die spezifisch römische Art der Religiösität. Es galt, auf den Willen der Götter zu achten (religere). Gaben sie durch Vorzeichen ihren Unwillen kund, so war es die Aufgabe des Kollegiums von Zehn Männern, herauszufinden, welche Gottheit versöhnt werden müsse und auf welche Weise es zu geschehen habe. Sie befragten die Sibyllinischen Bücher, eine mit dem Namen der Prophetin Sibylle verknüpfte Sammlung von Ritualvorschriften. Vorbild der Sibylle war die delphische Pythia. Im Gegensatz zu der autonomen Priesterschaft Delphis durften die römischen Zehn Männer jedoch erst auf Grund eines Senatsbeschlusses tätig werden. In Rom war die Religion die Sache des Staates. Aufgabe der Auguren war es, den Flug der Vögel zu deuten, der Haruspices, die Eingeweide der Opfertiere zu interpretieren. Die peinliche Beachtung religiöser Vorschriften, die fehlerfreie Durchführung ritueller Handlungen war von eminenter Bedeutung. Von ihnen hingen Gültigkeit und Wirksamkeit ab.

Eine herausragende Stellung unter den Priesterkollegien nahmen die Auguren ein, ausschließlich Aristokraten. Mit der Deutungshoheit hatte die Nobilität ein Instrument in der Hand, die Religion in den Dienst ihrer Politik zu stellen.

In seinem Werk „Über die Gesetze" schreibt Cicero:

„Das Größte und Herausragendste im Staat ist die mit hohem Ansehen verbundene Rechtsstellung der Auguren.... Was gibt es denn Größeres,... als Versammlungen und Zusammenkünfte, die von höchsten Beamten und höchsten Machthabern einberufen worden sind, entweder, wenn sie zusammengetreten sind, zu entlassen oder, wenn sie schon abgehalten worden sind, für ungültig zu erklären? Was gibt es Bedeutenderes, als dass eine begonnene Handlung abgebrochen wird, wenn auch nur ein einziger Augur ausruft: „An einem anderen Tag."? Was gibt es Großartigeres, als darüber zu entscheiden, dass die Konsuln zurücktreten müssen? Worin liegt eine größere Ehrfurcht gebietende Macht als darin, das Recht, mit dem Volk, mit der Plebs zu verhandeln, zu gewähren oder zu verweigern? Worin, ein Gesetz, das nicht rechtmäßig eingebracht worden ist, zu annullieren...? Dass nichts, was Beamte im Frieden, nichts, was sie im Krieg tun, ohne die Billigung der Auguren von irgendjemundem gutgeheißen werden kann?"

2, 31

Die Griechen kannten keinen der religio entsprechenden umfassenden Begriff. Das Christentum geht von einer schon der Antike geläufigen Etymologie aus und deutet Religion als „Rückbindung", als die persönliche Bindung des Menschen an Gott.

18. Kapitel

Syrakus: Geschichte und Kultur

18,1 Gründung und Stadtentfaltung

Über die Gründung der Stadt erfahren wir von Thukydides folgendes:

> *„Syrakus gründete Archias, ein Heraklide aus Korinth. Er vertrieb die Sikeler von der Insel, die jetzt nicht mehr vom Meer umspült wird und den innersten Kern der Stadt bildet. Später wurde mit der Zeit auch die äußere Stadt mit einer Mauer umgeben. Syrakus entwickelte sich zu einer erfolgreichen Stadt.“*
>
> 6, 3

Die Gründung wird auf die Zeit um 733 v. Chr. datiert. Ortygia hieß die Insel, die später erst durch einen Damm, dann durch eine Brücke mit dem Festland verbunden wurde. Die Außenstadt war jedoch entgegen dem Bericht des Thukydides von Anfang an Teil der Gründung.

Der griechische Historiker und Geograph Strabo verbindet – gewiss eher mythisch als historisch – die Gründung von Syrakus mit dem delphischen Apoll: Archias habe sich Reichtum gewünscht, ein gewisser Myskellos Gesundheit:

> *„Da riet der Gott dem Archias, Syrakus zu gründen, dem Myskellos Kroton. Kroton wurde als ein der Gesundheit förderlicher Ort berühmt, während sich Syrakus zu einer reichen Großstadt entwickelte.“*
>
> 6, 269

Was Syrakus betrifft, so hat die Geschichte den Gott bestätigt. Im 4. Jahrhundert v. Chr. hatte die Stadt eine Ausdehnung von 325 ha. Sie war flächenmäßig größer als Athen, sie zählte zu den größten Städten des Altertums.

Es waren Auseinandersetzungen zwischen Familien, die Archias veranlassten, auszuwandern. In dem Streit ging es um die Macht.

Syrakus war eine dorische Kolonie. Die Siedler hatten sich einen idealen Platz ausgewählt: Da sich auf jeder Seite der Insel eine Bucht befand, standen zwei Häfen zur Verfügung. Im Westen gab es fruchtbares Land zur Erzeugung von Agrarprodukten. Aus der einheimischen Bevölkerung konnte man billig Arbeitskräfte rekrutieren. Zwei Militärkolonien, Akrai (gegründet 663 v. Chr.) und Kasmenai (gegründet 643 v. Chr.) sicherten das Gebiet ab. Die Gründung Kamarinas im Osten der Südküste (599 v. Chr.) war keinem Schutzbedürfnis geschuldet. Im Gegenteil: Sie barg die Gefahr einer Auseinandersetzung mit der 689/88 v. Chr. ebenfalls an der Südküste gegründeten Kolonie Gela.

Als Knotenpunkt auf dem ost-westlichen Handelsweg und Produzent von Gütern aus dem Landbau entwickelte sich Syrakus schnell zu einer reichen Stadt. Soziale Spannungen blieben nicht aus: Das Volk vertrieb die reichen Grundbesitzer, indem es sich der Hilfe der versklavten einheimischen Bevölkerung bediente.

Damit begann sich die Geschichte Gelas mit der von Syrakus zu verknüpfen (vgl. Kap. 15, 1). Gelon, der 491 v. Chr. als Tyrann die Herrschaft über Gela gewonnen hatte, führte die ausgewiesenen Grundbesitzer mit Waffengewalt nach Syrakus zurück, bemächtigte sich der Stadt und machte sie zu seiner Residenz (485 v. Chr.).

„Er ließ sogleich alle Einwohner von Kamarina nach Syrakus bringen und verlieh ihnen das Bürgerrecht, Kamarina zerstörte er. Mit mehr als der Hälfte der Einwohner von Gela verfuhr er genauso."

Herodot 7, 156

Nicht anders erging es den Einwohnern von Megara Hyblaia, wenn sie nur über Geld verfügten. Wer arm war, wurde in die Sklaverei verkauft.

In die Zeit seiner Herrschaft fiel der Sieg der Griechen über die Phönizier bei Himera 480 v. Chr. (vgl. Kap. 4).

Gelon starb 478 v. Chr. Er hinterließ seinem Bruder Hieron, der ihm schon in Gela nachgefolgt war, eine mächtige Stadt. Als Hieron I. ging er in die Geschichte ein. Gelon hatte unter anderem die Voraussetzung dafür geschaffen, dass 474 v. Chr. die Etrusker bei Kyme an der kampanischen Küste in einer Seeschlacht geschlagen werden konnten. Damit hatten sich die Griechen die Herrschaft auf dem Tyrrhenischen Meer gesichert.

Syrakus war die mächtigste Stadt in Ostsizilien. 466/65 starb Hieron. Sein Bruder und Nachfolger Thrasybulos wurde nach einer nur kurzen Regierungszeit gestürzt. Die Demokratie wurde eingeführt. Die Kamariner kehrten in ihre Heimatstadt zurück und bauten sie wieder auf. Kamarina entwickelte sich zu einer blühenden Stadt. 258 v. Chr. wurde sie zerstört.

Hieron war der Gründer der Stadt Aitna am Südabhang des gleichnamigen Vulkans (475 v. Chr.). Die Kolonie hatte weniger Glück als Kamarina. Nach Diodor (14, 11) existierte sie nur 58 Jahre. Nachdem die Karthager sie zerstört hatten, blieb sie unbewohnt.

18, 2   Hieron I. und die Dichter der Chorlyrik

Hieron herrschte von 478–466/65 über Syrakus. Er verstand es, bedeutende Dichter nach Syrakus an seinen Hof zu locken. Pindar, dem wir zuletzt in Gela begegnet sind (vgl. Kap. 11, 4), gehörte zu ihnen. Er hat, als Hieron 476 v. Chr. in Olympia mit einem Rennpferd siegte, das Preislied für ihn gedichtet. Wir zitieren den Schluss:

„Ich weiß: Nie werde ich einen Gastfreund,
   Der ein größerer Kenner des Schönen
   Und ein mächtigerer Herrscher ist
   Unter denen, die jetzt leben, mit den preisenden Strophen meiner Hymnen
                                                                              ehren.

   Ein Gott schützt Dich und befördert

– Das hat er sich zur Aufgabe gemacht, Hieron –
Deine Bestrebungen. Wenn er Dich nicht plötzlich verlässt,
Dann, hoffe ich, einen noch herrlicheren Sieg
Künden zu können, den Du mit dem schnellen Wagen erringst,
Indem ich einen Weg finde, der mir die rechten Worte eingibt,
Wenn ich zu dem weithin sichtbaren Kronoshügel komme.
Für mich schmiedet die Muse kraftvoll das stärkste Geschoss.
Der Eine versteht sich auf dies, der Andere auf jenes.
Das Höchste erreichen Könige. Schau nicht auf Ziele, die weiter entfernt
                                                                      sind.

Es möge Dir beschieden sein, die Zeit Deines Lebens hoch oben zu
                                                          verbringen,
Und mir, ebenso lange mit Siegern
Umgang zu pflegen, hervorleuchtend durch meine Weisheit
Überall bei den Hellenen."
1. Olympische Ode, 103–118

Der Kronoshügel blickt von Norden auf den heiligen Bezirk von Olympia.

Die Spiele des Jahres 476 v.Chr., die ersten nach den Siegen über die Perser in Griechenland, über die Phönizier in Sizilien, waren von besonderer Bedeutung. Themistokles, der Sieger von Salamis, beehrte sie mit seiner Anwesenheit. Es ist denkbar, dass man, von diesen Spielen fünfundsiebzig Olympiaden zurückrechnend, das Jahr 776 v.Chr. als das Gründungsjahr der Olympischen Spiele festgesetzt hat.

Es gab freilich, bei aller Freude über den Sieg Hierons im Pferderennen, einen Wermutstropfen: Der Sieg im Wagenrennen, den Theron von Akragas im gleichen Jahr errang, galt als ruhmvoller.

Einen solchen Sieg wünschte der Dichter auch dem Herrscher, aber nicht, ohne ihn zu mahnen, mit dem, was er erreicht hat, zufrieden zu sein, und ihn daran zu erinnern, dass er einem Gott verdankt, was er ist, und dass keiner der steten göttlichen Zuwendung sicher sein kann. Allzu schnell kann ins Unglück stürzen, wer sich eben noch ungefährdet im Glück wähnte. Das Gedicht ist Anerkennung der Leistung und Mahnung zur Bescheidenheit zugleich.

Hieron ist mehrfach in Delphi als Sieger ausgerufen worden. Auf einen Sieg im Wagenrennen 470 hat ebenfalls Pindar ein Lied gedichtet, die 1. Pythische Ode. Wir kommen auf dieses Gedicht zurück (vgl. Kap. 23, 2). Noch zweimal sollten ihm auch Siege in Olympia zuteil werden: 472 v.Chr. im Pferderennen und 468 v.Chr. sogar mit der Quadriga.

Diesen Sieg hat ein anderer lyrischer Dichter in einem Lied gepriesen: Bakchylides, ein Zeitgenosse und Konkurrent Pindars. Er stammte von der Kykladeninsel Keos und lebte etwa von 510–450 v.Chr. In den siebziger Jahren des 5. Jahrhunderts hat er sich am Hof Hierons aufgehalten. Dort ist er Pindar begegnet.

Am Schluss seines Siegesliedes reflektiert er über den Menschen, über das, was vergänglich ist, das, was ihn überlebt, und über das, worauf es im Leben ankommt. Er beginnt in dem letzten Abschnitt, den wir zitieren, mit einem Rat, den Apollon einem Mann erteilt.

> „>Du musst, da Du sterblich bist, zwei Einsichten
> Beherzigen, dass Du nämlich nur morgen noch
> Das Licht der Sonne erblickst,
> Und ebenso, dass Du noch fünfzig Jahre
> Ein sehr reiches Leben führst.
> Drum freue Dich an frommem Tun,
> Das nämlich ist der größte Gewinn.<
> Dem, der klug ist, verkündige ich Beherzigenswertes:
> Der hohe Äther ist unbefleckt; das Meerwasser
> Fault nicht; das Gold schenkt immer Freude;
> Der Mensch aber kann nicht das graue Alter
> Von sich werfen und die blühende Jugend
> Zurückholen. Nur der Glanz der Tüchtigkeit
> Vergeht bei dem Sterblichen nicht zugleich mit dem Körper,
> Sondern die Muse hält ihn am Leben. Hieron,
> Du hast auf herrlichste Weise den sterblichen Menschen
> Gezeigt, was größtes Glück bedeutet. Dem, der gut und erfolgreich handelt,
> Bringt Schweigen keinen Ruhm.
> Mit der Wahrheit, die dem Schönen innewohnt,
> Wird man auch die dankbare Freundschaft preisen
> Der Nachtigall aus Keos mit der lieblichen Stimme.“

Epinikien 3, 78–98

Handele so, als ob du morgen sterben müsstest oder noch 50 Jahre leben dürftest. Genieße, was Dir der Tag beschert, tue nichts, was Du einmal bereuen müsstest. Rechtes Handeln birgt den Lohn der Freude in sich und verheißt Ruhm über den Tod hinaus. Anders als der Himmel, an dem die Wolken kommen und gehen, als das Wasser, das verschmutzt wird und sich wieder reinigt, und als das Gold, dem Rost nichts anhaben kann, ist der Mensch unumkehrbar vergänglich. Nur gute Taten können ihn überleben, vorausgesetzt freilich, sie finden einen begnadeten Dichter, der sie preist.

Als Bakchylides das Gedicht schrieb, war Hieron schon todkrank. Es sollte zugleich ein Trost für ihn sein. Ein Jahr später ist der Herrscher gestorben.

Ein Onkel des Bakchylides war Simonides, der ebenfalls aus Keos stammte. Er lebte von ca. 557–468 v. Chr. Seit 476 hielt er sich am Hof Hierons auf. Er war schon etwa achtzig Jahre alt, als er dem Ruf des Tyrannen folgte. Dass es ihm gelang, Hieron mit Theron von Akragas zu versöhnen, haben wir schon erwähnt (vgl. Kap. 11, 4). Gestorben ist er in Akragas. Er hat wohl seinem Neffen den Rat gegeben, ihm nach Sizilien zu folgen.

Es könnte Simonides gewesen sein, der als Erster Preislieder auf Sportler verfasst hat, die in panhellenischen Wettkämpfen gesiegt haben.

In dem längsten und bedeutendsten Fragment, das erhalten geblieben ist, setzt sich der Dichter kritisch mit den Wertvorstellungen seiner Zeitgenossen auseinander:

„>*Ein wahrhaft guter Mann zu werden,*
Ist schwer, an Händen, Füßen und Geist
Vollkommen, ohne Tadel geschaffen.<…
Nicht richtig hat Pittakos dieses Wort
Geäußert, obwohl er ein weiser Mann ist.
Schwer, hat er gesagt, sei es, edel zu sein.
Diese Auszeichnung darf wohl nur ein Gott für sich beanspruchen.
Für einen Menschen ist es nicht möglich, nicht schlecht zu sein,
Wenn ihn ein unwiderstehliches Schicksal niederwirft.
Jeder Mensch ist gut, wenn er Erfolg hat,
Schlecht, hat er Misserfolg. Bei weitem am besten sind diejenigen,
Die von den Göttern geliebt werden.
Deshalb will ich niemals nach etwas suchen,
Das unmöglich geschehen kann, und nicht
Auf eine leere unerfüllbare Hoffnung meine Lebenszeit setzen,
Auf den untadligen Menschen unter allen,
Die wir die Frucht der breiten Erde genießen.
Finde ich ihn, dann will ich es Euch melden.
Alle preise und liebe ich,
Die willentlich nichts Schlechtes tun. Gegen das
Unvermeidliche kämpfen auch die Götter nicht.
Ich bin nicht tadelsüchtig.
Es genügt mir, wenn einer nicht
Schlecht ist, nicht allzu ratlos ist,
Wenn er das dem Staat nützliche Recht kennt,
Ein gesunder Mann. Ich werde ihn nicht
Tadeln. Denn das Geschlecht
Der Toren ist unendlich groß. Alles ist schön,
Dem Hässliches nicht beigemischt ist."
4 D

Simonides geht über Pittakos, der zu den Weisen gezählt wurde, hinaus: Gut zu werden im absoluten Sinn, ist nicht nur schwer, sondern ist unmöglich. Vollkommen ist nur Gott. Simonides hat einen anderen Gottesbegriff als Homer.

Der Mensch ist dem unwiderstehlichen Schicksal unterworfen, dem Unglück, das von außen kommt, dem Irrtum, der den Sinn verblendet. Gut zu sein, ist nicht nur eigenes Verdienst, sondern bedarf auch der Fürsorge der Götter.

Die Grenze, die dem Menschen gesetzt ist, mahnt zur Bescheidenheit. Nicht willentlich Schlechtes zu tun, ist zwar schon viel, aber noch nicht genug. Das Handeln im Dienst der Gemeinschaft muss hinzutreten.

Simonides vertritt, was der delphische Gott verkündet: Erkenne Dich selbst – nämlich als Mensch im Gegensatz zu der Vollkommenheit göttlichen Seins. Im Neuen Testament heißt es bei Matthäus: Jesus sprach:

> *„Was heißt Du mich gut? Niemand ist gut denn der einzige Gott."*
> 19, 17 (Übersetzung Martin Luther)

Die Chorlyrik geht stets über den Anlass ihrer Entstehung hinaus. Gern verknüpft sie durch einen Mythos das Besondere mit dem Allgemeinen. Indem sie Grundfragen der menschlichen Existenz aufgreift, ist sie philosophisch, indem sie das Verhältnis des Menschen zur Gottheit reflektiert, ist sie relgiös. Platon beschäftigt sich in seinem Dialog „Protagoras" ausführlich mit der Interpretation des Gedichtes (338 e – 347 a).

In der Schrift „Hieron" Xenophons (ca. 430 – ca. 355 v. Chr.) unterhält sich Simonides mit dem Tyrannen über das Wesen der Monarchie.

Dass Aischylos die letzten Jahre seines Lebens in Gela verbracht hat und dort auch gestorben ist, wissen wir (vgl. Kap. 15, 1). Offenbar war er aber auch vorher schon zweimal in Sizilien. 476 v. Chr. ist er das erste Mal einem Ruf des Hieron gefolgt, und später war er offenbar ein zweites Mal in Syrakus. Er hat dort seine Tragödie „Die Perser", mit der er 472 in Athen einen Sieg errungen hatte, nochmals einstudiert und aufgeführt und damit den Westgriechen Anerkennung für ihren Sieg gezollt, den sie 480 bei Himera über die Phönizier errungen haben. Auf diese Aufführung kommen wir zurück, wenn wir das Theater besichtigen (vgl. Kap. 21, 1).

Als wir die Frage stellten, was wohl im Theater in Egesta gespielt worden sein mag (vgl. Kap. 8, 5), haben wir Epicharm erwähnt; auch er gehörte zu den Dichtern, die am Hof Hierons wirkten. Leider ist von ihm nichts erhalten. Wir kennen weder seine Lebenszeit (geboren wohl 640 oder 630 v. Chr.) noch seinen Geburtsort. Er schrieb „Dramata": Possen, Mythentravestien, in denen Helden wie Herakles oder Odysseus die Hauptrolle spielten. Er hat Typen geschaffen wie den Parasiten, den Reichen, den Tölpel, die erst die sog. Neue Komödie (2. Hälfte des 4. Jahrhunderts v. Chr.) wieder auf die Bühne gebracht hat. Dabei ging es ihm durchaus auch darum, sich kritisch zu Wort zu melden, freilich weniger im gesellschaftpolitischen Bereich – schließlich lebte er nicht in einer Demokratie –, wohl aber im geistesgeschichtlich-kulturellen der Literatur und Philosophie. Darin war er dem Himerer Stesichoros (vgl. Kap. 5) und dem Leontiner Gorgias (vgl. Kap. 23, 1) nicht unähnlich.

In Sophron, der etwas später, in der 2. Hälfte des 5. Jahrhunderts, in Syrakus lebte, hat er einen kongenialen Nachfolger gefunden.

18,3   Athens sizilische Expedition (415–413 v. Chr.)

Hierons Sohn und Nachfolger Thrasybulos wurde 466/65 v. Chr. verjagt. Die Demokratie wurde eingeführt. Sie währte, bis Dionysios I. 406 als Feldherr mit unumschränkten Vollmachten seine Herrschaft antrat.

In die Epoche der Demokratie fiel der Krieg mit Athen, dessen Anlass das Hilfsgesuch der Egestaier (vgl. Kap. 8, 1), dessen Ursache das maßlose Streben der Athener nach Macht, Einfluss, Reichtum und Beute war. Dem skrupellosen Politiker Alkibiades war es gelungen, die Volksversammlung zu überreden, sich in das Abenteuer zu stürzen.

Den ausführlichsten Bericht über die Unternehmung finden wir bei Thukydides:

„Nun – in der Mitte des Sommers – begann die Ausfahrt nach Sizilien. Zuvor war verabredet worden, dass sich die meisten Bundesgenossen, die mit Getreide beladenen Last- und die kleineren Handelsschiffe und alles, was sonst noch an Ausrüstung folgte, in Kerkyra versammeln sollen, um von dort gemeinsam mit allen anderen über das Jonische Meer zum Japygischen Vorgebirge (an der Südspitze Kalabriens) überzusetzen. Die Athener selbst sowie die Bundesgenossen, die sich in Athen aufhielten, begaben sich am festgesetzten Tag im Morgengrauen zum Piräus, gingen an Bord und bereiteten sich darauf vor, auszulaufen. Mit ihnen ging fast alles Volk, das in der Stadt war, Einheimische und Fremde.

Die Einheimischen gaben ihren Angehörigen das Geleit, Freunden, Verwandten, Söhnen, erfüllt von Hoffnung und Klagen: Hoffnung, Sizilien zu erobern, Klagen, ob sie wohl ihre Angehörigen wiedersehen würden, wenn sie bedachten, zu welch weiter Fahrt sie von der Heimat fortgeschickt wurden. Und jetzt, da sie im Angesicht drohender Gefahren voneinander Abschied nehmen sollten, trat ihnen das Bedrohliche viel stärker vor Augen als zu dem Zeitpunkt, da sie die Fahrt beschlossen hatten. Aber dann machte ihnen die Streitmacht, die da vor Anker lag, mit der Menge dessen, was sich ihren Augen bot, wieder Mut.

Die Fremden und die übrige Menge kamen, um zu schauen. Handelte es sich doch um ein bedeutendes und schier unglaubliches Unternehmen. Es war das aufwändigste und glänzendste aller Unternehmungen, die es bis zu diesem Zeitpunkt gab, wenn man bedenkt, dass es von einer einzigen Stadt ausging und sich nur auf Griechen stützte.... Der Feldzug machte nicht weniger durch den prächtigen Anblick und das Erstaunen über die Kühnheit von sich reden als durch die Überlegenheit der Streitmacht über die Gegner und das Bewusstsein, dass jetzt die längste Fahrt von der Heimat aus unternommen wurde, mit der man die größte Hoffnung verband, wenn man, was die Zukunft versprach, mit dem verglich, was die Gegenwart bot.

Als die Schiffe bemannt waren und alles an Bord war, was die Truppe mitnehmen sollte, wurde mit der Trompete Schweigen befohlen, und nicht getrennt nach Schiffen, sondern alle gemeinsam sprachen dem Herold die Gebete nach, die vor einer Ausfahrt üblich waren. Die Soldaten und die Feldherren mischten auf allen Schiffen der Flotte in Krügen Wasser mit Wein und brachten aus goldenen und silbernen Bechern das

Abb. 9.   Selinunt, Tempel E (vgl. Abb. 5–8). Erste Hälfte des 5. Jahrhun-
          derts v. Chr. (zu S. 52–54; 69–70 und 170)

Abb. 10. Tempel von Segesta. Um 400 v. Chr. (zu S. 60–61)

Abb. 11. Agrigent, sog. Tempel der Concordia. Um 400 v.Chr. (zu S. 89 und 98).

Abb. 12. Syrakus, Tempel der Athena, heute Kirche. Mittleres 5. Jahrhundert
v. Chr. (zu S. 147 und 153).

Abb. 13. Syrakus, Theater. 3 Jahrhundert v. Chr. (zu S. 147 und 156).

Abb. 14. Silbermünze (Tetradrachmon) von Syrakus. Kopf der Quellgöttin
Arethusa, die wegen der Nähe zum Meer von vier Delphinen umgeben ist. 500 v. Chr. (zu S. 148 ff).

Abb. 15. Syrakus, Eingang zum „Ohr des Dionysios" (zu S. 163).

Abb. 16. Syrakus, „Ohr des Dionysios" von innen (zu S. 163).

Abb. 17. Theater von Taormina. Gründung im 3. Jahrundert v. Chr., Umbau-
ten unter den römischen Kaisern Augustus und Trajan (zu S. 178).

Opfer dar. Das Gebet sprachen auch die Menschen am Ufer mit, die Bürger und alle anderen, die den Athenern Glück wünschten. Als sie den Paian gesungen und das Opfer dargebracht hatten, stachen sie in See. Zuerst liefen die Schiffe in einer Linie aus, dann fuhren sie bis zur Insel Aigina um die Wette. Sie beeilten sich, nach Kerkyra zu gelangen, wo sich das Heer der Bundesgenossen versammelt hatte."

6, 30–33

Der Paian war ein Lied zu Ehren der Götter, das man zu Beginn eines Krieges oder einer Schlacht anstimmte.

So begann die Expedition im Hochgefühl, in dem nicht selten Kriege zu beginnen pflegen.

Im Sommer 413 erlitten die Athener und ihre Verbündeten im Hafen von Syrakus eine vernichtende Niederlage. Den Überlebenden ging es nur noch um die Frage, wie sie sich am besten in Sicherheit bringen könnten. Sie beschlossen, auf dem Landweg den Rückzug anzutreten.

„Die Lage war furchtbar, nicht nur im Hinblick auf die Hauptsache, dass sie nach dem Verlust ihrer gesamten Flotte abziehen mussten und sich ihre Hoffnungen nicht erfüllt hatten, sie vielmehr selbst und die Stadt in Gefahr waren, sondern auch im Hinblick darauf, dass sich ihnen, als sie das Lager verließen, ein schmerzlicher Anblick bot, der sie tief bewegte. Die Toten lagen nämlich noch unbegraben da, und wenn einer einen, der ihm nahestand, dort liegen sah, stellten sich Trauer und Furcht ein, weil sie der Pflicht der Bestattung nicht nachkamen. Diejenigen, die lebend zurückgelassen wurden, Verwundete und Kranke, waren noch viel bejammernswerter für die, die überlebt hatten, als die Toten und unglücklicher als die Gefallenen. Sie flehten und jammerten und stürzten damit die Abziehenden in eine ausweglose Lage. Sie forderten sie auf, sie mitzunehmen. Jeder von ihnen, der einen Freund oder Verwandten erblickte, rief ihn an, sie hängten sich an die aufbrechenden Zeltgenossen und folgten ihnen, so weit sie konnten. Und wenn einem die Kraft des Körpers versagte, so blieb er zurück, nicht, ohne mit versagender Stimme jammernd die Götter anzurufen. So machte sich das ganze Heer nicht leichten Herzens auf den Weg mit Tränen und in dem Bewusstsein seiner Hilflosigkeit, obwohl es doch ein feindliches Land verließ und schon Schlimmeres erfahren hatte als das, was es jetzt zu Tränen rührte und was es fürchten musste, in der ungewissen Zukunft noch zu erfahren. Die Männer waren sehr niedergeschlagen und hörten nicht auf, sich Vorwürfe zu machen. Sie glichen Menschen, die aus einer nach einer Belagerung eroberten Stadt flohen, und zwar einer ziemlich großen Stadt. Die Zahl derer, die auf dem Marsch waren, betrug nicht weniger als vierzigtausend.... Die Tatsache, dass man die Schmach und das Leid mit vielen teilte, sonst ein Trost, wurde in der gegenwärtigen Situation nicht als eine Erleichterung empfunden, zumal wenn sie bedachten, welcher Glanz und welcher Stolz am Anfang gestanden hatten und wie sehr sie nun am Ende gedemütigt worden sind. Denn dieser Umschwung war der größte, der je ein griechisches Heer betroffen hat: Die Griechen hatte das Schicksal betroffen, dass sie, die gekommen waren, um andere zu versklaven, nun Sizilien verließen und fürchten mussten, eben das selbst

zu erleiden, dass sie nun an Stelle von Gebet und Paianen mit dem Gegenteil, mit Worten unheilvoller Vorbedeutung, aufbrachen, dass ihnen Fußmärsche bevorstanden an Stelle eines Transportes auf Schiffen und dass sie sich statt auf die Flotte auf die Waffen des Heeres verlassen mussten. Doch all das erschien ihnen erträglich, gemessen an der Größe der Gefahr, die ihnen drohte."

     7, 75

Die Flucht gelang nicht. Die Syrakusaner schnitten ihnen den Weg ab. Viele kamen um, die Meisten gerieten in Gefangenschaft. Sie wurden in die Steinbrüche geschickt. Man hielt das für den sichersten Verwahrungsort.

„Die Syrakusaner behandelten die Gefangenen in den Steinbrüchen am Anfang hart. Denn sie pferchten sie in großer Zahl in dem engen, tiefen Raum zusammen. Außerdem litten die Gefangenen zuerst noch unter der Sommerhitze, weil sie kein Dach über dem Kopf hatten. Dann schwächten sie die im Gegensatz dazu kalten herbstlichen Nächte durch den Temperatursturz. Da sie alles an demselben Ort tun mussten und auch noch die Toten übereinander geschichtet wurden, die an ihren Wunden oder infolge des Temperaturwechsels oder dergleichen gestorben waren, war der Gestank unerträglich. Zugleich litten sie Hunger und Durst. . . . Etwa siebzig Tage verbrachten sie, so zusammengedrängt. Dann wurden alle außer den Athenern und denen, die aus Sizilien und Italien an dem Heereszug teilgenommen hatten, verkauft. Insgesamt gerieten nicht weniger als siebentausend Männer in Gefangenschaft. Eine genaue Zahl zu nennen, ist schwierig.

Es war das bedeutendste Ereignis in diesem (dem Peleponnesischen) Krieg, ich meine sogar, von allen Ereignissen, die uns aus der Geschichte der Griechen überliefert sind, für die Sieger das glänzendste, für die, die vernichtet wurden, das unglücklichste. . . . Von den Vielen waren nur wenige nach Hause zurückgekehrt. So weit die Ereignisse in Sizilien."

     7, 87

Wie reagierten die Menschen in Athen, als sie von der Niederlage erfuhren?

„Als die Nachricht in Athen eintraf, konnten es die Athener lange Zeit nicht glauben, dass ihr Aufgebot so vollständig vernichtet worden sei; selbst den Soldaten misstrauten sie, die sich vom Ort des Geschehens hatten retten können und deren Berichte zuverlässig waren. Als dann aber kein Zweifel mehr möglich war, zürnten sie den Rednern, die sie zu der Expedition ermutigt hatten, als ob sie nicht selbst dafür gestimmt hätten, und zürnten den Wahrsagern, den Zeichendeutern und allen, die sie durch Prophezeiungen zu der Hoffnung veranlasst hatten, sie würden Sizilien erobern. Alles um sie herum bereitete ihnen Kummer. Unter dem Eindruck der Ereignisse hatten sie Furcht erfasst und größte Bestürzung."

     8, 1

Die Angst, die Feinde aus Sizilien würden ihren Sieg ausnutzen und im Hafen von Piräus landen, erwies sich als unbegründet. Die Sieger ließen den Athenern Zeit, wieder aufzurüsten, so dass sie bis zur Niederlage 404 v. Chr. immerhin noch neun Jahre standhalten konnten.

18, 4 Dionysios I., Dionysios II., Platon und Aristipp

Den Syrakusanern blieb nicht viel Zeit, sich über ihren Sieg zu freuen. 409 landeten die Karthager am Vorgebirge Lilybaion. Hatten die Egestaier wenige Jahre vorher die Athener um Hilfe gegen Selinus gebeten, so wandten sie sich jetzt mit dem gleichen Anliegen an die Karthager (vgl. Kap. 8, 2). Denen kam die Bitte gelegen: Syrakus war noch erschöpft von dem Krieg gegen Athen. Sollte man warten, bis es erstarkt und in der Lage war, seine Machtstellung auszubauen?

In den wenigen Jahren zwischen 409 und 405 v. Chr. wurden die griechischen Städte Selinus, Himera, Akragas, Gela und Kamarina erobert und zerstört – eine furchtbare Rache für die Niederlage, die Karthago 480 v. Chr. bei Himera erlitten hatte. (Vgl. Kap. 4; 11, 5; 15, 1; 18, 1).

In Syrakus gelang es Dionysios, als Akragas bereits gefallen war und Gela bedroht wurde, sich zum alleinigen Feldherrn mit unumschränkten Befugnissen wählen zu lassen. Nicht genug damit: Er ließ sich unter dem Vorwand, man habe ihn ermorden wollen, eine Leibwache genehmigen (405 v. Chr.). Syrakus hatte wieder einen Tyrannen. Gela und Kamarina rettete er nicht. Mit den durch eine Seuche geschwächten Karthagern schloss er einen Friedensvertrag: Allen aus den zerstörten Städten Überlebenden wurde die Rückkehr gestattet, freilich unter der Bedingung, Tribut zu zahlen. Bis zu seinem Lebensende (367 v. Chr.) hörte Dionysios nicht auf, gegen die Karthager Krieg zu führen mit dem Ziel, sie aus Sizilien zu vertreiben. Vergeblich. Immerhin konnte er die an der Südküste gelegenen griechischen Städte von den Auflagen befreien. In einem zweiten Friedensvertrag 392/91 v. Chr. erkannten die Karthager seine Herrschaft über Sizilien an – mit Ausnahme der traditionell phönizischen Städte im Westen. Sizilien war unter der Führung von Syrakus nun erstmals ein einheitliches Gebilde, wenn auch kein Territorialstaat. Dionysios´ Versuche, in Italien Fuß zu fassen, scheiterten. Als er starb, war Syrakus eine mächtige Polis, die keinen Feind zu fürchten brauchte. Im Innern hatte Dionysios seine Stellung gefestigt, indem er die Reichen enteignet, die Armen reich gemacht und Sklaven befreit hatte. So hatte er sich eine getreue Anhängerschaft geschaffen. Ortygia hatte er vom Festland abgeriegelt. Nur er, Freunde und Söldner durften die Insel betreten und dort wohnen. Die Hochfläche Epipolai hatte er durch eine Mauer in das Stadtgebiet einbezogen, mit dem Kastell Euryalos hatte er die größte Festung der damaligen Welt geschaffen.

Nachfolger wurde sein ältester Sohn. Er regierte als Dionysios II. von 367–344 v. Chr. mit einer Unterbrechung von einem Jahrzehnt zwischen 357 und 347 v. Chr. Er wurde von seinem Schwager Dion 357 v. Chr. gestürzt. Nach seiner Rückkehr 347 v. Chr. hielt er sich nicht mehr als drei Jahre an der Macht. Er dankte ab und begab sich nach Korinth, wo er als gut situierter Privatier noch eine Weile lebte.

Bemerkenswert ist Dionysios II. vor allem deshalb, weil er Platon, den be-rühmten Philosophen aus Athen, zweimal nach Syrakus eingeladen hat.

Platon war ein Schüler des 399 v. Chr. in Athen zum Tode verurteilten und hingerichteten Sokrates. Aber anders als Sokrates, der Steinmetz und Bild-hauer, war Platon von aristokratischer Herkunft. Es war keine Frage, dass sein Lebensweg ihn in die Politik führen würde. Und so wäre es gekommen, wenn er nicht als junger Mann eine zweifache Enttäuschung erlebt hätte. Die „Dreißig", die nach der Niederlage Athens im Peloponnesischen Krieg 404 v. Chr. die Herrschaft ausübten und zu denen in herausgehobener Stel-lung sein Onkel Kritias gehörte, entpuppten sich als skrupellose Tyrannen, und die Demokraten, die sie entmachteten und die alte Verfassung wieder in Kraft setzten, hatten nichts Eiligeres zu tun, als Platons verehrten Lehrer Sokrates anzuklagen und zum Tode zu verurteilen.

Wenn sich auch Platon fortan den theoretischen Studien widmete, gab er die Hoffnung nie auf, sich aktiv betätigen zu können. Die Möglichkeit dafür bot sich allerdings nicht in seiner Heimatstadt Athen, sondern in Syrakus.

389/88 v. Chr. unternahm er seine erste Reise nach Italien, die ihn auch an den Hof des Dionysios I. nach Sizilien führte. Sie endete mit einem Desaster. Es heißt sogar, der Philosoph sei auf Veranlassung des Tyrannen auf dem Sklavenmarkt der Insel Aigina zum Verkauf angeboten worden und habe es nur einem großzügigen Verehrer verdankt, dass er seine Freiheit wiederge-wonnen habe (Diogenes Laertios, Platon, Kap. 19/20).

Wenn Platon diesem Aufenthalt in Syrakus dennoch etwas Positives ab-gewinnen konnte, so deshalb, weil er den jungen Dion kennengelernt hatte. Dion (409–354 v. Chr.) war zwanzig Jahre jünger als er. Er war ein Schwager und Schwiegersohn des Dionysios I. und ein Schwager des Dionysios II. Was wichtiger war: Er bewunderte Platon und wurde sein eifriger Schüler.

Kaum war Dionysios I. gestorben und sein Sohn 467 v. Chr. an die Regie-rung gekommen, setzte Dion alles daran, um Platon und den neuen jungen Herrscher, Philosophie und Macht, miteinander zu verknüpfen. Es waren in-zwischen mehr als zwanzig Jahre vergangen, als Platon sich 366 v. Chr. ein zweites Mal auf die Reise nach Sizilien begab. Und wieder scheiterte er. Dion wurde verbannt, Platon gelang es mit Mühe, die Erlaubnis zur Rückkehr nach Athen zu erhalten.

Nur vier Jahre später entschloss er sich – er war inzwischen achtundsech-zig Jahre alt geworden – zu einer dritten Reise (361 v. Chr.). Dionysios hatte ihn eingeladen, hatte versprochen, Dion aus der Verbannung zurückzuholen, und gab sich den Anschein, nun endlich von Begeisterung für die Philosophie erfüllt zu sein. In Wirklichkeit ging es ihm darum, Platon für seine Zwecke zu benutzen, Dion um sein Vermögen zu bringen und von Sizilien fern zu halten. Platon konnte von Glück sprechen, dass er dem Tyrannen schließlich entrinnen konnte.

Wie ging es weiter in Syrakus?

357 v. Chr. landete Dion bei Minoa in Sizilien. 355 v. Chr. hatte er sein Ziel erreicht: Er hatte Dionysios II. gestürzt, er war unumschränkter Herrscher. Seine Reformen fanden jedoch keine Akzeptanz. 354 wurde er ermordet. Es folgte eine Zeit der Wirren, dann kehrte Dionysios II. für drei Jahre aus dem Exil zurück.

Nach Dions Tod schrieb Platon dessen Freunden und Verwandten einen Brief. Sie hatten ihn um seinen Rat gebeten. In der Sammlung der Platon zugeschriebenen Briefe ist es der siebente Brief. Er enthält außer den Ratschlägen einen Bericht über seine Reisen nach Sizilien und einen Abriss wesentlicher Elemente seiner politischen Philosophie, seiner Ontologie und Metaphysik.

Platon spricht davon, dass er nach den Enttäuschungen, die er in Athen erleben musste, nicht davon abließ, einerseits darüber nachzudenken, wie das Staatswesen besser eingerichtet werden könnte, andererseits den rechten Augenblick, den Kairos, zu erwarten, der es erlauben würde, zu handeln. Er schreibt:

„Schließlich sah ich mich zum Lob der wahren Philosophie dazu gezwungen, festzustellen, dass, was im gesamten öffentlichen und privaten Raum recht ist, nur aus ihr erkannt werden kann, dass die Geschlechter der Menschen nicht eher von den Übeln befreit werden, bis entweder der Stand derer, die richtig und wahrhaft philosophieren, zur Herrschaft in den Staaten gelangt oder der Stand derer, die in den Staaten die Macht ausüben, sich infolge einer göttlichen Fügung aus tiefster Überzeugung mit der Philosophie beschäftigt."

326 a/b

Platon wiederholt damit einen Kerngedanken aus seinem Werk über den Staat, das wesentlich früher entstanden ist (473 c).

Man ist versucht, vehement zu protestieren. Der 1925 in Gablenz geborene und bis 1957 in der DDR lebende Schriftsteller Gerhard Zwerenz lässt in einer Erzählung mit dem Titel „Sizilianisches Gespräch" den Tyrannen selbst die Horrorvision eines Philosophenherrschers entwerfen.

„Es geschah aber wie oft im Gespräch zwischen Gleichwertigen, dass Ton und Sinn der Worte sich verkehren dergestalt, dass die Positionen gewechselt werden, was selbst die Charaktere verändert. In die Stirn des Tyrannen stieg Weisheit (oder schien es nur so?), die Grausamkeit seiner Augen wandelte sich in Milde (oder schien es nur so?), zurückhaltende Überlegung kennzeichnete seine Gebärden (oder schien es nur so?), da er sagte:

>Nur scheinbar verteidige ich die Grausamkeit vorhandener Herrschaft. Deinem Blick, der in die Tiefe der Dinge dringt und ihrer Schattenhaftigkeit innewird, kann nicht verborgen bleiben, was in der Sprache der Ideen gesprochen ist: dass es keinen schlimmeren Tyrannen gäbe als den zur Macht gelangten Philosophen. Die wahrhaft entsetzliche Zeit hielte Einzug unter den Menschen; ungemildert durch persönliche Nachlässigkeit, Faulheit, Bestechlichkeit, unbetroffen von jener Nachsicht, die die barsche Strenge der Gesetze besänftigt, sei es auch nur aus allzu menschlichen Grün-

den, vollzöge sich das Geschehen rigoros wie ein sauberer Schluss von den Prämissen, nichts bliebe in seinem natürlichen Wuchs, nichts bliebe dem Zufall überlassen, ein Rechenexempel wäre Deine Gesellschaft ebenso wie Deine Wissenschaft und Regierung. Die Fuchtel der Wissenschaft wäre unerträglich für alle Lebenden, während meine Herrschaft nur für die Untergebenen unerträglich ist, und auch dieses nur für den Fall, dass sie gerade Schmerzen leiden oder, was dasselbe sein mag, nachzudenken beginnen über ihre Lage. So wäre deine Herrschaft nichts anderes als Askese für jede und jeden. ... Was denn änderte Deine Herrschaft am Leben derer, die in sengender Sonne den Rücken beugen zur Arbeit auf dem Feld? Ackerbau, Viehzucht, Häuserbau trieben sie wie jeher, nichts wäre ihr Eigen als die Pflicht zum Gehorsam und der Stiefel, der sie tritt, verletzten sie ihre Pflicht auch nur im Geringsten; und wie sonst würden sie ihre Rücken beugen. Gehorsam ist die lästigste Tugend, Platon, und keiner übt sie freiwillig, den Germanen ausgenommen.<"

Hätte Platon das gewollt? Gewiss nicht. Wenn er dem Tyrannen rät, Philosoph zu werden, so will er nicht, dass die Idee des vollkommenen Staates auf Erden verwirklicht wird. Philosoph zu werden, heißt vielmehr, sein Leben als Mensch und Herrscher in rechter Weise zu führen. Platon mahnt Dionysios,

„sein Leben tagtäglich so zu führen, dass er in möglichst hohem Maße Herr seiner Selbst ist, dass er treue Freunde und Gefährten gewinnt, dass er mit sich selbst einig werde.

Nur auf diese Weise wird ein Mensch für sich selbst und die, deren Führer er wird, das Heil erlangen. Wenn er diesen Weg nicht geht, wird er in Allem das Gegenteil bewirken."

331 d – 332 d

„Philosophie", sagt Michel Foucault in seiner Interpretation des Textes, „ist vor allem, wesentlich und im Grunde eine Weise, wie sich das Individuum als Subjekt gemäß einem bestimmten Seinsmodus konstituiert." Der politische und der philosophische Diskurs sind nicht identisch, die Weisen, wie einer philosophiert und Politik betreibt, sind unabhängig voneinander. „Schließlich läuft das darauf hinaus, dass die Seele des Fürsten sich selbst gemäß der wahren Philosophie regieren können muss, um die Anderen gemäß einer gerechten Politik zu regieren" (a. a. O. S. 371 f.).

Foucault verallgemeinert das Ergebnis seiner Analyse. Ihm scheint, dass das Unheil in der Beziehung zwischen Philosophie und Politik mit der Tatsache zu tun hatte und hat, „dass man ihr (der Philosophie) Forderungen auferlegt hat, die in Begriffen einer Kongruenz mit den Inhalten einer politischen Rationaliät formuliert wurden, und dass umgekehrt die Inhalte einer politischen Rationalität ihre Autorität von der Tatsache ableiten wollten, dass sie sich als philosophische Lehre gebärdeten und auf eine philosophische Lehre beriefen" (S. 364).

Philosophie hat die Aufgabe, die Wahrheit in Bezug auf das politische Handeln zu sagen, und nicht, vorzuschreiben, welche politischen Entscheidungen getroffen werden müssen.

Wir wollen dem strengen und konsequenten Moralisten einen anderen Gast des Dionysios gegenüberstellen: Aristipp. Er stammte aus Kyrene in Nordafrika und lebte von ca. 435–355 v. Chr. Auch er gehörte zum Kreis des Sokrates. Aber anders als dieser und als Platon führte er ein Wanderleben. Eine Zeitlang hielt er sich in Syrakus auf. Wir besitzen von ihm keine schriftlichen Dokumente. Wir wissen aber, dass er in seiner Philosophie der Lust oder Freude, der Hedone, eine besondere Bedeutung beimaß. Wohlergehen ist der Sinn unseres menschlichen Daseins, Unlust, Ponos, gilt es zu vermeiden. Lust ist nur, was gegenwärtig ist, was im Augenblick empfunden wird. Vergangenheit und Zukunft sind irrelevant. Aristipp hat Einfluss auf Epikur ausgeübt, der sich aber gerade darin von ihm unterschied, dass er Freude auch aus der Erinnerung bezog und sie für ihn nur dann erstrebenswert war, wenn sie nachhaltig war.

Aristipp gilt als der Begründer der „Kyrenäischen Schule".

Diogenes Laertios (3. Jahrhundert n. Chr.) charakterisiert ihn in seinem Werk „Das Leben der Philosophen" folgendermaßen:

„Aristipp verstand es, sich an den jeweiligen Ort, die jeweilige Zeit, die Person anzupassen und die Rolle zu spielen, die den Umständen angemessen war. Deswegen stand er bei Dionysios höher im Kurs als alle Anderen, vermochte er doch mit jedem Ereignis in rechter Weise umzugehen. Er genoss, was sich ihm bot, er jagte nicht mühevoll nach dem Genuss von etwas, das nicht gegenwärtig war."

Kap. 66

Wie sehr er sich in seinem Verhalten gegenüber dem Tyrannen von Platon unterschied, zeigt die folgende Anekdote:

„Als Dionysios bei einem Trinkgelage einmal alle aufforderte, in einem purpurnen Gewand zu tanzen, hat Platon das mit den Worten abgelehnt:

> *>Ich kann doch nicht die Kleidung tragen einer Frau<*

Euripides, Bakchen 836

Aristipp dagegen nahm das Gewand, und, bevor er zu tanzen begann, sagte er treffend:

> *>Auch selbst bei einem Bakchosfest*
> *Verliert die keusche Frau gewiss den Anstand nicht.<"*

Kap. 69   (Euripides, Bakchen 316/17)

„Zu jemandem, der ihm Vorwürfe machte, weil er von Sokrates zu Dionysios gegangen sei, sagte er:

> *>Zu Sokrates bin ich gegangen, um mich zu bilden,*
> *zu Dionysios, um mich zu erholen.<"*

Kap. 80

Platon hat die Auffassung, die Freude sei der höchste Wert, zurückgewiesen. Er war überzeugt, dass Befriedigung nur aus der Sittlichkeit erwachsen könne.

18, 5 Dionysios II., Schillers „Bürgschaft" und das Schwert des Damokles

Dionysios II. hielt sich nach seiner Rückkehr aus dem Exil 347 v. Chr. nicht lange an der Macht. 344 v. Chr. verließ er Syrakus zum zweiten Mal, dieses Mal endgültig. Er starb im Exil in Korinth.

> *„Zu Dionys, dem Tyrannen, schlich*
> *Damon, den Dolch im Gewande ... ."*

So beginnt Friedrich Schillers Ballade „Die Bürgschaft". Sie ist 1798 entstanden. Dionysios II. ist der Tyrann, um den es sich handelt und der am Schluss bittet, in den Bund des Damon und seines Freundes als Dritter aufgenommen zu werden. Die Geschichte geht auf Gedankengut der Pythagoreer zurück, einer von Pythagoras am Ende des 6. Jahrhunderts v. Chr. in Kroton gegründeten Lebensgemeinschaft. In der von Jamblichos im 4. Jahrhundert n. Chr. überlieferten Fassung heißt es:

> *„Dionysios aber umarmte und küsste die Freunde, wie er selbst sagte, und bat sie,*
> *sie mögen ihn als Dritten in ihren Freundschaftsbund aufnehmen. Die konnten sich*
> *nicht dazu entschließen, obwohl der Tyrann sie heftig bedrängte."*

Mit Dionysios II. verknüpfte sich auch die Erzählung von dem „Schwert des Damokles". Sie steht in Ciceros philosophischem Werk mit dem Titel „Gespräche in Tusculum", das im Jahr 45 v. Chr. entstanden ist.

> *„Einmal pries ein gewisser Damokles, einer von den Schmeichlern des Tyrannen, in einem Gespräch das Heer, den Reichtum, den Glanz der Herrschaft, die Menge der Güter und die Pracht der Residenz und erklärte, dass es niemals einen glücklicheren Menschen gegeben habe. Da antwortete Dionysios: „Willst Du, Damokles, dieses Leben, da es Dir gefällt, kosten und mein Glück ausprobieren?" Als der sagte, das wünsche er sich, forderte der Herrscher ihn auf, sich auf einem goldenen Prunkbett zu lagern, auf dem ein wunderschön gewebtes und mit großartigen Darstellungen besticktes Tuch ausgebreitet war. Er ließ mehrere Tische, ausgestattet mit Gefäßen aus getriebenem Gold und Silber, aufstellen. Dann befahl er ausgewählten Knaben von erlesener Schönheit, den Dienst bei Tisch zu verrichten, sorgfältig auf jeden Wink von ihm zu achten und ihm aufzuwarten. Es gab Parfüms und Kränze, Räucherwerk wurde verbrannt, Platten mit den schmackhaftesten Gerichten wurden vor ihm aufgeschichtet. Damokles kam sich vor wie ein Glückskind. Inmitten dieses ganzen Aufwands ließ Dionysios ein funkelndes Schwert an einem Rosshaar an der Decke befestigen und so herabsenken, dass es über dem Nacken jenes glücklichen Mannes hing. Daraufhin hatte der weder für die Diener einen Blick noch für das künstlerisch wertvolle Silbergeschirr, geschweige, dass er seine Hand nach dem Tisch ausstreckte. Die Kränze glitten zu Boden. Schließlich flehte er den Tyrannen an, ihn fortgehen zu lassen; er wolle darauf verzichten, glücklich zu sein.*
>
> *Hat nicht Dionysios, wie es scheint, damit deutlich genug gezeigt, dass es kein Glück für den gibt, der sich stets von irgendeinem Schrecken bedroht fühlen muss?"*

5, 61–63

Als Cicero das schrieb, herrschte in Rom Caesar als Diktator, und es war ihm verwehrt, auf der politischen Bühne zu agieren. So will er sich mit dieser Geschichte wohl eher trösten als davor warnen, Verantwortung für den Staat zu übernehmen, ungeachtet der Gefahren, die der Staatsmann zu gewärtigen hat. Cicero war, wann immer sich die Gelegenheit bot, politisch aktiv. Er hat dafür mit dem Leben bezahlt.

Der 1932 geborene Dichter, Schriftsteller und Literaturwissenschaftler Harald Hartung deutet das Schwert als das Schicksal, das ihn bedroht. Bisher ist er davongekommen, dank seiner Vorsicht. Nun sitzt er als Gastgeber am Tisch und fürchtet, das Pferdehaar könnte reißen, so dass das Schwert ihm den Schädel spaltet, wenn nur einer aufsteht und geht. Jeder seiner Gäste könnte ein Verräter, ein Judas, ein Mörder sein.

Man muss kein Tyrann sein, um vor seinen Mitmenschen Angst zu haben. Hartungs Geschichte des Damoklesschwerts ist pessimistischer als die Version der Antike. Der Zeitgenosse des Dionysios konnte in seine alte Rolle zurückkehren, dem modernen Damokles hilft kein Rollenwechsel.

> *„Das Pferdehaar*
> *Man lebt noch, sieht sich fast als Hans im Glück*
> *Inmitten aller Nackenschläge war*
> *man dem Herrn Damokles ein gutes Stück*
> *voraus an Vorsicht: dieses Pferdehaar*
> *an dem das scharfe Ding hängt scheint zu halten*
> *So sitze ich am Tisch und habe Gäste*
> *Doch geht von ihnen nur der erste beste*
> *möchte was Blankes mir den Schädel spalten.“*

18, 6   Glanz und Elend: Syrakus von 344–212 v. Chr.

Als Dioysios II. sich noch in Ortygia verschanzt hatte und die Karthager Syrakus bedrohten, wandten sich die Syrakusaner an ihre Mutterstadt Korinth mit der Bitte um Hilfe. Daraufhin entsandten die Korinther ein Truppenkontingent unter der Führung des Strategen Timoleon (vgl. Kap. 10, 4). Ihm gelang es, Dionysios zu vertreiben und die von den Karthagern drohende Gefahr zu bannen. Von 344–336 v. Chr. herrschte er über Syrakus. Sein offizieller Titel war der eines „Schlichters“.

Sein besonderes Verdienst war es, viele Städte wiederbelebt zu haben, indem er neue Siedler aus dem Mutterland und aus Italien anwarb. Er gehört zu den seltenen Herrschern, die freiwillig zurückgetreten sind. Syrakus hat ihm ein ehrendes Andenken bewahrt.

Nach bitteren Auseinandersetzungen zwischen Aristokraten und Demokraten gelang es schließlich Agathokles 317 v. Chr., erneut eine Tyrannis zu begründen.

304 v. Chr. nahm er den Königstitel an und stellte sich damit auf eine Stufe mit den Herrschern der Reiche, die nach dem Tod Alexanders des Großen entstanden waren. Sein Versuch, Karthago durch eine Invasion in Afrika zu besiegen (vgl. Kap. 8, 2), scheiterte. Er starb 279/78 v. Chr.

Die Herrschaft des Pyrrhos, des Königs von Epiros, blieb nur eine Episode. Er wurde von den Syrakusanern 279 v. Chr. gegen die Karthager zu Hilfe gerufen und 276 v. Chr. wieder vertrieben, als sie ihn nicht mehr brauchten.

Kaum war er fort, brachen erneut Parteikämpfe zwischen Aristokraten und Demokraten aus. Im Verlauf dieser Auseinandersetzungen gelang es Hieron, sich wie so viele vor ihm zunächst als General und Stratege eine Machtbasis zu schaffen, um dann in einem zweiten Schritt die Herrschaft zu usurpieren. 269 v. Chr. ließ er sich zum König krönen. In die Geschichte ging er als Hieron II. ein. In den kriegerischen Auseinandersetzungen zwischen Rom und Karthago setzte er auf die richtige Seite, auf Rom. Er starb im Jahre 215 v. Chr. während des 2. Punischen Krieges. Der griechische Historiker Polybios (ca. 200 – 118 v. Chr.) hat ihn als Person und Herrscher gewürdigt (7, 8).

Das Theater und der Zeusaltar stammen aus seiner Regierungszeit. Wir werden beides besichtigen (vgl. Kap. 21, 1 und 21, 3).

Sein Enkel, Hieronymos, kam im Alter von nur fünfzehn Jahren auf den Thron. Er machte den verhängnisvollen Fehler, die Seiten zu wechseln. Er verbündete sich mit den Karthagern. Er wurde nach kurzer Regierungszeit 214 v. Chr. ermordet und musste nicht mehr erleben, wie Syrakus von den Römern belagert und schließlich 212 v. Chr. erobert wurde.

18, 7   Theokrit und die Geburt der Bukolik

Zu den bedeutenden Dichtern des Hellenismus zählt Theokrit, ein Syrakusaner, der im 3. Jahrhundert v. Chr. lebte. Aus seinem Werk lässt sich entnehmmen, dass er sich in Kos und in Alexandria aufgehalten hat, sonst ist von seinem Leben nichts bekannt. Seinen Ruhm verdankt er der Tatsache, dass er die literarische Gattung der Bukolik, der Hirtengedichte, begründet hat. Mit seinem 16. Gedicht wandte er sich an Hieron mit der Bitte um finanzielle Unterstützung. Ob er Gehör gefunden hat, wissen wir nicht. Seine Gedichte hat man in der Antike „Eidyllia" genannt, „Kleine Bilder". Über den Inhalt sagt der Name nichts aus. In späterer Zeit hat sich der Begriff zur Bezeichnung der Darstellung eines einfachen, friedlichen Landlebens verengt.

Theokrits Werk umfasst Gedichte verschiedener Themen. In einigen von ihnen lässt er einen Rinderhirten, bukolos, auftreten.

In der 11. Idylle lernen wir den Menschen fressenden, wilden Kyklopen Homers (vgl. Kap. 15, 5), Polyphem, als verliebten Schafhirten kennen, der um seine Geliebte, Galatea, wirbt. Galatea war eine Meeresnymphe, eine Nereide. Sie wurde am Ätna kultisch verehrt als Schutzgöttin des Milch gebenden Viehs. Der Dichter ist weit davon entfernt, dem idyllischen Leben eines Naturburschen zu huldigen. Er macht sich vielmehr über ihn lustig.

> *„Also lebte bei uns einst leidlich der alte Cyklope*
> *Polyphemus, als heiß er in Galateen entbrannt war.*
> *Nicht mit Versen liebt' er und Äpfeln und zierlichen Locken,*
> *Sondern mit völliger Wut, und hielt alles andre für Tand nur.*
> *Oft, oft, kamen die Schafe von selbst zurück von der Weide*
> *Zu der Hürd', und der Hirt saß einsam und sang Galateen*
> *Bis zum Abend vom Morgen schmelzend im Riedgras am Ufer,*
> *Mit der schmerzlichen, schmerzlichen Wunde tief im Herzen,*
> *Von der zyprischen Göttin, die ihm in die Leber den Pfeil warf.*
> *Aber er fand das Mittel, er setzte sich hoch auf den Felsen,*
> *Schaute hinaus in das Meer und hob zum Gesang die Stimme:*
> *„Ach, Galatea, Du Schöne, warum verwirfst Du mein Flehen?*
> *Weißer bist Du als frischer Käse und zarter als Lämmer,*
> *Stolzer als Kälber und herber als vor der Reife die Traube.*
> *Also erscheinest Du mir, wenn der süße Schlaf mich beschleichet;*
> *Also gehst Du von mir, wenn der süße Schlaf mich verlässet;*
> *Fliehest vor mir wie ein Schaf, das den Wolf, den grauen, erblickte…*
> *Ach, ich weiß wohl, liebliches Mädchen, warum Du mich fliehest:*
> *Weil sich über die ganze Stirne mir zottig die Braue,*
> *Von dem Ohre zum Ohre gespannt, die einzige, langzieht,*
> *Nur ein Auge mir leuchtet und breit mir die Nase zum Mund hängt.*
> *Aber doch so, wie ich bin, hab' ich tausend weidende Schafe,*
> *Und ich trinke von ihnen die süßeste Milch, die ich melke.*
> *Auch geht mir der Käse nicht aus im Sommer, im Herbst nicht,*
> *Nicht im späten Winter; die Körbe sind über den Rand voll.*
> *Auch kann ich pfeifen so schön wie keiner der andern Cyklopen,*
> *Wenn, Goldäpfelchen, Dich ich und mich, den Getreuen, besinge*
> *Oft in der Tiefe der Nacht. Ich füttre elf Hirsche mit Jungen,*
> *Alle für Dich, und für Dich vier junge zierliche Bären.*
> *Komm, ach komm nur zu mir; Du findest der Schätze viel mehr noch.*
> *Lass Du die bläulichen Wogen nur rauschen am Felsengestade;*
> *Süßer schläfst Du bei mir gewiss die Nacht in der Grotte.*
> *Lorbeer hab' ich daselbst und schlanke, leichte Zypressen,*
> *Dunkeln Efeu zur Laube und süß befruchteten Weinstock,*
> *Frisches Wasser, das mir der dicht bewaldete Ätna*
> *Von dem weißesten Schnee zum Göttertranke herabschickt.*
> *Sprich, wer wollte dagegen die Wogen des Meeres erwählen?*
> *Und bin ich ja für Dich, mein liebliches Mädchen, zu zottig,*
> *Ei, so haben wir eichenes Holz und glühende Kohlen;*
> *Und von Dir vertrag ich, dass Du die Seele mir ausbrennst,*

Und, was am liebsten und wertsten mir ist, das einzige Auge. . . .
Komm und wohne bei mir und hilf mir weiden und melken,
Hilf mir mit bitterem Lab die neuen Käse bereiten. . . .
Oh Cyklope, Cyklope, wo ist Dein Verstand hingeflogen?
Gingst Du doch hin und flöchtest Dir Körbe und mähtest Gras Dir,
Deine Lämmer zu füttern, das wäre fürwahr doch gescheiter.
Melke das Schäfchen, das da ist; warum verfolgst Du den Flüchtling?
Und Du findst auch wohl eine schönere Galatea.
Mädchen die Menge rufen mir zu zum Scherze die Nacht durch;
Alle kichern mir nach; so will ich denn ihnen nur folgen.
Denn ich bin auf der Welt doch wohl auch wahrlich ein Kerl noch."
Also weidete Polyphemus und sang von der Liebe,
Und es ward ihm leichter, als hätt´ er Schätze vergeudet."
7–24; 30–53; 65/66; 72–81

(Übersetzung: nach Johann Gottfried Seume; zu ihm vgl. Kap. 20, 1 und 21, 1)

Der Kyklop merkt nicht, dass die Mädchen kichern, weil sie sich über ihn lustig machen. Mit seinem Gesang tröstet er sich über seine unglückliche Liebe hinweg. Sie hilft ihm mehr, als jeder Arzt hätte helfen können, den er teuer hätte bezahlen müssen.

Der römische Dichter Vergil (70–19 v. Chr.; vgl. Kap. 2, 3) knüpft an Theokrit an. Er wird zum Klassiker der Bukolik. Der Gegensatz der idealisierten bukolischen Welt und der realen Welt der Geschichte beherrscht seine Dichtung.

Die Schäferspiele des 17. Jahrhunderts n. Chr. erwecken die antike Hirtendichtung zu neuem Leben.

Die Bukolik war das letzte literarische Genus, das die Griechen erfunden haben.

Berühmt ist das 15. Eidyllion, in dem der Dichter erzählt, wie sich zwei Frauen in Alexandria aufmachen, um am Fest des Adonis teilzunehmen, des Lieblings des Aphrodite. In keinem anderen Gedicht wird die ironische Heiterkeit, mit der Theokrit das Leben und Treiben der Menschen in der Stadt betrachtet, so deutlich wie in diesem. Der Anfang soll einen Eindruck vermitteln.

Gorgo holt ihre Freundin Praxinoa ab.

Gorgo:	*„Ist Praxinoa da drinnen?"*
Praxinoa:	*„Liebste Gorgo.*
	Endlich bist du da. Nun stell ihr, Eunoa, den
	Sessel hin mit einem Kissen."
Gorgo:	*„Sehr bequem."*
Praxinoa:	*„Nun setz Dich."*
Gorgo:	*„Welch ein Leben! Nur mit großer Mühe*
	Schafft man es, zu Euch zu kommen ohne Schrammen.

	Auf den Straßen viele Menschen, viele Pferde,
	Stiefel und Soldaten, eingehüllt in ihre
	Mäntel. Endlos ist der Weg. Du wohnst weit draußen."
Praxinoa:	*„Schuld ist nur mein Mann, der Trottel. Der nahm diese*
	Höhle, Wohnung kann man sie nicht nennen, weil er
	Wollte, dass wir beide keine Nachbarn sind, der
	Dumme Nichtsnutz, niemals wird der Kerl sich ändern."
Gorgo:	*„Liebe Freundin, sprich nicht so von deinem Mann, wenn*
	Doch der kleine Dion zuhört. Sieh, er schaut zu
	Dir. Nur ruhig, Zopyrion, Süßer, denn ein
	Andrer ist gemeint, und nicht Dein lieber Papa."
Praxinoa:	*„Bei der Göttin, der hört zu."*
Gorgo:	*„Der liebe Papa."*
Praxinoa:	*„Diesen Papa baten wir vor kurzem, aus dem*
	Laden Natron sowie Schminke zu besorgen,
	Der hat Salz stattdessen eingekauft, der Dussel."
Gorgo:	*„Meiner ist genauso, ein Verschwender, sieben*
	Drachmen gab er aus für Hundehaare, die man
	Auszupft aus dem alten Ranzen, und fünf Felle
	Brachte er mir gestern heim, ein Dreckszeug, nichts wie
	Arbeit. Doch genug davon. Nun zieh Dich um, wir
	Gehen jetzt zum Schloss des reichen Ptolemaios,
	Um Adonis anzuschauen. Wie ich höre,
	Ist ein schönes Fest für uns bereitet von der Königin."
Praxinoa:	*„Ja, reich ist alles bei den Reichen."*
Gorgo:	*„Zeit zu gehen."*
Praxinoa:	*„Wer nicht arbeitet, kann immer feiern."*

1–26

Die Verwandtschaft mit der Komödie oder eher noch mit der in Sizilien so geliebten Posse (vgl. Kap. 8, 5; 18, 2) ist unverkennbar.

18, 8   Archimedes, Mathematiker, Physiker und Konstrukteur

Nach der Dichtung und der Philosophie wenden wir uns mit Archimedes der Wissenschaft zu. Archimedes war ein Syrakusaner, der Sohn eines Astronomen am Hof Hierons II., mit dem er befreundet, vielleicht sogar verwandt war. Geboren wurde er ca. 287 v. Chr. Abgesehen von einem Studienaufenthalt in Alexandria hat er in Syrakus gelebt und gewirkt. Er kam um, als die Römer 212 v. Chr. Syrakus eroberten. Über ihn waren in der Antike zahlreiche Geschichten und Anekdoten im Umlauf.

Wie er die „goldene Regel der Mechanik", das Hebelgesetz, demonstrierte, erzählt uns Plutarch:

„Archimedes schrieb an den König Hieron, ... dass man mit der gegebenen Kraft jede gegebene Last bewegen könne; ja, im stolzen Vertrauen auf die Stärke seines Beweises soll er sogar behauptet haben, er wollte selbst diese Erde fortbewegen, wenn er nur eine andere hätte, worauf er treten könne. Als Hieron sich darüber wunderte und ihn ersuchte, diese Theorie ins Werk zu setzen und ihm zu zeigen, wie eine große Last mit einer kleinen Kraft bewegt würde, ließ Archimedes ein königliches Fracht-schiff, das nur mit großer Mühe und vielen Händen ans Land gezogen worden war, mit einer Menge Menschen und der gewöhnlichen Fracht beladen, setzte sich dann in einiger Entfernung nieder und bewegte sachte und ohne Anstrengung mit einer Hand das Ende eines Flaschenzugs, womit er das Schiff ohne den geringsten Anstoß so sanft zu sich hin zog, als wenn es über das Meer hinglitte.“

Marcellus 15 (Übersetzung: Johann Friedrich Kaltwasser)

Als Extrakt aus dieser Begebenheit hat sich der Archimedes zugeschriebene Ausspruch entwickelt, der bei einem Mathematiker der Zeit um 300 n. Chr. überliefert ist:

„Gib mir einen Punkt (außerhalb der Erde), an dem ich stehen kann, und ich be-wege die Erde.“

Mit den beiden „geflügelten Worten“ „heureka, heureka“, „ich habe es ge-funden, ich habe es gefunden“, endet eine andere Geschichte, die Archimedes mit Hieron II. in Verbindung bringt:

Der König hatte von einem Goldschmied einen Kranz anfertigen lassen, den er einem Gott weihen wollte. Kaum hatte der Meister seine Arbeit abge-liefert, geriet er in den Verdacht, statt puren Goldes auch Silber verwendet zu haben. Hieron bat Archimedes um eine Prüfung.

„Der kam nun, als er sich mit der Sache beschäftigte, zufällig in ein Bad. Als er dort in eine Wanne stieg, bemerkte er, dass so viel Wasser aus der Wanne floss, wie viel von seinem Körper in sie eintauchte. Als er sich klargemacht hatte, wie das Phänomen zu erklären sei, zögerte er nicht, sondern sprang freudig aus der Wanne, machte sich nackt auf den Heimweg und ließ alle mit lauter Stimme wissen, dass er gefunden habe, was er gesucht habe. Denn während er lief, rief er immer wieder auf Griechisch: heureka, heureka.“

Vitruv, 10 Bücher über Architektur 9, Vorwort zu Kap. 10

Was hatte er gefunden? Nichts Geringeres als das Prinzip des Statischen Auftriebs, des „Archimedischen Prinzips“, das erst Blaise Pascal (1623–1662 n. Chr.) verbessert hat.

Wir folgen dem Bericht Vitruvs: Kaum war Archimedes zu Hause ange-kommen, tauchte er erst einen Goldklumpen, der so viel wog wie der Kranz, in ein bis zum Rand mit Wasser gefülltes Gefäß und maß die verdrängte Was-sermenge. Als er mit dem Kranz ebenso verfuhr, stellte er fest, dass er mehr Wasser verdrängte: Er bestand nicht aus reinem Gold. Der Goldschmied hatte mehr Silber hinzufügen müssen, als er Gold gestohlen hatte, um auf das ur-sprüngliche Goldgewicht zu kommen.

Unsere dritte Geschichte handelt von dem Tod des Archimedes und überliefert seine letzten Worte. 212 v. Chr. wurde Syrakus nach langer Belagerung unter dem Oberbefehl des Prokonsuls M. Claudius Marcellus erobert. Dass die Stadt dem Ansturm der Römer zwei Jahre hatte standhalten können, verdankte sie den immer neuen Kriegsmaschinen, die Archimedes erfand. Aber am Ende nutzten auch sie nichts mehr. Die Stadt wurde geplündert.

„Archimedes betrachtete eben für sich allein eine geometrische Figur und hatte auf diese seine Gedanken und seine Augen so sehr gerichtet, dass er weder das Hin- und Herlaufen der Soldaten noch die Einnahme der Stadt bemerkte. Auf einmal trat ein Soldat vor ihn und befahl, ihm sogleich zu Marcellus zu folgen. Archimedes wollte nicht eher, als bis er das Problem gelöst und zum Beweise gebracht hatte. Darüber geriet jener sehr in Zorn, zog das Schwert und tötete ihn auf der Stelle. Andere erzählen, der Römer sei sogleich mit bloßem Schwerte vor ihn getreten in der Absicht, ihm das Leben zu nehmen. Archimedes habe ihn inständig gebeten, nur einen Augenblick zu warten, damit er die Aufgabe nicht unvollendet und ohne Beweis hinterließe, der Soldat aber habe, ohne sich daran zu kehren, ihn auf der Stelle niedergemacht.“

Plutarch, Marcellus 19 (Übersetzung: J. F. Kaltwasser)

Die denkwürdigen Worte, die der Wissenschaftler an den Legionär richtete, lesen wir bei einem Schriftsteller, der zur Zeit des Kaisers Tiberius in der 1. Hälfte des 1. Jahrhunderts n. Chr. lebte.

„Verwische das bitte nicht.“

Valerius Maximus 8, 7, ext. 7

Wer aus dem „das“ dann „meine Kreise“ (circulos meos) gemacht hat, weiß man nicht.

Die kürzeste Fassung überliefert ein Aristoteleskommentator:

„Den Kopf und nicht die Zeichnung.“

Archimedes soll eine testamentarische Verfügung getroffen haben:

„Seine Freunde und Verwandten soll er gebeten haben, ihm nach seinem Tod nur einen Zylinder mit einer darin enthaltenen Kugel auf das Grab zu setzen und darunter die Formel des Verhältnisses zwischen dem umschließenden und dem umschlossenen Körper zu schreiben.“

Plutarch, Marcellus 17

Die Figuren weisen auf die Entdeckung hin, „dass die beiden Körper in ihrem Volumen ebenso wie in ihrer Oberfläche zueinander im Verhältnis 2 : 3 stehen“ (Knorr, a. a. O., S. 502).

Das Grab geriet in Vergessenheit. Es blieb Cicero vorbehalten, es wiederzuentdecken:

„Ich will nun einen bescheidenen Menschen von seinem Sand und seinem Stab herabrufen…, Archimedes. Dessen Grab habe ich, als ich Quästor war, wiederentdeckt. Die Syrakusaner kannten es nicht, sie behaupteten, es existiere nicht. Ich hatte einige jambische Verse im Gedächtnis, die, wie ich gehört hatte, auf seinem Grabstein gestanden haben. Sie besagten, dass auf der Spitze des Grabes eine Kugel mit einem

Zylinder angebracht sei. Als ich alles mit meinen Augen musterte – es gab nämlich an dem Akragastor eine große Anzahl von Gräbern –, bemerkte ich eine kleine Säule, die nur ein wenig aus dem Gestrüpp hervorragte. Auf ihr befanden sich die Figuren einer Kugel und eines Zylinders, und ich sagte sogleich zu den Syrakusanern – einige führende Männer hatten mich begleitet –, ich sei überzeugt, gefunden zu haben, was ich gesucht hätte. Sklaven wurden mit Sicheln in das Dickicht geschickt, sie reinigten den Ort und legten das Grab frei. Als es zugänglich war, traten wir an die uns zugewandte Seite der Basis heran. Das Epigramm war nun sichtbar, etwa die 2. Hälfte der Verse war verwittert. So hätte die bekannteste Gemeinde Griechenlands, früher sogar einmal die gebildetste, das Grab ihres einzigen so ungewöhnlich scharfsinnigen Bürgers nicht gekannt, wenn sie nicht von einem Mann aus Arpinum belehrt worden wäre."

Gespräche in Tusculum 5, 64–66

Ciceros Kenntnis ist wieder verloren gegangen. Wir kennen den Ort des Grabes nicht mehr.

Die Bedeutung des Archimedes liegt in erster Linie in seinen mathematischen Forschungen und Erkenntnissen. Bis vor Kurzem waren zehn Bücher bekannt. Eine weitere Abhandlung ist 2007 fast vollständig entziffert worden. Sie stammt aus einer Handschrift des 10. Jahrhunderts n. Chr.

Newton (1643–1727) und Leibnitz (1646–1716) kannten Archimedes nicht. Erst im 19. Jahrhundert ist man den hohen methodischen Anforderungen, denen Archimedes sich in seinen Forschungen unterworfen hatte, wieder gerecht geworden.

Seine Untersuchungen fußten auf denen des Mathematikers Euklid. Euklids in der Schrift „Elemente" formulierte Geometrie war bis ins 19. Jahrhundert die Grundlage des Schulunterrichts. Heute weiß man, dass die Euklidische Geometrtie nicht die einzige ist, die es gibt.

Archimedes beschäftigte sich mit der Mathematik des Unendlichen. Mit der Methode der polygonalen Approximation berechnete er die Kreisfläche. Er berechnete die Flugbahnen von Wurfgeschossen und den Schwerpunkt des Parabols.

Die Kenntnis des Schwerpunkts eines Körpers ist wichtig für das Problem der Stabilität bzw. Instabilität schwimmender Körper, das unter anderem in der „Katastrophentheorie" angesichts der Gefahr, dass abschmelzende Eisberge instabil werden, eine Rolle spielt.

Archimeses berechnete das Volumen dreidimensionaler Körper mit Hilfe einer vereinfachten Form der Integralrechnung. Er ging der Frage nach, ob es möglich ist, einen Kreis allein mit Zirkel und Lineal in ein flächengleiches Quadrat zu verwandeln. 1882 bewies Ferdinand Lindemann (1852–1939), dass das Problem der „Quadratur des Kreises" unlösbar ist.

Im Bereich der Physik war von dem Hebelgesetz bereits die Rede. Archimedes erfand die nach ihm benannte „Archimedische Schraube" oder „Archimedische Wasserschnecke". Es handelt sich dabei um einen Zylinder, in dem ein um eine Achse drehbares schraubenlinienförmiges Gewinde angeordnet ist. Die Konstruktion wird heute noch in Ägypten und bei uns in Klärwerken verwendet.

Archimedes hat die Mathematik mit der Physik verbunden. Er gilt deshalb als der Begründer der wissenschaftlichen Physik.

Er war auch ein Astronom. Er ließ ein mit Wasserdruck betriebenes sphärisches Planetarium errichten. Die Römer haben es geraubt und in Rom aufgestellt. Der christliche Schriftsteller Lactanz (ca. 250 – ca. 315 n. Chr.), der Lehrer des Kaisers Konstantin, hat es für einen Gottesbeweis benutzt: Das Abbild verweist auf das Urbild, das Urbild auf einen Schöpfer mit Intelligenz, die die des Archimedes überragt. Die Geschichte bezeugt den Ruhm, den Archimedes genoss.

Heute ziert sein Bild die Fields-Medaille, die höchste Auszeichnung, die alle vier Jahre von der Internationalen Mathematischen Union für hervorragende Leistungen auf dem Gebiet der Mathematik an Mathematiker unter vierzig Jahren verliehen wird.

19. Kapitel

Syrakus: Ciceros Stadtbeschreibung

Syrakus hatte das Glück, in Cicero nicht nur einen prominenten Besucher zu haben, sondern auch einen großen Bewunderer. Im Jahre 75 v. Chr. war er Quästor in Sizilien, in Syrakus suchte und fand er das Grab des berühmten Mathematikers Archimedes (vgl. Kap. 18, 8). Fünf Jahre später, im Winter des Jahres 70 war er ein zweites Mal auf der Insel, dieses Mal, um Belastungsmaterial gegen Verres, gegen den er wegen dessen korrupter Provinzialverwaltung Klage eingereicht hatte, zu sammeln (vgl. Kap. 6, 1).

Als er in der Anklageschrift auf Syrakus zu sprechen kommt, entwirft er ein sehr anschauliches Bild der Stadt:

„Dass Syrakus die größte und schönste aller griechischen Städte ist, habt ihr oft gehört, und, Ihr Richter, sie entspricht tatsächlich ihrem Ruf. Sie ist herrlich gelegen, gut geschützt und bietet von allen Seiten einen prächtigen Anblick, gleichgültig, ob man sich ihr vom Meer oder vom Land nähert. Ihre Häfen sind von den Gebäuden der Stadt fast ganz umschlossen.... An der Landseite vereinigen sie sich und fließen zusammen. Durch ihre Verbindung wird der Teil der Stadt, der „Insel" heißt, durch einen schmalen Sund vom Festland abgetrennt, gleichzeitig aber durch eine Brücke mit ihm verbunden.

Die Stadt ist so groß, dass man sagt, sie bestehe aus vier sehr großen Städten. Eine von ihnen ist die, die ich „Insel" genannt habe. Sie ist von zwei Häfen umgeben und erstreckt sich bis zu deren Mündung, in die die Schiffe hineinfahren. Hier liegt der Palast, der Hieron gehörte und in dem nun die Prätoren zu wohnen pflegen. Auf der Insel gibt es mehrere Heiligtümer. Zwei von ihnen verdienen es, besonders hervorgehoben zu werden: Der Tempel der Diana und der Tempel der Minerva, der vor der Ankunft des Verres besonders schön ausgeschmückt war. Ganz am Ende der Insel sprudelt eine Süßwasserquelle, sie trägt den Namen „Arethusa"; sie ist unvorstellbar groß und sehr fischreich; sie würde, wäre sie nicht durch eine Steinmole vor dem Meer geschützt, gänzlich überflutet werden.

Die zweite Stadt in Syrakus heißt „Achradina". In ihr befinden sich ein sehr großes Forum, sehr schöne Säulenhallen, ein sehr schön ausgeschmücktes Prytaneion, ein sehr geräumiges Rathaus und ein großartiger Tempel des Olympischen Jupiter; die einzelnen Stadtteile sind durch eine fortlaufende breite Straße und viele Nebenstraßen voneinander getrennt, hier stehen die Häuser der Privatleute.

Die dritte Stadt heißt „Tycha", weil hier ein altes Heiligtum der Fortuna stand. In ihr befinden sich ein sehr weiträumiges Gymnasium und mehrere Heiligtümer; diese Stadt ist am dichtesten besiedelt.

Die vierte Stadt heißt, weil sie als letzte hinzugefügt worden ist, „Neapolis" (Neustadt). *Auf ihrer höchsten Erhebung liegt ein sehr großes Theater, außerdem*

befinden sich hier zwei prächtige Tempel, deren einer der Ceres, deren anderer der
Libera geweiht ist, sowie ein sehr großes und schönes Standbild des Apollo, der den
Beinamen „Temenites" trägt."

2. Rede, Buch 4, Kap. 52/53

Die von der Natur begünstigte und herrliche Lage der Stadt erschließt sich
auch dem heutigen Besucher. Vieles von dem, was Cicero erwähnt, hat sich
in dem Häusermeer, etwa in Ortygia, erhalten oder bietet sich dem Betrachter
in einem die antiken Baudenkmäler sehr schön präsentierenden Archäologischen Park dar.

In Ortygia werden zwei Tempel erwähnt; der der Athena/Minerva
(*Abb. 12*) ist erhalten, weil er, umgebaut, als Kirche genutzt wurde und wird;
der andere ist wohl mit dem Apollontempel identisch, auf dessen Säulen man
stößt, wenn man, aus der Stadt kommend, die Inselbrücke überquert hat. Es
hat ein Artemision gegeben, das aber nie vollendet wurde und deshalb von
Cicero hier nicht gemeint sein kann. Die Arethusaquelle hat bis heute nichts
von ihrer Anziehungskraft eingebüßt.

Die antike Achradina (von „achras – Birne" abgeleitet), das Verwaltungszentrum, ist von der modernen Stadt überbaut, ebenso Tycha (das ist das
griechisch-dorische Wort, das die Römer mit fortuna übersetzen, es heißt
„Glück"). Ein Tempel der Glücksgöttin hat dem Stadtteil seinen Namen gegeben. Weil der Kult der Tyche sich so recht erst im 4. Jahrhundert v. Chr. entwickelt hat, als der Glaube an die olympischen Götter schwächer zu werden
begann, wird man die Stadterweiterung eher in die Zeit des Dionysios I. um
400 v. Chr. datieren als in die Hierons I., also in die erste Hälfte des 5. Jahrhunderts v. Chr. Natürlich ist es auch denkbar, dass der Stadtteil älter ist und
erst später seinen Namen „Tycha" erhalten hat.

In der Achradina lokalisiert Cicero einen Tempel des Olympischen Zeus/
Jupiter, nach Diodor (16, 83) ein Bau Hierons II. Er wird es auch gewesen sein,
der die großzügige Ausgestaltung der Agora veranlasst hat.

Im 4. Jahrhundert scheint Syrakus um „Neapolis" erweitert worden zu
sein. Hier ließ Hieron II. das große griechische Theater errichten (*Abb. 13*).
Ältere Kultbezirke, die des Apollon Temenites, der Demeter/Ceres und ihrer
Tochter Persephone/Libera wurden einbezogen, von ihnen hat sich nichts erhalten. Libera bildete ursprünglich mit Liber, einem Gott der Fruchtbarkeit,
ein altitalisches Götterpaar. Er wurde als Dionysos hellenisiert, sie als Persephone. Der Bezirk hieß ursprünglich nach einem Heiligtum des „Apollon Temenites". Das „Temenos" ist das Wort für einen „heiligen Bezirk", lateinisch
templum.

Vertrauen wir uns Ciceros Führung an und betrachten einige der von ihm
erwähnten bedeutenden Denkmäler.

20. Kapitel

SYRAKUS: ORTYGIA

20, 1   Die Arethusaquelle

Auf der Insel Ortygia und einer mit ihr zuerst durch einen Damm, dann durch eine Brücke verbundenen Außenstadt wurde Syrakus gegründet. Die Insel konnte abgeriegelt werden. Dionysios II. hat die Bevölkerung ausquartiert, außer ihm durften nur noch Fremde und Söldner dort wohnen. Nur der Zugang zu den Heiligtümern blieb erhalten. Die Römer verboten die Ansiedlung.

Die Insel eignete sich für die Gründung einer Stadt besonders gut, weil sie über eine Süßwasserquelle verfügte. Sie sprudelt noch heute, von einem Gitter geschützt, dicht am Meeresufer. Ihren Namen Arethusa verdankt sie, so will es der Mythos, einer Nymphe. Sie war eine leidenschaftliche Jägerin und lebte in Arkadien. Durch Arkadien floss der größte und wasserreichste Fluss der Peloponnes, der Alpheios. Bevor er ins Jonische Meer mündete, bildete er die Grenze zwischen Arkadien im Süden und Achaia im Norden. Flüsse wurden als göttliche Wesen verehrt, Alpheios besaß in Olympia einen Kult. Die Gründer von Syrakus, die aus Korinth kamen, haben die Geschichte von Alpheios und Arethusa gewiss aus ihrer Heimat mit in die Fremde gebracht. Sie wird uns in den „Metamorphosen" des Ovid erzählt, und zwar von der Nymphe selbst:

„Ich war eine der Nymphen, die in Achaia leben.
Keine durchstreifte die Waldgebirge mit größerem Eifer,
Keine andere legte die Netze mit größerem Eifer
Aus. Obwohl ich niemals den Ruf der Schönheit erstrebte
Und obwohl ich stark war, erhielt ich den Namen: die Schöne.
Aber ich hatte an meiner Schönheit, der allzu gelobten,
Keine Freude. Worüber sich andere Mädchen zu freuen pflegen,
Dessen schämte ich mich: der schlichten Gestalt meines Körpers.
Schuldig fühlte ich mich, fand einer an mir Gefallen.
Als ich einmal aus dem Stymphalischen Wald zurückkam,
Müde, bei glühender Hitze – ich kann mich noch gut erinnern,
Dank der Mühen der Jagd empfand ich die Hitze doppelt –,
Finde ich Wasser ohne Wirbel, ohne Rauschen
Floss es, klar bis zum Grund, tief unten konnte man jedes
Steinchen zählen, fast schien es stillzustehen. Graues
Weidengeflecht und vom Wasser genährte Pappeln schenkten
Schatten den leicht geneigten Ufern; ich trat heran und
Netzte zuerst mir die Sohlen und dann bis zum Knie die Beine.
Immer noch unzufrieden beginne ich, mich zu entkleiden.

Auf eine Weide lege ich meine weichen Gewänder,
Dass sie sich biegt, und ich tauche nackt in das Wasser. Auf tausend
Arten plätschere ich und schwimme gleitend und schüttle
Meine Arme und hebe sie hoch empor, da höre ich
Unten am Grund ein Murmeln. Erschrocken erklimme ich rasch den
Nahen Rand des Ufers. „Wohin, Arethusa, eilst du?"
Rief aus seinen eigenen Wellen Alpheius, und nochmals
Heiser: „Wohin, Arethusa, eilst du?" Ohne die Kleider
Fliehe ich so, wie ich war; das andere Ufer besaß meine
Kleider. Um so mehr setzt er nach und brennt vor Begierde.
Da ich nackt war, glaubte er, dass ich zur Liebe bereit sei.
So wie Tauben mit zitternden Federn vor einem Habicht
Fliehen und wie der Habicht den zitternden Tauben nachjagt,
So lief ich und so, mich bedrängend, der wilde Verfolger....
Ohne dass er mich erreichte, kam ich nach Elis. Doch lange
Durfte der Wettlauf nun nicht mehr dauern. Er war mir an Kräften
Weit überlegen, der Wettlauf machte ihm keine Mühen.
Trotzdem lief ich weiter über bewaldete Berge,
Felder und Felsen, durch Schluchten hindurch, nicht immer gab es
Wege. Die Sonne stand mir im Rücken; ich sah, wie ich immer
Einem langen Schatten folgte, oder war es
Nur eine Ausgeburt meiner Angst? Doch es war kein Trug, das
Stampfen der Füße, das mich erschreckte, sein kräftiger Atem,
Der wie der Wind mein Haarband berührte. Schließlich war ich
Völlig erschöpft von der Flucht und flehte: „Hilf mir, Diana,
Deiner Waffengefährtin, die oft Deinen Bogen,
Deine Pfeile im Köcher tragen durfte. Ich werde
Eingeholt." Die Göttin erhörte mein Flehen. Eine
Dichte Wolke warf sie über mich. Der Flussgott
Spähte nach der in Nebel Gehüllten, unwissend sucht er
Ringsum die bergende Wolke, zweimal umkreist er den Ort, an
Dem mich die Göttin schützte, er konnte es nicht verstehen.
Zweimal rief er: „Io, Arethusa, Io, Arethusa."
Wie erging es mir armem Wesen? Wie einem Lamm, das
Hört, wie Wölfe rings um die hohen Ställe knurren,
Oder einem Hasen, der, im Dornstrauch verborgen,
Feindliche Schnauzen von Hunden sieht und sich nicht zu bewegen
Wagt? Der Flussgott weicht nicht. Sieht er doch keine Spuren
Weit und breit. Er bewacht den Ort und die Wolke. Belagert
Bin ich, kalter Schweiß bedeckt meine Glieder. Blaue
Tropfen rinnen vom ganzen Leib hernieder; die Stelle,
Die ich betrete, wird nass, und Tau fällt herab von den Haaren.

Schneller, als ich es Dir jetzt erzählen kann, verwandle
Ich mich, werde zu Wasser. Der Fluss erkennt die geliebten
Fluten, und er legt das Antlitz eines Menschen
Ab und wandelt sich in die ihm eigene Gestalt, in Wogen,
Um sich mit mir zu vereinen. Da brach die Göttin die Erde
Auf, ich tauche ein in verborgene Höhlen und komme
Nach Ortygia, die den Beinamen meiner Göttin
Trägt und mir lieb ist. Sie hebt mich hinauf in die Lüfte des Tages."
5, 578–641

Die Vorstellung, dass der Alpheios an der Westküste der Peloponnes im Meer verschwindet und in Syrakus wieder auftaucht, war alt. Die Liebesgeschichte hat man in hellenistischer Zeit dazuerfunden. Ortygia, war ein Beiname der Artemis. Außer Delos galt auch diese Insel als ein mythischer Geburtsort der Göttin, mit der Arethusa verschmolz. Syrakusanische Münzen trugen das Bild der Nymphe (*Abb. 14*).

Dass man schon in der Antike der Geschichte von dem unter dem Meeresspiegel von Griechenland nach Sizilien fließenden Strom die Glaubwürdigkeit abgesprochen hat, versteht sich. Die Gläubigen waren freilich um Beweise nicht verlegen. Unter anderem erzählt man, das Wasser der Quelle habe sich rot gefärbt, wenn am Alpheios in Olympia Tieropfer dargebracht worden seien.

Noch im 19. Jahrhundert sprach man der Arethusaquelle magische Kraft zu. Davon berichtet der Schriftsteller und Publizist Johann Gottfried Seume, der von 1763–1810 lebte, in seinem Buch „Spaziergang nach Syrakus", das 1803 erschienen ist. Landolina, der in dem Text vorkommt, war ein in Syrakus lebender Altertumsforscher, dessen Führung sich Seume anvertraut hatte (zu Seume vgl. auch Kap. 21, 1).

„In dem heutigen Syrakus oder dem alten Inselchen Ortygia ist jetzt nichts Merkwürdiges mehr als der alte Minerventempel und die Arethusa. Diese Quelle ist, wenn man auch mit keiner Silbe an die alte Fabel denkt, bis heute noch eine der schönsten und sonderbarsten, die es vielleicht gibt. Wenn sie auch nicht vom Alpheus kommt, so kommt sie doch gewiss von dem festen Boden der Insel; und schon dieser Gang ist wundersam genug. Wo einmal etwas da ist, kommt es den Dichtern auf einige Grade Erhöhung nicht an, zumal den Griechen. Er (Landolina) hat eine Menge sonderbarer Erscheinungen an der Quelle bemerkt, die mit dem Wasser des Alpheus Analogie haben und die vielleicht zu der Fabel Veranlassung geben konnten. Sie quillt zuweilen rot, nimmt zuweilen ab und bleibt zuweilen ganz weg, dass man trocken tief in die Höhle hineingehen kann; dieses zu einer Zeit, wo sie nach den gewöhnlichen physischen Wetterberechnungen stärker quellen sollte. Sie vertreibt Sommersprossen, welches selbst Landolina zu glauben schien. Durch diese Gabe muss die Nymphe notwendig schon die Göttin der Damen werden. Ähnliche Erscheinungen will man an dem Alpheus bemerkt haben. Nun kamen die Griechen von dort herüber und brachten

ihre Mythen und ihre Liebe zu denselben mit sich auf die Insel; so war die Fabel ge-
macht. Das Andenken des vaterländischen Flusses war ihnen willkommen....

Ich fand eine Menge Wäscherinnen an der reichen, schönen Quelle. Das Wasser
ist gewöhnlich rein und hell, aber nicht mehr wie ehemals ungewöhnlich schön. Ich
stieg so tief als möglich hinunter und schöpfte mit der hohlen Hand: Man kann zwar
das Wasser trinken, aber süß kann man es wohl kaum nennen; es schmeckt noch im-
mer etwas brackig wie das meiste Wasser der Brunnen in Holland. Die Vermischung
mit dem Meere muss also durch die neueste Veränderung noch nicht gänzlich wieder
gehoben sein. Alles Wasser auf der kleinen Insel hat die nämliche Beschaffenheit und
gehört wahrscheinlich durchaus zu der nämlichen Quelle.“

„Syrakus“ hat Marie Luise Kaschnitz (1901–1974) ein Gedicht überschrie-
ben, in dem sie die Spannung zwischen Arethusa, einem „Tümpel“, in den die
Kinder hineinspucken und in den die Erwachsenen ihren Abfall entsorgen,
und der Nymphe Arethusa formuliert, zwischen dem prosaischen Ort des mor-
gendlichen Fischerpalavers und der murmelnden Arethusa, auf die der Geliebte sich stürzt. So wie die Quelle verkommen ist, so ist der Mythos vergessen.
Am Schluss aber ist aus dem „moosfarbenen Tümpel, der durchwachsen ist
von bleichem Papyrus“, die Nymphe geworden, die „moosfarben in bleichem
Papyrus“ murmelt, aus den „heisere(n) Frühnebelstimmen“ das „Frühlicht“, in
dem der Geliebte „Wellen von salzigem Schaum“ „über die Mauer“ wirft. Die
Realität beugt sich dem Mythos, dem die Dichterin wieder Leben einhaucht.

> *Syrakus*
> *Arethusa, moosfarbener Tümpel*
> *Durchwachsen von bleichem Papyrus*
> *Rote Trambahnbillets*
> *Und Blasen von Kinderspeichel*
> *Unbeirrbarer Zug*
> *Der fetten schwarzen Fische.*
> *Im Mondlicht des Traumes die Nymphe*
> *Irrend durch Zweige, behängt*
> *Mit marzipanenen Früchten*
> *Über Weiden voll hölzerner Pferdchen*
> *Von Säule zu Säule im Dom.*
> *Gegen Morgen Palaver der Fischer*
> *Heisere Frühnebelstimmen*
> *Laufschritte, klappernd am Quai.*
> *Greifen sie Dich, Arethusa?*
> *Schon murmelst Du wieder*
> *Moosfarben im bleichen Papyrus.*
> *Schon rührt sich Dein wilder Geliebter*
> *Wirft über die Mauer im Frühlicht*
> *Wellen von salzigem Schaum.*

20, 2   Der Apollon- und der Athenatempel

Die Agora von Korinth wird von einem archaischen Tempel des Apollon überragt mit 6×15 steinernen Säulen, Monolithen. Er ist um die Mitte des 6. Jahrhunderts v. Chr. erbaut worden. Apollon war der Schutzgott Korinths.

Der Tempel, den die Syrakusaner dem Apollon geweiht haben, ist älter. Er stammt aus der 1. Hälfte des 6. Jahrhunderts v. Chr. Eine seiner Besonderheiten, die ihn von Tempeln in Griechenland unterscheiden, ist eine Inschrift im Osten auf der obersten Stufe des Stylobats. Sie lautet:

> *„Kleom[en]es hat (den Tempel)*
> *dem Apollon erbaut, der Sohn des*
> *Knidieidas, und Epikles hat die*
> *Säulen aufgerichtet, schöne Werke."*

Wir wissen nicht, ob Kleomenes der Architekt oder der Financier war. Mit diesem Bau beginnt die Geschichte der monumentalen dorischen Tempelarchitektur.

Die Säulen der Peristasis, 6×17, waren nun erstmals nicht wie üblich aus Holz, sondern aus Stein, Monolithe, deren jeder vierzig Tonnen wog. Aus der Inschrift spricht der Stolz des Epikles auf die Leistung, sie zum Bauplatz transportiert und dort aufgerichtet zu haben. Sie waren auf den Langseiten eng nebeneinander gestellt und nah an die Cella herangerückt, als ob sie sie schützen wollten. Sie waren acht Meter hoch und hatten nur sechzehn statt zwanzig flache Kanneluren. Dadurch wirkten sie sehr massiv. Sie hatten keine Entasis. Die Eingangsseite war durch eine zweite Säulenreihe und zwei Säulen zwischen den Anten hervorgehoben. Später, aber noch in archaischer Zeit, wurde eine Freitreppe angelegt, die auf das Podium führte. Durch zwei Säulenreihen und durch die Säulen zwischen den Anten wurde der Kultteilnehmer zum Eingang der Cella geleitet, die aus weißem lokalem Sandstein erbaut und durch zwei Säulenreihen in drei Schiffe geteilt war. Das Adyton im Westen war durch eine Mauer abgetrennt, die in der Mitte einen Durchgang aufwies. Auf dieses Adyton hin war der langgestreckte Bau ausgerichtet.

Die Längsausrichtung und die Betonung der Front wurden für den Tempelbau des Westens stilbildend. Noch fehlte die Erfahrung, so dass der Tempel in der Zuordnung der Bauglieder und in den Proportionen Mängel aufwies.

Das Bauwerk hat mannigfache Metamorphosen erfahren: Es ist in eine byzantinische Kirche, in eine arabische Moschee, in eine normannische Basilika und schließlich in eine spanische Kaserne umgewandelt worden. 1939–1942 hat man den originalen Kern herausgeschält. Der spitzbogige Eingang zur Basilika und Ansätze der Gewölbe sind noch sichtbar.

In dem Concordiatempel in Akragas (*Abb. 11*) lernten wir ein Beispiel eines in eine Kirche umgebauten Tempels kennen (vgl. Kap. 12, 2). Wurde dort jedoch der antike originale Zustand wiederhergestellt, so haben wir hier in

Syrakus das Glück, im Dom die Verschmelzung eines Tempels – er war der
Athena geweiht – mit einem Kirchenraum zu erleben (*Abb. 12*). Schon in früh-
christlicher Zeit, spätestens zu Beginn des 7. Jahrhunderts n. Chr., hat man
aus dem antiken Sakralbau eine dreischiffige Basilika gemacht. Die Cella war
nun das Mittelschiff, aus ihren Mauern wurden Arkaden, die sich zu den Sei-
tenschiffen, ursprünglich die Räume zwischen der Cella und der Peristasis,
öffneten. Die Säulen der Peristasis wurden in eine Mauer einbezogen und
bildeten die Außenwand. Der Eingang wurde vom Osten in den Westen verlegt. Eine Inschrift oben an der Längswand des Mittelschiffs besagt, dass die
Kirche Christus geweiht war.

> *Ecclesia Siracusana Prima*
> *Divi Petri Filia*
> *et Prima post Antiochenam*
> *Christo dedicata*
> *Die erste syrakusanische Kirche*
> *Tochter des göttlichen Petrus*
> *und die erste nach der in Antiochia*
> *Christus geweiht*

Tatsächlich war Petrus nicht in Syrakus. Antiochia war die Hauptstadt Syri-
ens und der Ort, an dem sich die erste christliche Gemeinde gebildet hatte.
Hier tauchte erstmals die Bezeichnung „christianoi" auf.

Das Taufbecken stammt aus dem Tempel, der Altartisch war sein Türsturz.
Die Außenneigung der Säulen ist durch ein Erdbeben im Jahre 1793 verursacht
worden.

Nirgendwo in Sizilien erfährt man so unmittelbar, wie das Christentum
aus der Antike herauswächst und von seinem Erbe zehrt. Nirgendwo kann
man die gewaltigen Dimensionen einer Cella, die Maße eines Tempels, den
Umfang und die Höhe seiner Säulen so unmittelbar erleben (*Abb. 12*).

In Syrakus finden sich die ersten Zeugnisse des Christentums in Sizilien:
Gräber in Katakomben, Inschriften. Sie stammen aus dem 3. Jahrhundert n. Chr.

Der Tempel gehört in die Reihe der Monumente, die nach dem Sieg der
Griechen über die Karthager 480 v. Chr. bei Himera errichtet worden sind.
Die Tyrannen Gelon von Syrakus und Hieron von Gela, zwei Brüder, waren
die Bauherren.

Im gleichen Zeitraum sind der Athenatempel in Himera (vgl. Kap. 4) und
der Zeustempel in Akragas (vgl. Kap. 12, 5) entstanden.

Der Tempel in Syrakus erhob sich an der höchsten Stelle von Ortygia und
ersetzte ein älteres archaisches Heiligtum. Der Platz stand in Beziehung zu
der Stelle in der Nähe des Isthmus, an dem sich der Apollontempel erhob. Er
war von jeher dem Kult vorbehalten.

6 × 14 Säulen umgaben die Cella, die nicht unterteilt war, sondern einen
Saal bildete. Sie war überdacht. Erstmals wiesen die Horizontalen des Stylo-

bats und des Gebälks eine Kurvatur auf. Der Tempel erwachte gleichsam aus
seiner Starre. Die Metopen und der Westgiebel dürften schmucklos gewesen
sein. Am Ostgiebel soll ein vergoldeter Schild vom Meer aus schon aus großer Entfernung sichtbar gewesen sein. Der Tempel konnte mit einer goldenen
Flügeltür verschlossen werden, die mit wertvollen Elfenbeinarbeiten verziert
war. Die Cella ist in hellenistischer Zeit mit Bildern ausgeschmückt worden.
Cicero informiert uns über die Bilder und die Tür im Zusammenhang mit
seinem Prozess gegen Verres:

„Man sah dort, herrlich auf einem Bild dargestellt, eine Reiterschlacht des Kö-
nigs Agathokles. Mit Bildern dieser Art waren die inneren Wände des Tempels ge-
schmückt. Es gab nichts Berühmteres als dieses Bild, nichts, was man in Syrakus für
sehenswerter gehalten hätte. M. Marcellus hat diese Bilder, obwohl er durch seinen
Sieg alles profaniert hatte, nicht angetastet. Religiöse Scheu hielt ihn davon ab. Verres
hat alle diese Bilder . . . fortgeschafft. Er ließ die Wände, deren Schmuck so viele Jahr-
hunderte überdauert, so viele Kriege überstanden hatte, nackt und entstellt zurück. . . .

Außerdem hat er aus demselben Tempel siebenundzwanzig wunderschöne Gemäl-
de geraubt, auf denen Könige und Tyrannen Siziliens dargestellt waren; man schaute
sie nicht nur wegen der Kunst der Maler gerne an, sondern auch, weil sie das Ge-
dächtnis an die Männer wach hielten und die Kenntnis ihres Aussehens vermittelten.

Was soll ich nun erst von den Flügeltüren dieses Tempels berichten? . . . Ich kann
mit Bestimmtheit versichern, ihr Richter, dass es niemals in irgendeinem Tempel
großartigere, vollendetere aus Gold und Silber gefertigte Flügeltüren gegeben hat.
Man kann kaum glauben, wie viele Griechen Berichte über ihre Schönheit hinter-
lassen haben. . . . Auf ihnen befanden sich äußerst sorgfältige, aus Elfenbein herge-
stellte Darstellungen. Verres hat das alles abnehmen lassen. Ein wunderschönes,
von Schlangen umgebenes Haupt der Gorgo riss er heraus und schaffte es fort. Dazu
verleitete ihn nicht allein der Wert der Kunst, sondern auch der des Geldes und die
Erwartung eines Gewinns, wie er deutlich zeigte. Denn er hatte keinerlei Skrupel, alle
goldenen Buckel von den Flügeltüren abzumontieren. Es gab deren viele, und sie hat-
ten ein großes Gewicht. Freude bereitete Verres nicht das kunstvolle Werk, sondern
das Gewicht. Er ließ die Türen so zurück, dass sie, die ursprünglich als Schmuck des
Tempels gedacht waren, nun nur hergestellt zu sein schienen, um ihn verschließen
zu können."

2. Rede gegen Verres, Buch 4, Kap. 122–124

Bei den Bildern handelte es sich um Weihungen an die Göttin. Das Bild der
Reiterschlacht scheint sich auf einen Afrikafeldzug des Agathokles bezogen
zu haben (vgl. Kap. 18, 6). Die Schlacht muss zwischen 310 und 307 v. Chr.
stattgefunden haben. 306 oder etwas später ist dann wohl das Bild entstanden. Natürlich knüpfte Agathokles damit an Alexander den Großen an, dessen Sieg über den persischen Großkönig ein berühmtes Bild verherrlichte. Als
Mosaik hat es die Zeiten überdauert. Im Nationalmuseum von Neapel kann
man es heute bewundern.

Wenn es heißt, Marcellus habe das Heiligtum profaniert, so wird auf die Sitte angespielt, die Götter vor der Eroberung einer Stadt aufzufordern, ihre Tempel zu verlassen und auszuwandern. Die Heiligtümer konnten dann wie profane Bauten geplündert und zerstört werden, ohne dass damit ein Religionsfrevel begangen wurde.

Der zur byzantinischen Kirche umgewandelte Athenatempel diente den Arabern als Moschee, bevor er 1093 unter dem Normannenfürsten Roger I. zum Dom und Sitz eines Bischofs erhoben wurde.

Die Vorhalle wurde nach dem Erdbeben 1603 hinzugefügt. Eine Profanierung, wie sie dem Apollontempel zuteil wurde, ist dem Athenatempel erspart geblieben.

21. Kapitel

SYRAKUS: DER ARCHÄOLOGISCHE PARK

21, 1   Das griechische Theater (*Abb. 13*)

Gern erwähnen die Fremdenführer bei der Besichtigung des Theaters, hier habe Aischylos (525/24–456/55 v. Chr.) seine Tragödie „Die Perser" nach dem Erfolg, den er 472 v. Chr. in Athen mit ihr hatte feiern dürfen, nochmals aufgeführt. Tatsächlich dürfte es sich damals um eine ältere Anlage aus dem Anfang des 5. Jahrhunderts gehandelt haben. Vielleicht ist sie im Hellenismus überbaut worden, so dass der alte genius loci noch in ihr wohnt, vielleicht lag sie aber auch dort, wo man in der Nähe Fundamente ausgegraben hat. Die Anlage, die sich heute dem Betrachter darbietet, stammt aus der Zeit Hierons II. (275/74–215 v. Chr.), aus der 2. Hälfte des 3. Jahrhunderts (vgl. Kap. 18, 6). Sie ist, wie es bei griechischen Theatern üblich war, in den Felsen hineingebaut. Sie ist ungewöhnlich flach. Von den ursprünglich siebenundsechzig Stufenreihen, auf denen fast fünfzehntausend Zuschauer Platz fanden, sind nur noch sechsundvierzig erhalten.

Oberhalb des Theaters befand sich eine Terrasse, die aus dem Felsen herausgeschlagen war; sie war im Norden und Westen von Säulenhallen gesäumt. Hier konnten sich die Besucher in den Pausen aufhalten.

Der Zuschauerraum war in der Mitte durch ein sog. Diazoma, einen breiten Gang, unterteilt. Oberhalb dieses Korridors sind Namen in den Felsen eingraviert, Namen der königlichen Familie, Hierons, seiner Frau Philistis, seines Sohnes Gelon und seiner Schwiegertochter Nereis. Die Mitte war durch den Namen des Olympischen Zeus hervorgehoben. Die Namen hatten den Zweck, den Zuschauerraum in Abteilungen einzuteilen. Sie halfen den Besuchern, ihre Plätze zu finden. Namen von Göttern und Menschen nebeneinander – das spricht für ein hohes Selbstbewusstsein des Tyrannen. Erinnern wir uns, dass sein Vorgänger Agathokles seinen Sieg in einer Reiterschlacht in einem Tempel hat verherrlichen lassen (vgl. Kap. 20, 2).

Wir kehren in die Zeit Hierons I. und in das Jahr 471 v. Chr. zurück, in dem „Die Perser" des Aischylos in Syrakus aufgeführt wurden.

Der Dichter hatte mit seinem Stück dem Sieg der Griechen bei Salamis (480 v. Chr.) ein Denkmal gesetzt, und nun sollten die Zuschauer in Gedanken für Salamis Himera, für die Perser die Karthager einsetzen.

Die Tragödie stellt die Ereignisse nicht aus der Sicht der Sieger dar, sondern aus der der Verlierer, und sie tut es ohne jegliche hochmütige Arroganz. Noch bevor Xerxes geschlagen in seine Hauptstadt Susa zurückkehrt, hatten der Kronrat, der den Chor bildet, und die Mutter des Königs, Atossa, durch einen Boten von der furchtbaren Niederlage erfahren. Der Geist des verstorbenen Dareios, des Vaters des Xerxes, wird beschworen.

Dareios:
„*Weh, wie schnell kam die Erfüllung der Orakel: Auf den Sohn*
Schleudert Zeus nun die Vollendung seines Spruches. Lange noch
Würden uns die Götter Aufschub geben, glaubte ich. Jedoch –
Kennt ein Mensch das Maß nicht, wirkt an seinem Sturz die Gottheit mit.
Klar erkennen all die Meinen jetzt den Grund des großen Leids.
Blindlings hat mein Sohn in seinem jugendlichen Übermut
Selbst den Sturz herbeigeführt: Den Hellespont, der heilig ist,
Lässt er fesseln so wie einen Sklaven, dass der Bosporos,
Gottes Furt, bezwungen werde, er verändert seinen Lauf,
Hält ihn fest in Eisenfesseln, und so schafft er für sein Heer
Eine breite Straße. Sterblich ist er; trotzdem glaubte er,
Alle Götter, selbst Poseidon, zu beherrschen, dieser Tor.
Krank im Geiste war der Mann, mein Sohn. Denn aller Mühe Lohn,
Fürchte ich, mein Reichtum, wird ein Raub für den, der danach greift."
Atossa:
„*Schlechter Männer Umgang hat den ungestümen Sohn verführt.*
Diese sagten ihm, dass Du für Deine Kinder, mit dem Speer
Kämpfend, großen Reichtum schufst, dass er dagegen mit dem Speer
Feige nur im Hause spielt und nicht des Vaters Erbe mehrt.
Solchen Tadel hörte er von schlechten Männern oft genug.
Schließlich stand der Plan des Heereszuges gegen Hellas fest."
Dareios:
„*… Es steht das schlimmste Übel ihnen noch bevor:*
Die Strafe für den Hochmut und die Lästerung
Der Götter. Denn sie machten sich, kaum waren sie
Nach Griechenland gekommen, voller Gier ans Werk,
Zu schänden alle Götterbilder ohne Scheu,
Vernichteten durch Brand die Tempel, kein Altar
Steht mehr an seinem Platz, und wahllos stürzten sie
Die Götterstatuen von ihren Sockeln. Nicht
Geringer wird, was sie in Zukunft leiden, sein.
Noch ist kein Ende da des Leids, noch immer quillt
Stets neues Leiden wie aus einem Quell hervor.
… Denn Hochmut, wenn er wächst, der bringt die Frucht hervor
Des Unglücks, die dann tränenreich geerntet wird.
Bedenkt, dass diesen Taten solche Strafe droht.
Denkt an Athen, an Griechenland: dass keiner je
Von Euch das gottgesandte Los der Gegenwart
Verachtet, fremdes Gut begehrt, das große Glück,
Das er besitzt, zerstört. Den allzu großen Stolz
Straft Zeus, ein strenger Richter. Lehrt nun Ihr den Sohn,

Die ihr die Göttersprüche kennt, mit Mahnungen,
Die wohlbegründet sind, Vernunft und Maß, dass er
Die Götter unbesonnen nicht verletzt."
739–758; 803–815; 821–831

Dem Perserreich, sagt die Erscheinung, war keine ewige Dauer beschieden. Orakel hatten sein Ende angekündigt. Macht ist wie alles von Menschen Geschaffene dem Werden und Vergehen unterworfen. Der Zeitpunkt ist nicht vorherbestimmt. Der Mensch kann ihn herbeiführen oder aufschieben. Xerxes hat ihn herbeigeführt. Die Götter haben die Welt als einen Kosmos sinnvoll geordnet. Sie haben für das Perserreich den Hellespont als Grenze bestimmt. Indem Xerxes ihn durch im Grund verankerte Schiffe überbrückt und damit dem Meer Gewalt antut, indem er sein Reich über das ihm zugedachte Gebiet hinaus erweitert, erweist er sich als maßlos. Hybris, Maßlosigkeit, ist ein schlimmer Frevel. Aber mit der vernichtenden Niederlage bei Salamis ist das Ende des Leidens noch nicht erreicht. Bei Plataiai in Böotien wird das Landheer, das in Griechenland zurückgeblieben ist, geschlagen werden. So ahndet Zeus, was die Perser den Göttern angetan haben, ihren Statuen, Altären, Tempeln.

Dareios deutet das Unglück, und er deutet es – im Sinn des griechischen Dichters – religiös: Alles Geschehen in dieser Welt vollzieht sich in einem Zusammenspiel von Göttern und Menschen. Wer es verstehen will, muss beides bedenken. Nichts geschieht grundlos. Dem, der nachdenkt, enthüllen sich die Zusammenhänge. Göttliches Wirken ist begründet und verstehbar, ist nicht höher als die menschliche Vernunft. Das schlimmste Vergehen des Menschen ist die Hybris, die ihm als einem sterblichen Wesen gesetzten Grenzen im Denken und Handeln zu überschreiten. Mit der Mahnung zum Maß schließt Dareios seine Rede. Jeder Zuschauer sollte sie auf sich beziehen und beherzigen. Xerxes wächst über die Rolle des persischen Königs hinaus, er ist der tragische Held, der in Konflikt mit den Göttern gerät. Dieser Gefahr ist jeder Mensch ausgesetzt. Aus dem Bewusstsein dessen, was es heißt, Mensch, nur Mensch, zu sein, erwächst das, was die Römer „humanitas", Menschlichkeit, genannt haben. Die griechische Tragödie ist eine Explikation der Aufforderung des delphischen Apollons: Erkenne Dich selbst.

„Die Perser" des Aischylos stellen insofern eine Ausnahme von der Regel dar, als ihr Sujet nicht ein Mythos, sondern ein historischer Stoff ist. Dieser Stoff wird aber seiner Einmaligkeit entkleidet und ein Ausdruck der zeitlosen Wahrheit, die dem Mythos eignet.

Das Epigramm auf dem Grab des Aischylos in Gela stammt vermutlich von dem Dichter selbst. Ihm war die Tatsache, dass er bei Marathon mitgekämpft hat, so wichtig, dass er nur sie in seinem Grabepigramm erwähnt; von seinem Dichterruhm schweigt er (vgl. Kap. 15, 1).

Ehe wir das Theater verlassen, wollen wir noch einmal Johann Gottfried Seume zu Wort kommen lassen (vgl. auch Kap. 20, 1). Seine Anekdote ist wie das Satyrspiel, das im griechischen Theater als vierte Stück nach der Tragödientrilogie aufgeführt wurde.

Er saß mit Landolina und einer Gesellschaft „gelehrter Seher und Späher" nach einem Spaziergang in dem griechischen Theater.

„Hier entstand nun ein Zwist über eine Vertiefung in dem Felsen, die ein jeder nach seiner Weise interpretierte. Einige hielten sie für das Grab eines Kindes irgendeiner alten vornehmen Familie und brachten Beweise, die vielleicht ebenso problematisch waren wie die Sache, welche sie beweisen sollten. Man sprach und stritt her und hin. Das bemerkte ein alter Bauer nicht weit davon, dass man über dieses Loch sprach. Er kam näher und erkundigte sich und hörte, wovon die Rede war. „Das kann ich Ihnen leicht erklären", hob er an; „vor ungefähr 20 Jahren habe ich es selbst gehauen, um meine Schweine daraus zu füttern. Da ich nun seit mehreren Jahren keine Schweine mehr habe, füttere ich keine mehr daraus." Die Archäologen lachten über die bündige Erklärung, ohne welche sie unstreitig noch lange sehr gelehrt darüber gesprochen und vielleicht sogar geschrieben hätten. So geht es uns wohl noch manchmal, setzte Landolina sehr launisch hinzu."

a. a. O. S. 155/156

Der Schweinehaltung zu dienen, war nicht die einzige Funktion, die das Theater in der nachantiken Zeit hatte. In der byzantinischen Epoche war es ein Friedhof, vom 16. bis 19. Jahrhundert ein Standort für Wassermühlen. Wie das Wasser die Steine ausgewaschen hat, ist noch heute gut sichtbar. Und gerne betrachtete man den antiken Bau natürlich als einen leicht zugänglichen Steinbruch.

21, 2   Das römische Amphitheater

Im 1. Jahrhundert n. Chr. haben die Römer ein Amphitheater errichtet. Damit haben sie erstmals ihre Herrschaft über Sizilien mit einem repräsentativen Bau dokumentiert (vgl. Kap. 6, 1). Es diente „Circusspielen", Tierjagden (vgl. Kap. 15, 4), Gladiatorenkämpfen und – vielleicht auch – Schiffsschlachten. In der Mitte der Arena befand sich jedenfalls ein durch unterirdisch verlaufende Kanäle mit Wasser gespeistes Becken.

Wo haben sich die Römer vergnügt, bevor das Amphitheater gebaut wurde? Im griechischen Theater, das sie ihren Bedürfnissen entsprechend eingerichtet hatten.

Die Gladiatorenkämpfe hatten ihren Ort ursprünglich bei Begräbnissen. Im Laufe der Zeit haben sie sich davon emanzipiert, sind profaniert und professionalisiert worden. Gladiatoren waren Kriegsgefangene, Sklaven, verurteilte Verbrecher, aber auch Bürger, die sich freiwillig meldeten. Sie wurden in speziellen Gladiatorenschulen ausgebildet. Spartacus, der 73 v. Chr. aus der Gladiatorenschule in Capua ausbrach und einen Krieg entfesselte, war ein kriegsgefangener Thraker (vgl. Kap. 6, 2). Nach der Art der Bewaffnung unterschied man verschiedene Kategorien. Die Gladiatoren kämpften paarweise, in Gruppen oder in Massen gegeneinander.

Die Spiele wurden in der späten Zeit der Republik von Männern veranstaltet und finanziert, die sich die Gunst der Wähler sichern wollten – Caesar ließ als Ädil im Jahre 65 v. Chr. einmal dreihundertzwanzig Gladiatorenpaare auftreten –, in der Kaiserzeit von den Herrschern, die sich beim Volk beliebt machen, die das Volk befriedigen und ruhigstellen wollten. Darüber hinaus gab es ihnen Gelegenheit, sich den Menschen zu zeigen und mit ihnen in Kontakt zu kommen. Nur hier hatten die Bürger die Möglichkeit, durch Beifall oder Bekundung von Missfallen ihre Einschätzung der Politik und dessen, der sie zu verantworten hatte, zu bekunden.

In der Provinz war es nicht anders. An die Stelle des Kaisers trat der Statthalter.

Der längst unter die „geflügelten Worte" aufgenommene Ausspruch „panem et circenses", „Brot und Spiele", stammt von dem römischen Satiriker Juvenal (ca. 60 – ca. 135 n. Chr.).

> „*Einst verlieh das*
> *Volk Legionen, den Oberbefehl, die Rutenbündel,*
> *Alles, nun aber hält es sich zurück, und ängstlich*
> *Wünscht es nur zwei Dinge: Brot und Spiele."*
> 10. Satire 78–81

So urteilt der konservative Intellektuelle. Ein geistig verwandter Verächter des niederen Volkes war Seneca (4–65 n. Chr.), der Lehrer des Kaisers Nero, der Stoiker, der stets emotionslos einen klaren Kopf behalten wollte. In einem Brief berichtet er von einem Besuch in einem Amphitheater.

> „*Es ist nicht gut, mit der Masse zu verkehren. In ihr gibt es keinen, der uns Ahnungslosen nicht irgendein Laster empfiehlt, es uns wie einen Stempel eindrückt, es uns beibringt. Je größer die Menge des Volkes ist, unter die wir uns mischen, umso größer ist die Gefahr. Aber nichts ist so gefährlich für die Tugend, wie, weil man nichts zu tun hat, seine Zeit in einer Circusvorstellung zu verbringen. Da schleichen sich ziemlich leicht die Laster mit Hilfe des Vergnügens ein. Verstehst du, was ich sagen will? Ich verlasse die Vorstellung habgieriger, ehrgeiziger, genusssüchtiger, ja, sogar grausamer und unmenschlicher, weil ich unter Menschen war.*
>
> *Zufällig kam ich um die Mittagszeit in das Amphitheater. Ich erwartete Spiele, Scherze, allerlei Erholsames, etwas, das die Augen der Menschen, nachdem sie am Vormittag Menschenblut gesehen haben, beruhigt. Das Gegenteil war der Fall. Die Kämpfe, die vorher stattgefunden hatten, waren geradezu menschlich. Jetzt ging es zur Sache, gab es reine Menschenschlächterei. Die Glatiatoren verfügten über keinen Schutz, ihr ganzer Körper war den Schlägen ausgesetzt, umgekehrt führten auch die Geschlagenen keinen Schlag aus, ohne zu verwunden.... Mit keinem Helm, keinem Schild wird der Schwerthieb abgefangen. Wozu Schutz? Wozu Kunstfertigkeit? Das zögert den Tod nur heraus. In der Morgenvorstellung werden Menschen den Löwen*

und Bären zum Fraß vorgeworfen, in der Nachmittagsvorstellung ihren Zuschauern.
Wer getötet hat, soll einen finden, der ihn tötet. Der Sieger wird nur aufgespart, damit
auch er stirbt. Jeder Kampf endet mit dem Tod…. „Aber der hat einen Raub begangen.“

„Ja und? Er verdient den Galgen.“

„Der hat einen Menschen getötet. Wer getötet hat, verdient, getötet zu werden.“

„Ja, aber was hast Du Armer verbrochen, dass Du das mit ansehen musst?“

„Töte, schlage, brenne ihn! Warum wirft er sich so ängstlich in das Schwert?
Warum stirbt er nicht tapferer? Warum stirbt er so missmutig?“

Mit Prügel werden sie dazu getrieben, sich zu verwunden, sich gegenseitig zu
schlagen, die Brust nackt dem Gegner zugewandt.

Es ist Pause.

Trotzdem sollen sich die Menschen gegenseitig abschlachten. Am schlimmsten ist
es doch, wenn nichts geschieht.“

Epistel 7, 2–5

Circusspiele dauerten den ganzen Tag. Die Pause zwischen den Jagden am
Morgen und den Gladiatorenkämpfen am Nachmittag war eigentlich der
leichteren Unterhaltung vorbehalten. Die zunehmende Verrohung ließ das
offenbar nicht mehr zu.

Wie steht es bei uns, wenn allabendlich Filme, die brutale Gewaltverbre-
chen zeigen, über unsere Fernsehschirme flimmern? Besteht nicht die Gefahr
der Ansteckung, zumal bei Jugendlichen, die anfällig und labil sind?

Wie faszinierend die Gladiationenspiele waren, wie sehr sie die Menschen,
auch wenn sie sich innerlich dagegen wehrten, in ihren Bann ziehen konnten,
hat der Kirchenvater Augustinus (334–430 n. Chr.) bei einem seiner Schüler,
der Alypus hieß, erfahren.

„Hier (in Rom) *ist er in unglaublicher Weise von einer unglaublichen Gier nach*
Gladiatorenspielen hingerissen worden. Obwohl er nämlich solche Art der Unter-
haltung ganz und gar verabscheute, führten ihn einige von seinen Freunden und
Mitschülern, die ihn zufällig trafen, als sie von einem Mahl zurückkehrten, mit
freundschaftlich-sanfter Gewalt in ein Amphitheater, obwohl er sie heftig zurückwies
und Widerstand leistete. Es war gerade die Zeit, in der die grausamen und tödlichen
Spiele veranstaltet wurden. Er sagte zu ihnen: „Wenn ihr auch meinen Körper an
diesen Ort zerrt und dort auszuharren zwingt, so könntet ihr doch meinen Geist und
meine Augen nicht auf jene Darbietungen richten. Ich werde zwar anwesend sein,
aber trotzdem abwesend, und ich werde auf diese Weise stärker sein als ihr und die
Spiele.“ Sie hörten es, ließen sich aber nicht davon abbringen, ihn mitzunehmen, weil
sie wohl herausfinden wollten, ob er das bewerkstelligen könne.

Sie betraten das Theater und fanden noch freie Plätze. Die Begeisterung der Zu-
schauer war grenzenlos, die Stimmung auf dem Siedepunkt. Alypus schloss die Au-
gen und verbot seinem Geist, sich in die Niederungen solcher Übel zu begeben. Hätte
er doch auch die Ohren verstopft! Denn als das ganze Volk bei einem bestimmten
Ereignis des Kampfes gewaltig aufschrie und der Schrei an sein Ohr drang, wurde

er neugierig, und in der Überzeugung, er könne alles, was er zu Gesicht bekomme, gering achten und geistig bewältigen, öffnete er die Augen. Da wurde er in seiner Seele schwerer verwundet als der Gladiator, den er hatte sehen wollen, am Körper verwundet wurde, und er wurde erbarmungswürdiger niedergestreckt als der, dessen Sturz jenen Schrei ausgelöst hatte, der in seine Ohren eingedrungen war und seine Augen geöffnet hatte. So kam es, dass sein Geist getroffen wurde und niederstürzte, sein Geist, der bisher noch eher tollkühn als tapfer gewesen war und umso schwächer, je mehr er sich selbst zugetraut hatte, obwohl er doch sein Vertrauen hätte Dir (Gott) schenken sollen. In dem Moment, da er nämlich das Blut sah, zog er das ungeheuerliche Geschehen in sich hinein und konnte sich davon nicht mehr abwenden, sondern er nahm den Wahnsinn gierig auf, wusste nicht, was ihm geschah, fand Gefallen an dem verbrecherischen Kampf und wurde trunken nach Blut. Er war nicht mehr der, als der er gekommen war, sondern einer aus der Masse, in die er geraten war, und ein echter Genosse von denen, die ihn mitgenommen hatten. Was soll ich noch sagen? Er schaute, schrie, geriet außer sich und nahm einen Wahnsinn mit sich nach Hause, der ihn antrieb, nicht nur mit denen zurückzukehren, von denen er zuvor dorthin geschleppt worden war, sondern ihnen vorauszueilen und dabei andere mit sich zu ziehen."

Bekenntnisse 6, 8 (13)

21, 3   Der Altar des Hieron und das „Ohr des Dionysios"

Dass der Altar des Hieron einmal der größte Altar der Antike war, sieht man nicht mehr. Wie so viele antike Denkmäler wurde auch er im 16. Jahrhundert als Steinbruch genutzt. Als die Syrakusaner Thrasybulos, den Bruder und Nachfolger Hierons I., nach nur kurzer Regierungszeit im Jahre 466/65 vertrieben und eine demokratische Regierungsform etabliert hatten (vgl. Kap. 18, 1), statteten sie ihren Dank ab, indem sie dem Zeus Eleutherios, Zeus dem Befreier, einen Kult stifteten.

„Sie beriefen eine Volksversammlung ein und beschlossen die Einführung einer ihnen gemäßen Form der Demokratie. Alle ohne Ausnahme stimmten dafür, dem Zeus Eleutherios eine Kolossalstatue zu errichten, ihm jährlich Dankopfer für die Befreiung darzubringen und prächtige Wettkämpfe zu veranstalten, und zwar jeweils an dem Tag, an dem sie den Tyrannen gestürzt und ihre Vaterstadt befreit hatten. Im Zusammenhang mit den Wettkämpfen sollten den Göttern 450 Stiere geopfert werden, deren Fleisch die Bürger anschließend bei einem Festmahl verzehren sollten."

Diodor 11, 72

So gern sich auch Alleinherrscher mit Zeus in Verbindung brachten, der Gott ließ sich nicht mit nur einer Staatsform identifizieren. Jährlich wurde ihm nun ein Opfer von vierhundertfünfzig Rindern dargebracht. (Zum Opferritus vgl. Kap. 12, 1).

Für dieses Opfer ließ Hieron II. (275/74–215 v. Chr.) vermutlich den Altar errichten. Dass er sich damit in eine besondere Beziehung zu dem höchsten

Gott bringen wollte, darf man annehmen. Die Errichtung des Tempels des Olympischen Zeus in Akragas dürfte ihm als Vorbild gedient haben (vgl. Kap. 12, 5). Ist es aber wahrscheinlich, dass er an den Sturz eines Tyrannen hat erinnern wollen? Wohl kaum. Er dachte gewiss an den Olympischen Zeus, „den Vater der Götter und Menschen". Mit dem Beinamen „Olympios" erscheint Zeus auch auf dem Diazoma des Theaters, und dem Kult dieses Gottes war schließlich auch der Tempel geweiht, den Hieron nahe der Agora hat errichten lassen und den Cicero erwähnt. Von ihm haben sich keine Spuren erhalten (vgl. Kap. 19).

Erhalten ist uns das in den Felsen geschlagene Fundament, auf dem sich der Altar in einer Länge von einem Stadion (198 m) erhob. Wie er ausgesehen hat, wissen wir nicht. Er begrenzte einen heiligen Bezirk, der älter ist. Im 1. Jahrhundert v. Chr. ist er rings von Säulenhallen umgeben worden. Ein monumentales Eingangstor führte in ihn hinein. Er war mit fünf Reihen Pinien bepflanzt, dem Zeus heiligen Bäumen. In einem Bassin in der Mitte erhob sich eine hohe Zeusstatue.

Einer der Steinbrüche im Archäologischen Park, heißt im Volksmund „Ohr des Dionysios" (*Abb. 15 und 16*). Der italienische Maler Caravaggio (1573–1610) hat ihm 1586 diesen Namen gegeben. Ob auch die Legende, der Tyrann Dionysios habe den Raum, der über eine hervorragende Akustik verfügt, gleichsam als sein Ohr benutzt und die Gespräche der Gefangenen abgehört, ohne selbst gesehen zu werden, auf ihn zurückgeht, weiß man nicht.

Dass die Steinbrüche als Gefängnisse dienten, hat uns Thukydides überliefert (vgl. Kap. 18, 3). Als Ort, an dem die gefangenen Athener eingepfercht waren, gilt die Latomia Capuccini, die nach Mönchen benannt ist, die sich am Eingang zu dem Steinbruch niedergelassen und in der Anlage ihre Gärten angelegt hatten. Das Kloster liegt nördlich des Parks.

Dass überall Gefängnisse zu blühenden Gärten umgestaltet würden, ist eine verlockende Vorstellung.

Seit dem 6. Jahrhundert v. Chr. haben die Kalksteinbrüche den Syrakusanern das Material für ihre Bauten geliefert. Die Gruben blieben meistens gedeckt, die Decken wurden mit Pfeilern abgestützt, sie sind erst im 16. Jahrhundert eingestürzt. Im Jahr 1542 gab es ein großes Erdbeben.

Das „Ohr des Dionysios" hat, wie Funde eines Demeterheiligtums belegen, religiösen Zwecken gedient. Vielleicht hat man sich für Riten und Mysterien den akustischen Effekt zunutze gemacht.

Dass Steinbrüche, die aufgelassen waren, nicht brach lagen, beweisen Malereien aus hellenistischer Zeit, die man an Wänden entdeckt hat.

22. Kapitel

Syrakus: die Kyanequelle

Es ist reizvoll, sich von Syrakus auf dem kleinen Cianeflüsschen, das, von Südwesten kommend, in den Anopos mündet, bis zur Quelle hinaufrudern zu lassen. Die Entfernung beträgt etwas mehr als sieben Kilometer. Die mit Papyrusstauden bewachsenen Ufer treten immer dichter zusammen. Der Papyrus ist im 10. Jahrhundert n. Chr. von den Arabern eingeführt worden.

Während der Fahrt sieht man linker Hand auf einer Anhöhe zwei Säulen; sie stammen von dem Olympieion, dem Tempel des Olympischen Zeus, der im 6. Jahrhundert, zwischen 560 und 550 v. Chr., errichtet worden ist. Er ist etwas jünger als der Apollontempel in Ortygia (vgl. Kap. 20, 2). Er wies einen fast gleichen Grundriss auf: 6 × 17 Säulen umgaben die Cella. Er stand erhöht an einer strategisch wichtigen Stelle als ein Schutzschild der Stadt und als Demonstration ihrer Macht. Hier schlugen die Athener ihr Lager auf, als sie sich auf die Eroberung von Syrakus vorbereiteten. Hier kam es zu einer ersten Schlacht, in der die Syrakusaner in die Flucht geschlagen wurden (Thukydides 6, Kap. 64–71). Dem hoffnungsvollen Anfang sollte ein furchtbares Ende folgen (vgl. Kap. 18, 3).

Die Cianequelle befindet sich unter dem sog. „Teich der Persephone". Der Ort war ein bedeutender Kultplatz. Hier opferten die Syrakusaner alljährlich einen Stier und eine Kuh.

Um die Namensgeberin Kyane rankte sich ein Mythos, den Ovid in den „Metamorphosen" erzählt. Es ist die Geschichte einer Nymphe, die sich mutig dem Gott der Unterwelt, Pluto, in den Weg stellt, als er mit der geraubten Proserpina der Unterwelt zustrebt (vgl. Kap. 17).

> *„Unter allen sizilischen Nymphen war Cyane*
> *Die berühmteste Nymphe. Als sie sich einmal mitten*
> *Aus dem wirbelnden Strudel erhob bis über die Hüften,*
> *Hat sie die Göttin, die Tochter der Ceres, erkannt. „Du wirst nicht*
> *Weiter gehen. Du kannst nicht Ceres´ Schwiegersohn werden*
> *Gegen deren Willen. Bitten hättest du müssen,*
> *Nicht sie rauben. Wenn es erlaubt ist, mit Großem Kleines*
> *Zu vergleichen: Mich liebte Anapis, doch umworben*
> *Wurde ich seine Frau, nicht weil ich ihn fürchten musste."*
> *Sprach´s und breitete beide Arme aus und trat ihm*
> *In den Weg. Da beherrschte Saturnius sich nicht länger,*
> *Spornte die Furcht erregenden Pferde an, und in des*
> *Wassers Tiefe schleuderte er mit starkem Arm sein*
> *Königszepter. Die Erde, getroffen, öffnete sich und*

> *Gab den Weg in die Unterwelt frei, und mitten in einen*
> *Krater hinein verschlang sie den abwärts stürzenden Wagen.*
> *Aber Cyane trauerte um die geraubte Göttin,*
> *Um die Missachtung der Rechte ihrer Quelle. Im Herzen*
> *Nährt sie still eine unheilbare Wunde, verzehrt sich*
> *Ganz in Tränen, verrinnt in das Wasser, dessen Gottheit*
> *Sie doch eben noch war. Man hätte es sehen können,*
> *Wie ihre Glieder immer weicher werden, wie die*
> *Knochen sich biegen lassen, die Nägel die Härte verlieren*
> *Das verflüssigt sich zuerst von ihrem schönen*
> *Ganzen Körper, was am zartesten ist: das Haar, das*
> *Blaue, wird zu Wasser; Finger, Beine und die Füße,*
> *Dann die feinen Glieder tauchen schnell in die kalten*
> *Fluten. Danach zerinnen in zarte Bäche die Schultern;*
> *Rücken, Brust und die Hüfte folgen. Für Blut, das Leben*
> *Spendet, dringt in die geschädigten Adern schließlich*
> *Wasser ein, und nichts bleibt, was man anfassen könnte.*
> 5, 412–437

Kyane erkennt den Gott, der mit seiner Quadriga über den Himmel stürmt, an ihr vorbeistürzt und dabei seinen Raub fest im Griff hat. Sie weiß, um wieviel stärker der Saturnier ist als sie, und sie ahnt vielleicht, dass sie gegen ihn nichts wird ausrichten können. Trotzdem spricht sie ihn an. Sie will ihm das Mädchen nicht abjagen, nur ihn bitten, Werbung an die Stelle der Gewalt zu setzen. Sie selbst ist ein Beispiel dafür, wie gut das gelingen kann. Als er nicht auf sie hört, wagt sie es, sich ihm in den Weg zu stellen.

Pluto spricht nicht, er handelt nur: Ungebremst setzt er seine Fahrt fort, und furchtbar straft er Kyane. Sie verliert ihre göttlich-menschliche Gestalt und geht in dem Wasser der Quelle auf. Scheinbar siegt die männlich-rohe Gewalt, scheinbar, denn die Nymphe bleibt in der sprudelnden Quelle lebendig, ihr Mut bleibt unvergessen.

Es ehrt die Syrakusaner, dass sie einer unterliegenden Gottheit alljährlich ihre Reverenz erwiesen und der Zivilcourage ein Denkmal setzten.

23. Kapitel

DER ÄTNA

23, 1   Auf dem Weg zum Ätna: Gorgias aus Leontinoi

Es lohnt nicht, Leontinoi, das heute Lentini heißt, zu besichtigen. Es gibt für den, der auf den Spuren der Antike reist, nichts zu sehen. Jonier aus Chalkis in Euböa hatten sich hier angesiedelt und die Sikeler nach und nach verdrängt. Im 5. Jahrhundert v. Chr. kam die Stadt unter den Einfluss des nahe gelegenen Syrakus. Sie versuchte, sich mit Hilfe Athens zu wehren, vergeblich. Sie unterstützte Dion gegen Dionysios II. (vgl. Kap. 18, 4) und hatte wieder auf die falsche Seite gesetzt. Agathokles richtete 311 v. Chr. ein furchtbares Blutbad an, als sie zum wiederholten Mal versuchte, abzufallen und sich unabhängig zu machen. Syrakus blieb ihr Schicksal, bis sie sich wie alle Städte Siziliens der Herrschaft der Römer beugen musste. Auch das ging nicht ohne Mord und Totschlag ab. Zur Zeit Ciceros war sie ein unbedeutendes Dorf.

Der berühmteste Bürger der Stadt war Gorgias. Wir kennen weder sein Geburts- noch sein Todesjahr. Überliefert ist, dass er sehr alt geworden ist. Mit der Zeitangabe ca. 485 – ca. 385 v. Chr. ist also seine Lebenszeit nur ungenau erfasst. Feststeht, dass er 427 v. Chr. als Abgesandter seiner Heimatstadt vor der Volksversammlung in Athen auftrat, um Hilfe gegen Syrakus zu erbitten, und dass er erfolgreich war. Das Flottenkontingent der Athener war allerdings so klein, das es der Sache von Leontinoi gegen Syrakus nicht zum Sieg verhelfen konnte. Noch hatte Athen keine Ambition, seine Herrschaft auf Sizilien auszudehnen.

Gorgias ist nicht in Leontinoi sesshaft geworden, sondern hat ein Wanderleben geführt, das ihn auch in späteren Jahren noch einmal nach Athen geführt hat. Er war ein Zeitgenosse des Empedokles (vgl. Kap. 11, 7) und soll sein Schüler gewesen sein. Seinen Ruhm hat er jedoch nicht als Naturphilosoph, sondern als Sophist, Redner und Lehrer der Rhetorik begründet.

Unter einem Sophisten verstand man ursprünglich, sehr weit gefasst, einen Meister auf dem Gebiet des Wissens, einen Lehrer der Weisheit. In diesem Sinn war auch Sokrates ein Sophist. In der Mitte des 5. Jahrhunderts v. Chr. verengte sich die Bedeutung. Als Sophisten galten nun gelehrte Männer, die von Ort zu Ort zogen und den Anspruch erhoben, die Kunst zu lehren, im privaten und öffentlichen Bereich erfolgreich zu sein. Wer sich von ihnen unterrichten lasse, behaupteten sie, könne erwarten, ein tüchtiger Bürger und Politiker zu werden. Voraussetzung dafür war ihrer Ansicht nach in erster Linie die Fähigkeit, gut reden zu können. Diese Fähigkeit vermittelten sie, und dafür ließen sie sich gut bezahlen. Die jeunesse dorée strömte ihnen in Scharen zu, die betuchten Väter beglichen das Honorar.

Worauf beruhte das Erfolgsgeheimnis?

– Ein Grund lag in der veränderten politischen Konstellation: In zwei großen Stadtstaaten, Syrakus und Athen, hatte sich die Demokratie als Staatsform durchgesetzt. In der Demokratie genügte es nicht mehr, sich auf das Privileg adliger Geburt zu berufen, es galt, sich aus eigener Kraft in der Volksversammlung, im Rat, vor Gericht durchzusetzen, und jeder konnte in ein öffentliches Amt gewählt oder gelost werden. Wer bestehen wollte, musste reden können.

– Nicht nur Gorgias hatte sich von der Beschäftigung mit den Problemen des Seins, des Werdens und Vergehens, die die Naturphilosophen in immer neuen Ansätzen zu lösen versuchten, abgewandt, das Interesse war allgemein erlahmt; die Zuversicht, zu überzeugenden Erkenntnissen zu gelangen, war erschüttert. Ja, man begann sogar, prinzipiell daran zu zweifeln, dass die menschliche Erkenntnisfähigkeit je an ein Ziel gelangen könne. Skepsis machte sich breit. Gab es überhaupt die eine Wahrheit?

– Schließlich hatte sich der geographische Horizont erweitert. Man hatte andere Völker kennengelernt, andere Weisen, sein Leben zu führen, andere Sitten, Gebräuche und Religionsvorstellungen. Man musste sich eingestehen, dass das, was man selbst glaubte, für richtig hielt und praktizierte, Ergebnis zufälliger historischer Entwicklungen war. Wer konnte behaupten, über verbindliche ethische Normen zu verfügen?

Der Mensch und sein Verhalten waren in den Blick derer geraten, die den Anspruch auf Wissen und Weisheit erhoben.

Gehörten die Sophisten und Sokrates auf der einen Seite zusammen, weil sie sich mit den gleichen Fragen beschäftigten, so vertraten sie andererseits sehr unterschiedliche Positionen. Während die Sophisten Zweifler und Relativisten waren, beharrte Sokrates darauf, dass es absolut gültige Werte gebe.

Von den Schriften der Sophisten hat sich nicht allzu viel erhalten. Was wir von ihnen wissen, verdanken wir im Wesentlichen den Dialogen Platons, in denen er sich kritisch mit ihnen auseinandersetzt. Es liegt an Platon, wenn mit dem Begriff „Sophistik" heute eine negative Assoziation verbunden ist, wenn sie als „Scheinwissen" abgewertet wird.

Gorgias galt als „Vater der Sophistik". Von ihm wissen wir aus Berichten, dass er eine Schrift mit dem Titel „Über das Nichtseiende oder über die Natur" verfasst hat, in der er es unternommen hat, drei Thesen zu beweisen:

> *„1. Nichts ist.*
>
> *2. Wenn auch etwas wäre, so wäre es für den Menschen unerkennbar.*
>
> *3. Wenn es auch erkennbar wäre, so wäre es doch nicht mitteilbar und deutbar für den Menschen."*
>
> DK B 3

Gorgias stellt die gesamte philosophische Spekulation seiner Zeit in Frage: Wahrheit im streng philosophischen Sinn ist, wenn es sie gibt, nicht kommunizierbar. Ihren Ort hat sie nur im Bereich der Konventionen. Sie ist relativ, situativ und deshalb manipulierbar. Das Medium der Manipulation, der Beeinflussung, ist das Wort, die Rede. Sie entfaltet ihre Wirkung umso besser, je mehr sie sich der Möglichkeiten bedient, die die Stilistik bietet. Zu ihr gehören die Metaphorik, die Rhythmik, Klang- und Stellungsfiguren. Alliterationen, Parallelismen, Antithesen seien als Beispiele genannt. Die Rhetorik ist wie die Naturphilosophie Ausdruck eines Geistes der Aufklärung. Sie gibt den Bürgern die Chance, unabhängig von ihrer Herkunft das Leben der Gemeinschaft mitzugestalten. Freilich: Um die Chance nutzen zu können, brauchte man Geld.

Das erste Lehrbuch der Rhetorik ist in Syrakus von Teisias, einem Schüler eines gewissen Korax, nach der Vertreibung des Thrasybulos verfasst worden. Die Rhetorik ist ein Produkt der Demokratie. Sie war in der Antike eine sehr angesehene Kunst, hatte sich freilich immer gegen den Vorwurf der Oberflächlichkeit des „bloß Rhetorischen" zu wehren.

Cicero galt und gilt als einer der besten Redner der Antike. In den Verresreden haben wir Beispiele seiner Kunst der Darstellung kennengelernt. Die stilistische Raffinesse vermag freilich nur das lateinische Original zu bieten. Das gilt natürlich ebenso für Gorgias, von dessen Kunst wir im Folgenden ein Beispiel geben. Wir entnehmen es seiner Schrift „Lobrede auf Helena", die man auch als eine Verteidigung Helenas lesen kann. Sie ist eine Musterrede.

Helena, die Gemahlin des spartanischen Königs Menelaos, ist von Paris, einem trojanischen Prinzen, nach Troja entführt worden. Aphrodite hatte sie ihm versprochen, weil er in einem göttlichen Schönheitswettbewerb nicht Hera und nicht Athena, sondern ihr den Preis zuerkannt hatte. Helena galt als die schönste der damals lebenden sterblichen Frauen.

„Sie (Helena) tat, was sie tat, entweder als eine, die nach dem Willen des Schicksals, also nach dem Wollen der Götter und den Beschlüssen der Notwendigkeit, oder durch Gewalt geraubt worden ist, oder als eine, die durch Worte überredet oder durch Liebe ergriffen worden ist. Wenn das Erste, dann verdient der beschuldigt zu werden, der sie beschuldigt. Denn menschliche Vorsorge vermag eines Gottes Fürsorge nicht zu behindern. Das Starke ist nämlich von Natur nicht von der Art, dass es von dem Schwachen behindert werden kann, sondern es verhält sich vielmehr so, dass das Schwache von dem Starken beherrscht und gelenkt wird und dass das Starke führt, das Schwache folgt. Ein Gott ist aber stärker als der Mensch an Kraft, an Weisheit und an allem Anderen.

Wenn also dem Schicksal und dem Gott die Ursache zugeschrieben werden muss, so muss Helena von ihrem schlechten Ruf befreit werden. Wenn sie durch Gewalt geraubt und gesetzwidrig gezwungen und ungerecht überwältigt wurde, dann ist es

offensichtlich, dass der, der geraubt und bezwungen hat, Unrecht getan, die Geraub-
te aber, da sie bezwungen wurde, ein Unglück erlitten hat. Es verdient folglich der
Barbar, der die barbarische Tat vollbracht hat, belangt zu werden, und zwar durch
das Wort, durch das Gesetz und durch die Tat. Durch das Wort erfolgt die Schuldzu-
weisung, durch das Gesetz die Aberkennung der Bürgerrechte, durch die Tat die Be-
strafung. Und wie sollte die Bezwungene und ihres Vaterlandes Beraubte und durch
den Verlust der Ihren Verwaiste nicht billigerweise eher bemitleidet als in Verruf
gebracht werden? Er hat Übles getan, sie hat Übles erlitten. Folglich ist es gerecht, sie
zu bemitleiden, ihn zu hassen.

Auch dann, wenn ein Wort sie überredet und ihre Seele getäuscht hat, ist es nicht
schwer, sie zu verteidigen und von der Schuld freizusprechen, und zwar folgenderma-
ßen: Das Wort ist ein mächtiger Herrscher, der mit kleinstem und unscheinbarstem
Körper die göttlichsten Taten vollbringt. Er vermag es nämlich, Ängste zu nehmen,
Leid zu beenden, Freude zu bewirken und Mitgefühl zu steigern. . . .

Wie darf man also die Maßregelung Helenas als gerecht betrachten, die, da sie das,
was sie tat, deswegen tat, weil sie entweder durch Liebe ergriffen oder durch das Wort
überredet oder durch Gewalt geraubt oder durch göttlichen Zwang gezwungen war,
die folglich vollkommen von der Schuld freigesprochen wird?

Ich habe durch das Wort die Frau von dem schlechten Ruf befreit. . . . Ich habe ver-
sucht, der ungerechten Maßregelung und unwissenden Meinung ein Ende zu setzen.
Ich wollte die Rede schreiben als ein Lob auf Helena, als ein Spiel für mich."

Kap. 6–8, 20/21

Ein Spiel nennt Gorgias die Rede wohl insofern, als es ihm nicht wirklich
wichtig war, ob Helena unschuldig war oder nicht. Sie diente ihm als De-
monstrationsobjekt. Zu dem Thema ist er zweifellos von Stesichoros ange-
regt worden (vgl. Kap. 5). Wie dieser kritisiert er die Mythenversion, in der
Helena negativ charakterisiert wird. Maßgebend ist für ihn aber nun nicht
mehr die Muse, die den Dichter inspiriert, sondern der Verstand, also prinzipiell jeder.

Das Wort, Paris, ist der Täter, dem die Seele der Rezipientin, Helenas, als
Leidende ausgesetzt wird. Wer zu reden gelernt hat, kann nicht nur die (vielleicht) berechtigte schwache Sache zur stärkeren machen, sondern auch die
(tatsächlich) schlechte zur besseren.

Das Wort kommt aber anders als der Tyrann nicht mit Prunk und Pomp
daher, sondern mit einem unscheinbaren Körper, und es agiert nicht mit Gewalt, sondern mit der Kunst der Überzeugung oder Überredung – der Grieche hat für beides dieselbe Vokabel. Rhetorik steht im Gegensatz zur Tyrannis, sie bedarf der Demokratie, um sich zu entfalten.

Leicht lässt sich aus Sätzen wie dem, „dass das Stärkere führt, das Schwä-
chere folgt", die Theorie vom „Recht des Stärkeren" ableiten. Gorgias selbst
ist nicht so weit gegangen, andere wie Kallikles in Platons Dialog „Gorgias"
hatten weniger Skrupel.

Gorgias ist wie Stesichoros und Epicharm ein Beweis nicht nur für den innovativen Geist sizilianischer Intellektueller, sondern auch für den Einfluss Siziliens auf die kulturelle Entwicklung Griechenlands.

23, 2   Der Ätna

Der Name Ätna wird als „der Brennende" gedeutet. Kein Zweifel, man wird ihn, seit Menschen an seinem Fuß siedelten, nicht selten brennen gesehen haben. Vulkanologen haben ausgerechnet, dass er im Durchschnitt alle 5–6 Jahre ausbricht. Wir wissen von der verheerenden Katastrophe, die 1669 n. Chr. Catania zerstört hat. Aus der Antike wird berichtet, dass er 396 v. Chr. das Gegenteil bewirkt hat, die Rettung der Stadt, weil er den angreifenden Karthagern den Weg versperrt hat. Für das Jahr 425 v. Chr. notiert Thukydides:

„Um die Zeit dieses Frühjahrs ergoss sich ein Feuerstrom vom Ätna herab wie schon früher einmal. Er vernichtete einiges Land der Katanier, die am Fuß des Ätna wohnen, des höchsten Bergs in Sizilien. Man erzählt, es sei das 50. Jahr nach dem letzten Ausbruch gewesen. Seit der Besiedlung Siziliens durch die Griechen habe es drei Ausbrüche gegeben."

3, 116

Überliefert ist ein Ausbruch im Jahr der Schlacht bei Plataiai, also 479 v. Chr. Die Angabe des Historikers ist also ungenau, sie steht allerdings unter dem Vorbehalt „man erzählt". Der in der Reihenfolge erste Ausbruch wird nicht datiert.

Der Mythos verknüpft den Ätna mit dem nachgeborenen Titanen Typhoeus oder Typhon und dessen Aufstand gegen Zeus. Die Titanen waren Götter, die herrschten, bevor die Olympier sich gegen sie durchsetzten und sie entmachteten. Auf die Herrschaft des Titanen Kronos folgte die des Zeus. Typhon wollte sich jedoch, obwohl schon alles entschieden war, mit dieser Niederlage nicht abfinden.

Hesiod beschreibt das grausige Aussehen dieses letzten der Titanen und schildert den grässlichen Kampf des alten Gottes gegen die neuen Götter. Er erwähnt den Ätna, erstaunlich genug bei einem im 7. Jahrhundert v. Chr. in Böotien lebenden Dichter, aber noch ist es nicht der Berg, unter dem der unsterbliche Rebell lebendig begraben wird. Zeus verstößt ihn zu seinen Geschwistern in den Tartarus.

Die Titanomachie wird nicht selten mit der Gigantomachie verwechselt. Die Giganten, auch sie Kinder der Gaia, der Erdgöttin, sind Wesen, die später gegen die schon etablierte Herrschaft des Zeus aufbegehrten. Eine Szene der Gigantomachie ist das Thema einer der Metopen des archaischen Tempels F aus Selinunt (vgl. Kap. 7, 7) und des frühklassischen Tempels E (*Abb. 8, 9*).

Hesiod erzählt:

„*Gaia, die riesige Göttin, gebar, als Zeus die Titanen*
Aus dem Himmel vertrieben hatte, ihren jüngsten
Sohn, den Typhoeus, gezeugt in Liebe von Tartaros durch die
Goldene Aphrodite. Unnahbar waren seine
Hände, fähig zu kraftvollen Taten, unermüdlich
Waren die Füße des starken Gottes. Aus den Schultern
Wuchsen ihm hundert Köpfe von Schlangen, furchtbaren Drachen,
Züngelnd mit ihren dunklen Zungen, es funkelte Feuer
Aus den Augen der großen Köpfe unter den Brauen,
Stimmen waren in all den furchterregenden Köpfen.
Endlos stießen sie allerhand Laute aus, manchmal solche,
Die die Götter verstehen konnten, bald waren es Laute
Eines brüllenden, starken, stolzen Stieres, oder
Die eines rücksichtslos mutigen Löwen, bald die von Hunden,
Staunen erregt es, sie zu hören, dann wieder rauschen
Sie, und ein Echo ertönt aus den weiten Wäldern. Er hätte
Jetzt an jenem Tag sein heilloses Werk vollendet,
Wäre Herr geworden über die Menschen und Götter,
Hätte es nicht mit Scharfsinn bemerkt der Vater der Menschen
Und der Götter. Er donnerte laut und schrecklich; die Erde
Dröhnte furchtbar und über ihr der weite Himmel
Und das Meer und der Strom des Okeanos; unter der Erde
Dröhnte der Tartaros. Als der Herrscher sich erhob, da
Wurde der große Olymp erschüttert unter den Füßen
Des unsterblichen Gottes; es stöhnte die große Erde.
Heiße Glut von beidem, vom Blitz und Donner und vom
Feuer des Untiers, erfüllte des veilchenfarbenen Meeres
Fläche; es glühten die ganze Erde, das Meer und der Himmel;
Unter dem heftigen Ansturm der Götter brausten die großen
Wogen auf und die schroffen Ufer; ein endloses Beben
Hatte alles erfasst; es bebten der Hades, der Herr der
Toten unter der Erde, und die Titanen, die mit
Kronos im Tartaros leben, von dem endlosen Lärm und
Von dem grässlichen Kampf. Da steigerte Zeus nun seine
Kraft und ergriff seine Waffen, den strahlenden Blitz und den Donner,
Sprang vom Olymp herab und traf den Gegner, versengte
Alle göttlichen Köpfe des furchtbaren Ungeheuers.
Als er es so mit Hieben gegeißelt und überwältigt
Hatte, brach es gelähmt zusammen; es stöhnte die große
Erde, und von dem durch den Blitz getroffenen Herrscher
Loderte eine Flamme auf, als er verwundet

Wurde, in den zerklüfteten Schluchten des Ätnaberges.
Weithin brannte und schmolz von dem ungeheuren Dampf die
Große Erde wie Zinn, das erhitzt wird durch die Kunst von
Starken Männern in gut durchlöcherten Schmelzgefäßen,
Oder wie das härteste aller Metalle, das Eisen:
In den Schluchten des Berges gezähmt vom lodernden Feuer,
Schmilzt es in der göttlichen Erde unter Hephaistos´
Händen dahin. Und so schmolz auch die Erde im Schein des
Brennenden Feuers. Typhoeus wurde von Zeus, der im Herzen
Zürnte, in des weiten Tartaros Tiefe geschleudert.
820–868

Es sollte erst mehr als tausend Jahre später dem Gott der Christen gelingen, Zeus aus dem Himmel zu verdrängen. Es gab keine Schlacht, er wurde nicht getötet, er verschwand.

Die Ordnung entsteht im Kampf, und sie bleibt bedroht und labil, im Himmel wie auf Erden, in der Vergangenheit, jetzt und in Zukunft. Das lehrt der Mythos. Er konkurriert nicht mit der Philosophie, er wird nicht vom Logos abgelöst, er ist Logos und Philosophie, nicht in der Form der argumentierenden Rede, sondern in der Form der Erzählung. Der Mythos reflektiert den Ursprung, nicht die Ursache. Er datiert nicht, er ist zeitlos. Er ist nicht widerlegbar, er ist wahr und gültig. Die Welt, die er darstellt, ist von Göttern durchwirkt. In der Sukzession der Göttergeschlechter von Uranos zu Kronos und von Kronos zu Zeus stellt sich die Ordnung her, entwickelt sich der von den Olympiern gelenkte Kosmos. Von seiner Gefährdung handelt die Gigantomachie (vgl. Kap. 7, 2 und 7, 3 und 7, 10).

470 v. Chr. hat Pindar die 1. Pythische Ode zu Ehren des Tyrannen Hieron verfasst. Sie preist dessen Sieg im Wagenrennen in Delphi (vgl. Kap. 18, 2). Sie schildert den Ausbruch des Ätna, der neun Jahre zurückliegt, und verbindet ihn wie Hesiod mit dem Mythos des Titanen Typhon, der hier Typhos heißt.

„Alles, was Zeus nicht liebt, erschrickt,
Wenn es die Stimme der Musen hört, zu Land
Und auf dem unwiderstehlichen Meer.
So erschrickt auch er, der im schrecklichen Tartaros liegt,
der Feind der Götter,
Der hundertköpfige Typhos.... Nun
Lasten auf seiner zottigen Brust
Die meerumspülten Klippen von Kyme
Und die Insel Sizilien. Eine himmlische Säule
Presst ihn zusammen,
Der schneebedeckte Ätna, des eisigen Schnees ganzjähriger Ernährer.
Aus seinen Tiefen brechen reinste Quellen
Unnahbaren Feuers hervor, aus deren Flüssen sich

Tagsüber ein brennender Strom, in Rauch gehüllt, ergießt;
Aber im Dunkeln trägt eine blutrote Flamme,
Sich herabwälzend, Felsen in die tiefe
Weite des Meeres mit lautem Getöse.
Jener Drache (Typhos) *sendet die furchtbarsten*
Feuerwogen empor, ein Götterzeichen,
Wunderbar anzuschauen,
Ein Wunder zu hören für die, die dabei sind.
Gefesselt liegt er zwischen den dunkelbelaubten Gipfeln
Des Ätna und auf seinem Grund. Das Lager kratzt,
Sich eingrabend, den ganzen angepressten Rücken wund.
Möge es mir vergönnt sein, Dir, Zeus, zu gefallen,
Der Du diesen Berg, die Stirne
Des fruchtbaren Landes, Dein eigen nennst."
13–30

Der Dichter stellt sich Typhon als einen gewaltigen Riesen vor, dessen Körper von den vulkanischen Pithekuseninseln im Golf von Neapel im Westen bis nach Sizilien im Osten reicht und sich bis zum Gipfel des Ätna erhebt. Das Gedicht warnt davor, sich gegen Zeus zu vergehen, und knüpft an die Warnung die Bitte um göttliches Wohlwollen.

Schließlich hallt in Aischylos´ Tragödie „Der gefesselte Prometheus" die Erinnerung an den Ausbruch des Ätna nach. Prometheus, selbst ein von Zeus bestrafter Titan, warnt hellsichtig vor einer Eruption, die er als Ausdruck des Zorns des Typhon deutet:

„Es brechen einmal Feuerströme noch
Hervor, mit wildem Biss das weite Ackerland
Des fruchtbaren Siziliens zerstörend. So
Entlädt sich brausend Typhons Zorn in heißem Strahl
Von unnahbarem Feuersturm, obwohl er doch,
Vom Blitz getroffen, nur noch Asche ist."
367–372

Der Prometheus des Aischylos benutzt wie Pindar das Schicksal des Typhon als Warnung, sich in trotziger Hybris gegen Zeus zu stellen.

Im Dom in Catania erinnert ein Bild an den furchtbaren Ausbruch des Ätna im Jahre 1669 n. Chr., dem fast die ganze Stadt zum Opfer gefallen ist. Der Legende nach hat die heilige Agatha, die in Catania den Märtyrertod erlitten hat, schließlich den Lavastrom zum Stehen gebracht. Verbirgt sich nicht auch in dieser Geschichte die Vorstellung, dass Gott sich der Heiligen bedient, um die Ordnung wider den Ausbruch des sie bedrohenden Chaos zu verteidigen? Es sind dieselben Ängste vor Katastrophen und dieselben Hoffnungen auf Rettung, die in den antiken Mythen und in den christlichen Legenden zum Ausdruck kommen. Hegen nicht auch wir heute ähnliche Ängste und Hoffnungen?

Außer Typhon ist Hephaistos mit dem Ätna verknüpft, der Gott des Feuers, der Schutzherr der Handwerker (vgl. Kap. 13, 2). Schon bei Aischylos heißt es:

> *„Hoch oben auf den Gipfeln sitzt Hephaistos und*
> *Er schmiedet Eisen.*
>
> 366/67

Wie der eine mit dem anderen, Hephaistos mit Typhon, zusammenhängt, bleibt rätselhaft. Es scheint, als habe sich die Vorstellung, im Berg habe sich Hephaistos seine Schmiede eingerichtet, neben der des Rebellen etabliert hat.

> *„Unter der Insel befindet sich eine Höhle und des*
> *Ätnas Wölbungen der Kyklopen, von Kaminen*
> *Ausgehöhlt; sie dröhnen; Stöhnen hallt von der Kraft der*
> *Schläge auf den Amboss wider; in der Höhlung*
> *Zischt das Eisen, das zu Waffen verarbeitet wird, und*
> *Aus den Öfen atmet Feuer. Dies ist die Werkstatt*
> *Des Volcanus, die Erde trägt Volcanus´ Namen....*
> *Eisen schmiedeten hier die Kyklopen in dieser Höhle:*
> *Brontes und Steropes und der nackte Pyragmon.“*
>
> Vergil, Aeneis 8, 418–425

Man könnte versucht sein, die Werkstatt als die friedliche, dem Leben zugewandte Version zu interpretieren, wenn der Dichter sie nicht gerade als eine Waffenschmiede beschriebe. Immerhin zeigen die Mythen die Ambivalenz des Feuers in der zerstörerischen Gewalt des Typhon und der gebändigten des Hephaistos, und sie würdigen das Doppelantlitz des Vulkans, der vernichtet und Fruchtbarkeit schenkt.

Als besonders wandlungsfähig stellen sich uns die Kyklopen dar: Der Polyphem Homers war ein Menschen fressender Riese (vgl. Kap. 1, 3), der Theokrits ein etwas törichter, unglücklich verliebter Hirt (vgl. Kap. 18, 7). Jetzt sind die Kyklopen fleißige Schmiede im Dienst des Hephaistos. Nicht, dass sie im Lauf der Zeit eine Entwicklung durchgemacht hätten. Mythische Gestalten müssen nicht eindeutig fixiert sein.

Neben der Religion und unbehelligt von ihren Repräsentanten, den Priestern und Dichtern, entwickelt sich die Naturphilosophie der Vorsokratiker. In Empedokles haben wir einen ihrer Vertreter genauer kennengelernt (vgl. Kap. 11, 7). Die Entwicklung ist bei ihm, seiner Theorie der vier sich mischenden und trennenden Elemente nicht stehen geblieben. Die sog. Atomisten postulierten kleinste, unteilbare Teilchen, die qualitativ vollkommen gleich sind, unterschieden nur in der Größe und Form. Indem sie sich zusammenschließen, entstehen die Dinge unserer Welt. Indem sie sich trennen, zerfallen sie. Die Zahl der Formen ist begrenzt, die der Atome je gleicher Form ist unendlich. Atome sind den Buchstaben des Alphabets vergleichbar, aus denen sich die Welten des Geistes zusammensetzen lassen.

Auf diese Lehre gestützt, hat Epikur (342/41–271/70 v. Chr.) seine Philosophie entwickelt, die Philosophie der Freude, die den Menschen die Angst nehmen möchte vor den Göttern, vor dem Tod, vor der Unterwelt.

Alles, was geschieht, hat natürliche, erklärbare Ursachen.

Der römische Dichter Lukrez (ca. 97 – ca. 55 v. Chr.) hat in seinem Lehrgedicht „Über die Natur" die der epikureischen Philosophie zu Grunde liegende Physik dargestellt. Den Vulkanismus des Ätna erklärt er folgendermaßen:

> *„Wie denn plötzlich gereizt aus den großen Kammern des Ätna*
> *Flammen schlagen, das will ich Dir jetzt erklären. Unten*
> *Ist das ganze Bergmassiv hohl, Felsengewölbe*
> *Stützen im Allgemeinen die hohlen Räume, Luft und*
> *Wind sind in den Höhlen. Wenn die Luft bewegt wird,*
> *Dann entsteht der Wind. Sobald der sich erwärmt hat*
> *Und sobald er tobend rings den ganzen Felsen,*
> *Den er berührt, und auch die Erde erwärmt hat und aus*
> *Jenen Felsen flammendes Feuer herausgeschlagen*
> *Hat, beginnt er, sich emporzuheben, und er wirft sich*
> *Hoch in die Luft aus den senkrechten Schlünden und trägt die*
> *Hitze weit hinaus ins Land, und weit verstreut er die Asche,*
> *Wälzt vor sich her eine dichte, schwarze Wolke, und Felsen*
> *Stößt er zugleich hinaus, die unvorstellbar schwer sind.*
> *Wisse: Dies ist die ungestüme Kraft des Gases.*
> *Außerdem bricht zum großen Teil das Meer am Fuße*
> *Dieses Berges seine Fluten des Meeres und schlürft die Brandung*
> *Wieder ein. Vom Meer aus steigen von unten Höhlen*
> *Bis zu den hohlen Schlünden des Berges hinauf. Auf diesem*
> *Weg bewegt sich, muss man gestehen, der Wind. Die klare*
> *Sache selbst belehrt uns, dass er ins Innere eindringt,*
> *Dann nach draußen bläst und Flammen hinaustreibt und Felsen;*
> *Sandwolken werden hoch in die Luft geschleudert. Oben*
> *Auf dem Gipfel sind „Krater", wie sie selbst sie bezeichnen,*
> *Wir verwenden dafür die Namen >Schlünde und Münder<."*
>
> 6, 680–702

Durch die Brandung des Meeres am Fuß des Ätna wird die Luft in den hohlen Räumen des Berges in Bewegung gesetzt. Sie erwärmt sich und steigt auf. Sie verbrennt, was ihr im Weg ist, und verstreut die Asche. Sie stößt Felsen hinaus und wälzt sie, in eine schwarze Wolke gehüllt, hinab. Ursache dieser Phänomene ist kein Typhon, kein Hephaistos und kein Kyklop: Ursachen sind das brandende Meer, die Luft und die physikalischen Gesetze.

Etwa hundert Jahre später schreibt ein Autor eine Monographie über den Ätna, ein Lehrgedicht in der Art des Lukrez. Da das Werk unter dem Namen

Vergils überliefert, tatsächlich aber zwischen 60 und 65 n. Chr., zur Zeit des Kaisers Nero, entstanden ist, nennt man den Autor „Pseudo-Vergil".

Er weist zunächst die mythischen Erklärungen für den Vulkanismus des Ätna zurück und nennt dann die seiner Meinung nach wahre Ursache.

> *„Alle Ausbrüche werden von Winden verursacht. In wildem*
> *Wirbel drehen sie zusammen geballte Massen,*
> *Wälzen, was unten ist, nach oben. Aus diesem Grunde*
> *Stürzen ausgeatmete Brände heraus aus dem Berg.... Des*
> *Feuers Gewalt ist immer fast ohne Wirkung, immer*
> *Ist die Bewegung schnell und ohne Unterlass tätig,*
> *Aber sie braucht Hilfe, damit sie es vermag, die*
> *Steine hinauszuschleudern, selbst verfügt sie über keine*
> *Antriebskraft. Sie hört nur auf die Befehle des Windes,*
> *Er ist der Führer, das Feuer dient unter seiner Leitung....*
> *Mögen Dich nicht die Lügen der törichten Massen täuschen,*
> *Dass der Berg erschöpft ist, wenn er eine Pause*
> *Einlegt, dass er den Winden Zeit gibt, Kräfte zu sammeln,*
> *Um den verlorenen Kampf zu erneuern. Verbanne den Frevel*
> *Und befreie Dich von der Lüge.... Klar zu Tage*
> *Liegt der Grund, der den Winden den Weg versperrt und der sie*
> *Zwingt zu verweilen: Oftmals drückt eine Masse großer Steine*
> *Auf den Schlund und versperrt die Wege, Widerstand leistend....*
> *Mit massivem Gewicht verschlossen, erkaltet der Berg, und*
> *Er wird träge. Ohne Gefahr klettert man in den*
> *Schlund hinab. Aber nach der Ruhe drängen die Winde*
> *Umso schneller hinauf; sie stämmen sich gegen die Massen,*
> *Schleudern sie hinaus; sie sprengen die Fesseln; und alles,*
> *Was im Wege steht, wird durchbrochen. Der Antrieb wird stärker.*
> *Stark durch den großen Raubzug leuchtet hell die Flamme,*
> *Stürzt sich auf die weiten Äcker und überflutet*
> *Sie. Und so geschieht es, dass die Winde das lange*
> *Unterbrochene Schauspiel immer wieder erneuern."*
>
> 209–17; 367–385

Dies ist die ausführlichste antike Darstellung der Theorie des Vulkanismus. Eine Quelle war Lukrez, nicht die einzige; andere, die es gab, sind verloren. Zur Erklärung bediente man sich der Analogieschlüsse. Von dem, was man beobachten konnte, schloss man auf das Unsichtbare, auf das, was sich im Berg abspielte.

Das Werk endet nicht etwa damit, dass der Schrecken des Berges beschworen wird, sondern mit dem Ausdruck der Bewunderung.

> *„Tempel, die mit Mühen erbaut sind, Werke, die höchstes*
> *Lob verdienen, die berühmt sind wegen ihres*

Alters oder des Reichtums der Menschen, die zu sehen,
Eilen wir durch Meere und Länder und über Pfade,
Die uns in Todesgefahren führen; wir graben gierig
Lügen, alte Mythen, aus; es macht uns Freude,
Alle möglichen Völker akribisch zu durchforschen....
Meinst du, du müsstest all das sehen und nicht bedenken,
Welche Gefahren zu Land und zu Wasser lauern? Schau doch
Auf das prächtige Werk der Natur, der Künstlerin. Niemals
Wirst du andere Wunderwerke besingen können,
Die ihm an Größe gleich sind, mit der menschlichen Leier."
569–573; 600–603

24. Kapitel

Taormina – Nausikaa

Es gibt nichts Schöneres, als eine Sizilienreise in Taormina ausklingen zu lassen. Tauromenion hieß der Ort, weil er auf dem Berg Taurus gegründet worden ist. Zu Beginn des 4. Jahrhundert v. Chr. entwickelte sich aus einem alten Sikelerdorf eine größere Siedlung, die nach und nach durch Vertreibung der Ureinwohner und Ansiedlung von Neubürgern gräzisiert wurde. Von den kriegerischen Auseinandersetzungen zwischen Syrakus und Karthago blieb die Stadt nicht unberührt, bis sie in den Besitz Hierons II. von Syrakus kam. Aber anders als Syrakus blieb sie nach Hierons Tod an der Seite Roms. Deshalb gewährten ihnen die Römer einen bevorzugten Status unter den Gemeinden Siziliens, bis Oktavian, der spätere Augustus, dem von seinem Gegner Sextus Pompeius (36 v. Chr.) in einer Seeschlacht an der Nordküste Siziliens eine empfindliche Niederlage beigebracht worden war, viele Einwohner vertrieb und sie durch Soldaten ersetzte.

Für kurze Zeit gewann die Stadt noch einmal Glanz, als sie nach dem Fall von Syrakus 878 n. Chr. Hauptstadt des byzantinischen Rest-Siziliens wurde. Schon 902 unterlag sie den Arabern.

Seit dem 19. Jahrhundert entwickelt sich Taormina zu einem beliebten Reiseziel, das Menschen aus aller Welt anzieht.

Aus Tauromenion stammt Timaios, dessen Lebenszeit man nur sehr ungenau bestimmen kann: ca. 350 – ca. 255 v. Chr. Er hat u. a. ein Werk über die Geschichte Unteritaliens und Siziliens von den Anfängen bis zum Jahr 264 v. Chr. geschrieben, von dem aber nur wenige Fragmente erhalten sind. Er war die Hauptquelle des von uns häufig zitierten Diodor.

Das bedeutendste antike Denkmal in Taormina ist das Theater (*Abb. 17*). Es ist in einen Hang eingefügt. Die Gründung lässt sich auf die Zeit Hierons II. (275/74–215 v. Chr.) datieren: Auf einem der Sitze ist der Name seiner Ehefrau Philistis eingraviert (vgl. Kap. 21, 1). Die Römer haben es in zwei Phasen in der Zeit des Kaisers Augustus (27 v. Chr. – 14 n. Chr.) und des Kaisers Trajan (97–114 n. Chr.) umgebaut. Der Zuschauerraum ist erweitert und mit einem zweistöckigen, überwölbten Säulengang bekränzt worden, ein – die Sicht versperrendes – hohes Bühnengebäude wurde errichtet. Es entstand ein ganz ungriechischer, typisch römischer geschlossener Raum. Er sollte in erster Linie zu Jagden und Gladiatorenspielen dienen. Als sich die Antike ihrem Ende näherte, hat man den Bau auch noch für Schiffsschlachten eingerichtet.

Dieses Theater entging so wenig wie das in Syrakus dem Schicksal, als Steinbruch benutzt zu werden. Der Dom verdankt ihm einige seiner Säulen.

Im 19. Jahrhundert ist der Bau restauriert worden. Ab und zu werden antike Tragödien aufgeführt, die gewiss seit dem Umbau nie mehr auf dem Programm gestanden haben.

Anders als dem Besucher in der Antike bietet sich dem Touristen heute ein herrlicher Blick auf das Massiv des Ätna und weit über das jonische Meer hin.

Am Sonntag, dem 6. Mai, und Montag, dem 7. Mai 1787 hat sich Goethe in Taormina aufgehalten. Begeistert hat er den Ort beschrieben.

„Gott sei Dank, dass alles, was wir heute gesehen, schon genügsam beschrieben ist, …. Wenn man die Höhe der Felsenwände erstiegen hat, welche unfern des Meeresstrandes in die Höhe steilen, findet man zwei Gipfel durch ein Halbrund verbunden. Was dies auch von Natur für eine Gestalt gehabt haben mag, die Kunst hat nachgeholfen und daraus den amphitheatralischen Halbzirkel für Zuschauer gebildet; Mauern und andere Angebäude von Ziegelsteinen, sich anschließend, supplierten die nötigen Gänge und Hallen. Am Fuße des stufenartigen Halbzirkels erbaute man die Szene quer vor, verband dadurch die beiden Felsen und vollendete das ungeheuerste Natur- und Kunstwerk.

Setzt man sich nun dahin, wo ehemals die obersten Zuschauer saßen, so muss man gestehen, dass wohl nie ein Publikum im Theater solche Gegenstände vor sich gehabt. Rechts zur Seite auf höheren Felsen erheben sich Kastelle, weiter unten liegt die Stadt, und obschon diese Baulichkeiten aus neueren Zeiten sind, so standen doch vor alters wohl eben dergleichen auf derselben Stelle. Nun sieht man an dem ganzen langen Gebirgsrücken des Ätna hin, links das Meerufer bis nach Catania, ja Syrakus; dann schließt der ungeheure, dampfende Feuerberg das weite, breite Bild, aber nicht schrecklich, denn die mildernde Atmosphäre zeigt ihn entfernter und sanfter, als er ist.

Wendet man sich von diesem Anblick in die an der Rückseite der Zuschauer angebrachten Gänge, so hat man die sämtlichen Felswände links, zwischen denen und dem Meere sich der Weg nach Messina hinschlingt. Felsgruppen und Felsrücken im Meere selbst, die Küste von Kalabrien in der weitesten Ferne, nur mit Aufmerksamkeit von gelind sich erhebenden Wolken zu unterscheiden.

Wir stiegen gegen das Theater hinab, verweilten in dessen Ruinen, an welchen ein geschickter Architekt seine Restaurationsgabe wenigstens auf dem Papier versuchen sollte."

Am zweiten Tag widerstand Goethe dem Wunsch, die Stadt noch einmal von oben zu betrachten, den Anblick auf sich wirken zu lassen und zu genießen. Er suchte die Enge „wie der Vogel, der sein Nest bauen möchte".

„In einem schlechten, verwahrlosten Bauergarten habe ich mich auf Orangenäste gesetzt und mich in Grillen vertieft. Orangenäste, worauf der Reisende sitzt, klingt etwas wunderbar, wird aber ganz natürlich, wenn man weiß, dass der Orangenbaum, seiner Natur überlassen, sich bald über der Wurzel in Zweige trennt, die mit der Zeit zu entschiedenen Ästen werden.

Und so saß ich, den Plan zu „Nausikaa" weiterdenkend, eine dramatische Konzentration der „Odyssee". Ich halte sie nicht für unmöglich, nur müsste man den Grundunterschied des Drama und der Epopöe recht ins Auge fassen."

Nausikaa war die Tochter des Königs der Phaiaken. Sie traf als erste den schiffbrüchigen Odysseus und führte ihn zu ihrem Vater, der ihn in seine Heimat geleiten ließ. Homer schildert die erste Begegnung des erprobten Helden mit dem jungen Mädchen, das im heiratsfähigen Alter ist, im 6. Buch, die letzte Begegnung, den Abschied, im 8. Buch der Odyssee. Es ist ein Abschied ohne Dramatik und Sentimentalität. Sie hat sich Hoffnung gemacht, obwohl er nichts versprochen hat. Nun gehen beide ihrer Wege (8, 461–468).

Goethe wollte aus dem Stoff des Epos eine Tragödie machen. Er fühlte sich Odysseus verwandt, dem umgetriebenen, an ein fremdes Land geworfenen Dulder, der ankommt, freundlich aufgenommen wird und weiterzieht.

Die Phaiaken hatten „nahe den frevlerischen Kyklopen" gewohnt (vgl. Kap. 1, 3; 15, 5), bevor sie ausgewandert waren und eine Kolonie gegründet hatten (vgl. Kap. 3).

War der Taurusberg, dieser schöne Landstrich, in dem Taormina liegt, einst die Heimat der Phaiaken? Ist Nausikaa hier geboren worden?

Wem noch ein wenig Muße vor dem Abschied bleibt und wer das Glück hat, wie Goethe einen Homer in seinem Gepäck zu haben, der suche sich wie der Dichter einen einsamen Platz, sei es auf den oberen Stufen des Theaters, sei es in einem stillen, engen Winkel des Ortes, und lese die Geschichte von Odysseus und Nausikaa.

Goethe hat nur begonnen, das Drama zu schreiben. Es gibt nur etwa einhundertfünfzig Verse, mehr nicht. Fünf von ihnen lauten so:

> *„Ein weißer Glanz ruht über Land und Meer,*
> *Und duftend schwebt der Äther ohne Wolken.*
> *Und nur die höchsten Nymphen des Gebirgs*
> *Erfreuen sich des leicht gefallnen Schnees*
> *Auf kurze Zeit."*

Messana / Messene / Messina – Euhemeros

Wer auf den Spuren der Antike reist, muss nicht nach Messina fahren. Von der einst bedeutenden Stadt ist nichts erhalten geblieben. Allein im 20. Jahrhundert ist Messina zweimal fast völlig zerstört worden, durch ein Erdbeben 1908 und durch Luftangriffe der Alliierten 1943.

Wenn wir der Stadt an der Meeresstraße zwischen Italien und Sizilien trotzdem das Schlusskapitel widmen, so nicht, weil wir auf diese Weise an den Ausgangspunkt unserer Reise zurückkehren, sondern weil Euhemeros hier geboren wurde, jener Grieche, von dem der Begriff „Euhemerismus" abgeleitet ist.

Zankle, von „zanklon – Sichel", abgeleitet, hieß die Stadt ursprünglich, weil eine sichelförmige Landenge den Hafen bildete. Der Platz war wegen seiner hervorragenden Lage schon besiedelt, bevor die Griechen kamen.

„Der Name Zankle war der Stadt zuerst von den Sikelern gegeben worden, weil der Ort eine sichelförmige Gestalt hat, Zanklon."

Thukydides 6,4,5

Die ersten Kolonisten kamen 757 v.Chr. aus der in Kampanien gelegenen, kurz zuvor von Euböern gegründeten Stadt Kyme.

Nachdem der persische Großkönig Dareios den jonischen Aufstand 494 v.Chr. niedergeschlagen hatte, suchten Flüchtlinge aus Milet und Samos Zuflucht in der Stadt.

Die Änderung des Namens verdankt Zankle etwas später eingewanderten Griechen aus Messenien in der Peloponnes; auch sie waren Flüchtlinge. Die Spartaner hatten die unterworfenen Messenier, als sie sich gegen sie erhoben, besiegt und sich ihr Gebiet endgültig zu eigen gemacht. Waren die Gründer Jonier, so waren die Zuzügler Dorer. Schon wegen dieser Mischbevölkerung verdient die Kolonie, erwähnt zu werden. Messana ist die dorische, Messene die jonische und Messina die moderne Form des Namens.

Im 3. Jahrhundert v.Chr. hatten kampanische Söldner, die Mamertiner, Messene zum Ausgangspunkt ihrer Raubzüge gemacht. Als sie in Bedrängnis gerieten, baten sie die Römer um Hilfe und gaben ihnen so den Anlass zum 1. Punischen Krieg (264 v.Chr., vgl. Kap. 6, 1). Dass die Stadt dann innerhalb der Provinz einen bevorzugten Status hatte, versteht sich. Wegen ihres Hafens büßte sie auch nichts an Bedeutung ein.

Wer war Euhemeros? Ein Mann aus Messene, der um 300 v.Chr. gelebt hat. In einem Reiseroman, der uns nur aus Zitaten bekannt ist, entwirft er die Utopie einer idealen Stadt, die auf einer Insel im Indischen Ozean gelegen ist. Auf einer goldenen Stele, die im Zeustempel stand, war eine Inschrift eingraviert, die über die Taten der Könige, insbesondere der drei ersten, des Uranos, seines Sohnes Kronos und seines Enkels Zeus, Auskunft gab. Von dieser „Heiligen Inschrift" erhielt das Werk seinen Titel. Die drei Herrscher wurden dank ihrer Macht, ihrer Einsicht, Fürsorge und Wohltätigkeit für so bedeutend gehalten, dass man sie nach ihrem Tod als Götter verehrte.

Das Werk ist schon sehr bald, um 200 v. Chr., ins Lateinische übersetzt worden.

Euhemeros, der selbst am Hof von Königen, die das Reich Alexanders des Großen unter sich aufgeteilt hatten, gelebt hat, wollte wohl einen Beitrag zur Rechtfertigung des Herrscherkults liefern, der sich damals zu entwickeln begann. Wenn den Königen seines Idealstaats göttliche Ehren zuteil geworden sind, warum dann nicht auch den Königen, die seine Zeitgenossen waren?

Die Absicht des Euhemeros ist, kaum war das Werk erschienen, verkannt worden. Man warf ihm vor, gottlos zu sein, die Götter zu Menschen zu degradieren.

In der Religionswissenschaft bezeichnet man mit „Euhemerismus" eine rationalistische Mythendeutung.

Mag man auch die Intention des Euhemeros missverstanden haben, die Sache selbst, Religionskritik im Sinn der Aufklärung, war den Griechen nicht fremd. Sie gehörte zum sophistischem Gedankengut (vgl. Kap. 23, 1). Kritias, der im Jahr 404 v. Chr. Athen nach der Niederlage im Peloponnesischen Krieg als der einflussreichste von dreißig Tyrannen regierte, gilt – nicht unumstritten – als der Autor eines Satyrspiels mit dem Titel „Sisyphos". Diesem Sisyphos legt er folgende Rede in den Mund:

> „Es gab da eine Zeit, da war
>
> Der Menschen Leben ungeordnet, dem der Tiere gleich.
>
> Es herrschte die Gewalt. Die Edlen kämpften nicht
>
> Um Preise, Schlechte blieben unbestraft.
>
> Die Menschen, glaube ich, erließen dann zur Züchtigung
>
> Gesetze mit dem Ziel, dass über alle ohne Unterschied
>
> Das Recht regiert, das Recht den Frevel sich zum Sklaven macht.
>
> Wer sich verfehlte, wurde nun bestraft.
>
> Als das Gesetzeswerk die Menschen mit Gewalt
>
> Zwar abhielt, offen Unrecht zu begehen, sie jedoch
>
> Es heimlich weiter taten, hat zuerst ein schlauer, weiser Mann,
>
> So scheint es mir, den Sterblichen die Gottesfurcht
>
> Erfunden, den Verbrecher einzuschüchtern, falls
>
> Er heimlich Ungerechtes tut, es sagt, es denkt.
>
> So führte er ein Gotteswesen ein und stellte fest:
>
> „Es existiert ein Gott, der ewig lebt,

Der hört und sieht in seinem Geist und denkt
Wie keiner sonst. Er schaut auf diese Welt, ist göttlich von Natur,
Wird alles hören, was ein jeder sagt,
Wird alles sehen können, was ein jeder tut.
Wenn du ein Unrecht planst –
Die Götter merken es, auch wenn du es verschweigst.
Denn denken können sie, wie keiner sonst."
So führte er die süßeste der Lehren ein
Und hat mit lügnerischem Wort die Wahrheit ganz verhüllt.
Die Götter wohnen, wie er sagte, an dem Ort,
- Mit dieser Rede jagte er den Sterblichen den größten Schrecken ein –
Von dem, wie er erkannte, alle Angst der Menschen stammt
Und auch die Hilfen für die leidgeprüfte Existenz,
Von dort, wo sich die Himmelskörper oben drehen, wo er Blitze sah,
Des Donners furchtbares Getöse hörte, wo vom Himmelsbau,
Den einst der weise Gott der Zeit als Architekt wie einen bunt gewirkten
                                                               Stoff erschuf,

Die Sterne, Augen gleichend, funkelten
Und wo der Sonnenstern dahinzieht und erstrahlt,
Von wo das Nass des Regens auf die Erde fällt.
Mit Ängsten solcher Art hat er die Sterblichen umstellt,
Durch sie den Gott in seiner Rede schön
An einen Ort versetzt, der ihm geziemt,
Und die Gesetzeswidrigkeit durch die Gesetze ausgelöscht.
Mir scheint, der Mann hat so die Menschen davon überzeugt,
Zu glauben, dass es Götter gibt."

DK 88 B 25

Die Religion, sagt das Fragment, ist eine Erfindung der Menschen, und sie ist, sagt es weiter, eine für die Menschen unverzichtbare Erfindung. Erst die Religion schafft die Voraussetzung für eine auf Gesetzen beruhende staatliche Ordnung.

Der Text ist nicht nur ein Dokument für das Verhältnis von Staat und Religion, sondern er liefert auch einen Beitrag zu der die Philosophen der Antike, Sophisten und Männer wie Sokrates, Platon, Aristoteles, die Stoiker und Epikureer, bewegenden Frage, warum wir Menschen moralisch handeln. Man hat bis heute nicht aufgehört, darüber nachzudenken.

Äußerungen wie die des Sisyphos in dem Satyrspiel des Kritias, die den Göttern die Existenz absprechen, in ihnen nichts als Erfindungen des menschlichen Geistes sehen, haben den Glauben an die Götter als wahrhaft existierende und wirkende Wesen nicht erschüttert, so wenig, wie die europäische Aufklärung das Christentum verdrängt hat.

Die Erinnerung an Kritias, an Euhemeros, an den Euhemerismos ist geeignet, sich am Schluss unserer Reise durch Sizilien die Spannweite des antiken Denkens bewusst zu machen. In vieler Hinsicht ist die europäische Geistesgeschichte eine Rezeption und Fortentwicklung dessen, was Griechen und Römer in der Literatur und Philosophie geschaffen haben. Manches Bedeutende hat seinen Ursprung in Sizilien.

Zitate antiker Autoren

Kapitel 1
Thukydides 6, 2, 1
Homer, Odyssee 12, 73–106
Thukydides 4, 24, 5
Homer, Odyssee 1, 1–5
Thukydides 1, 21

Kapitel 2
Thukydides 6, 2
Homer, Odyssee 1, 6–9
Homer, Ilias 20, 307/08
Vergil, Aeneis 1, 1–7; 5, 746–760

Kapitel 3
Hesiod, Werke und Tage 189–196
Homer, Odyssee 6, 4–10
Aristoteles, Politik 1306 b 27 ff.
Thukydides 3, 92, 5
Herodot 4, 159, 3
Thukydides 1, 25, 3/4; 5; 106; 6, 3, 2
Diodor 11, 91/92

Kapitel 4
Diodor 11, 20–23; 13, 62

Kapitel 5
Aristoteles, Rhetorik 1393 b
Platon, Phaidros 243 a
Pindar, 12. Olympische Ode

Kapitel 6
Plutarch, Cicero 8
Diodor 2, 34/35 u. 36, 1–3
Cicero, 2. Rede gegen Verres, Buch 3, Kap. 5

Kapitel 7
Herodot 2, 53
Homer, Odyssee 7, 201–203

Apostelgeschichte 17, 16 ff.
Thales, DK 11 A 22
Ovid, Metamorphosen 2, 836–75 (mit Auslassungen)
Hesiod, Theogonie 270–286 (mit Auslassungen)
Ovid, Metamorphosen 4, 779–786
Homer, Ilias 14, 291–351 (mit Auslassungen)
Pausanias 9, 2, 3

Kapitel 8
Thukydides 6, 6; 6, 8; 6, 46
Diodor 20, 71
Cicero, 2. Rede gegen Verres, Buch 4, Kap. 33–35; 59 (mit Auslassungen)
Cicero, Über den Redner 2, 265
Apostelgeschichte 17, 29

Kapitel 9
Diodor 4, 23
Herodot 5, 43 u. 46, 1
Diodor 4, 83
Strabo 6, 2, 6

Kapitel 10
Diodor 13, 57 u. 59
Cicero, Über Gesetze 2, 36
Homerischer Demeterhymnus 460–473
Plutarch, Timoleon 8

Kapitel 11
Diodor 4, 79; 13, 83/84
Pindar, 2. Olympische Ode (mit Auslassungen)
Lukian, Der erste Phalaris
Diodor 13, 88–90
Livius 26, 90

Cicero, Gespräche in Tusculum 5, 10
Empedokles, Diels-Kranz 8, 11, 12,
17, 21, 23
Platon, Gorgias 473 c – e

Kapitel 12
Homer, Odyssee 435–463; 470/71
Cicero, 2. Rede gegen Verres, Buch 5,
Kap. 43
Diodor 11, 25
Aischylos, Agamemnon 160–166

Kapitel 13
Pindar, Nemeen 10, 80–91
Aischylos, Eumeniden 307–388 (mit
Auslassungen)
Euripides, Hippolytos 1437–1439
Diodor 11, 25
Homer, Ilias 18, 371–381

Kapitel 14
Herodot 1, 153
Euripides, Hippolytos 375–430 (mit
Auslassungen)

Kapitel 15
Herodot 7, 156
Vita des Aischylos, Kap. 10/11
Cato, über die Landwirtschaft,
Kap. 143, 2
Historia Augusta, Probus, Kap. 19
Homer, Odyssee 9, 344–373 u. 408
Herodot 1, 24
Platon, Staat 401 d
Ovid, Metamorphosen 9, 239–243;
248–255
Euripides, Alkestis 778–791; 799–802
Plinius der Jüngere, Epistel 1, 9

Kapitel 16
Seneca, Epistel 56, 1/2
Plinius der Jüngere, Epistel 9, 6

Kapitel 17
Diodor, 5, 3
Cicero, 2. Rede gegen Verres, Buch 5,
Kap. 48/49
Cicero, Über die Gesetze 2, 31

Kapitel 18
Thukydides 6, 3
Strabo 6, 269
Herodot 7, 156
Pindar, 1. Olympische Ode 103–118
Bakchylides, Epinikien 3, 78–98
Simonides, 4 D
Matthäus 19, 17
Thukydides 6, 30–33; 7, 75 u. 87, 8, 1
Platon, 7. Brief 326 a/b; 331 d – 332 d
Diogenes Laertios 66, 69, 80
Cicero, Gespräche in Tusculum 5,
61–63
Theokrit, Eidyllion 11 (mit Auslas-
sungen); 15, 1–26
Plutarch, Marcellus 15
Vitruv, 10 Bücher über Architektur 9,
Vorwort zu Kap. 10
Plutarch, Marcellus 19
Valerius Maximus 8, 7, ext. 7
Plutarch, Marcellus 17
Cicero, Gespräche in Tusculum 5,
64–66

Kapitel 19
Cicero, 2. Rede gegen Verres,
Buch 4, Kap. 52/53

Kapitel 20
Ovid, Metamorphosen 5, 578–641
Cicero, 2. Rede gegen Verres,
Buch 4, Kap. 55/56

Kapitel 21
Aischylos, Die Perser 739–758;
803–815; 821–831

Juvenal, 10. Satire 78–81
Seneca, Epistel 7, 2–5
Augustinus, Bekenntnisse 6, 8 (13)
Diodor 11, 72

Kapitel 22
Ovid, Metamorphosen 5, 412–437

Kapitel 23
Gorgias, Diels-Kranz B 3
Gorgias, Lob der Helena, Kap. 6–8; 20/21
Thukydides 3, 116

Hesiod, Theogonie 820–868
Pindar, 1. Pythische Ode 13–30
Aischylos, Der gefesselte Prometheus 367–372
Vergil, Aeneis 8, 820–868
Lukrez 6, 680–702
Pseudo-Vergil, Ätna 209–217; 367–385; 569–573; 600–603

Kapitel 25
Thukydides 6, 4, 5
Kritias, Diels-Kranz 88 B 25

SYNOPSIS
zu Literatur, Philosophie/Religion, Wissenschaft

Zeit	Literatur	Philosophie/Religion	Wissenschaft
ca. 700 v. Chr.	Homer		
7. Jh.	Hesiod		
7./6. Jh.	Stesichoros	Thales	
6./5. Jh.	Simonides Aischylos Pindar Bakchylides		
5. Jh.	Sophokles Herodot Euripides Thukydides	Empedokles Gorgias Sokrates	
5./4. Jh.		Platon	
3. Jh.	Theokrit		Archimedes
3./2. Jh.	Cato		
2./1. Jh.	Cicero	Cicero	
1. Jh.	Diodor Lukrez Vergil		
1. Jh. v./n. Chr.	Livius Ovid		Strabo
1. Jh. n. Chr.	Lukas		Pseudo-Vergil
1./2. Jh.	Plutarch Plinius der Jüngere Sueton		
2. Jh.	Pausanias Lukian		
3. Jh.	Diogenes Laertios		
4. Jh.	Historia Augusta	Augustin	

Antike Namen

ACHAIA	Landschaft im Norden der Peloponnes
Achaier/Achaeer	Griechen
Achill	größter Held der Griechen im Kampf um Troja
Adonis	Liebling der Aphrodite. Er wird bei einem Jagdunfall getötet und darf sich ein halbes Jahr der Liebe Aphrodites erfreuen, muss die andere Hälfte des Jahres im Hades verbringen.
Admet	König von Thessalien. Er erwirkt bei den Schicksalsgöttinnen eine Verlängerung seines Lebens, wenn ein anderer / eine andere für ihn stirbt. Seine Frau Alkestis ist dazu bereit.
Adrastiden	Nachkommen des Adrastos, des Königs von Argos. Eine Tochter heiratet Polyneikes, einen Sohn des Ödipus.
Aeneas	trojanischer Held: Er entkommt, als Troja zerstört wird, und gründet im Auftrag der Götter in Latium die Stadt Lavinium.
Aeneis	Epos des römischen Dichters Vergil. Held ist Aeneas.
Aesculapius	Gott der Heilkunst, griechisch: Asklepios
Aetna	höchster noch tätiger Vulkan Europas, 3350 m
Agamemnon	König von Mykene, Anführer der Griechen im Krieg gegen Troja. Er wird von seiner Frau Klytaimestra getötet.
Agathokles	herrschte seit 312 als Tyrann, seit 304 v. Chr. als König über Syrakus. Er starb 289/88 v. Chr.
Agenor	phönizischer König. Vater der Europa
Aigina	Insel im Saronischen Golf in beherrschender Lage gegenüber Attika und dem Golf von Korinth
Aischylos	Tragödiendichter, 525/24–456/55 v. Chr.
Ainesidemos	Vater des Theron, des Tyrannen von Akragas und Himera
Akestes	König eines Gebiets an der Westküste Siziliens. Er empfängt Aeneas freundlich.
Akko	Stadt der Phönizier
Akragas	Fluss im Osten der gleichnamigen Stadt Akragas
Akrokorinth	576 m hohes Kalksteinmassiv im Süden der Stadt Korinth, auf dem sich u. a. ein Heiligtum der Aphrodite befand

Aktaion	Jäger. Artemis verwandelt ihn in einen Hirsch, weil er sie gesehen hat, als sie nackt badete. Er wird von seinen Jagdhunden zerfleischt.
Alba Longa	Tochterstadt von Lavinium und Mutterstadt Roms
Alexandria	von Alexander dem Großen 332/1 v. Chr. an der Nilmündung gegründete Stadt. Sie war in der hellenistischen Zeit ein Zentrum der Wissenschaft und Kunst.
Alkestis	Frau des Admet. Sie stirbt, damit er leben kann. Tragödie des Euripides, 438 v. Chr. aufgeführt
Alkibiades	ca. 450–404 v. Chr., athenischer Politiker und Feldherr. Er überredete die Athener zu der sizilischen Expedition 415–413 v. Chr.
Alkinoos	König der Phaiaken
Alpheios	der größte und wasserreichste Fluss der Peloponnes
Alypius	Schüler des Kirchenvaters Augustin
Amazonen	ein Volk von Frauen, deren Beschäftigung in Jagd und Krieg besteht
Ambrosia	Mänade, Begleiterin des Gottes Dionysos. Sie wird in eine Weinrebe verwandelt.
Amphitrite	Meeresnymphe, Metapher für Meer
Anapis	auch Anopos, Fluss, der südlich von Syrakus ins Meer mündet. Gemahl der Nymphe Kyane
Anaxilaos	Tyrann von Rhegion (494) und von Zankle/Messina (490). Er versuchte vergeblich, im Bund mit den Karthagern Terillos von Himera wieder als Tyrannen einzusetzen
Anchises	Vater des Aeneas
Anopos	Fluss, der südlich von Syrakus ins Meer mündet
Antigenes	ein Gutsbesitzer
Antigone	Tochter des Ödipus. Sie begräbt ihren Bruder Polyneikes, obwohl es der König Kreon verboten hat. Tragödie des Sophokles, 442 v. Chr. aufgeführt
Antiochia	Hauptstadt Syriens; Ort, an dem sich die erste christliche Gemeinde bildete. Hier tauchte erstmals die Bezeichnung „Christianoi" auf.
Antisthenes	ein sehr reicher Akragantiner
Apameia	syrische Stadt am Orontes
Aphrodite	Göttin der Liebe, von den Römern mit Venus identifiziert
Apollon	Sohn des Zeus und der Leto, Zwillingsbruder der Artemis, u. a. Herr des Orakels in Delphi, Gott des Gesangs, Führer der Musen; lateinisch: Apollo

Apollonios Rhodios	ca. 300 – ca. 246 v. Chr., Verfasser eines Epos mit dem Titel „Argonautika"
L. Aradius Valerius Proculus Populonius	327–331 n. Chr. römischer Verwalter der Provinz Sizilien
Archias	Korinther, der Syrakus gründete
Archimedes	ca. 287–212 v. Chr., genialer Mathematiker, Physiker und Konstrukteur, Syrakusaner
Areopag	Hügel in Athen, auf dem sich der Apostel Paulus mit einer Rede an die Athener gewandt haben soll
Ares	Gott des Krieges, Sohn des Zeus, Gemahl der Aphrodite
Arethusa	Nymphe, Name der nach ihr benannten Süßwasserquelle in Syrakus
Argolis	Landschaft im Norden der Peloponnes
Argyrion	Geburtsort des Geschichtsschreibers Diodor, ca. 25 km nördlich von Enna
Ariadne	Tochter des kretischen Königs Minos. Mit Hilfe eines Fadens („Ariadne-Faden") hilft sie Theseus, aus dem Labyrinth herauszufinden. Sie flieht mit ihm. Er lässt sie auf Naxos zurück.
Arion	griechischer Dichter und Kitharode. Er wirkte um 600 v. Chr.
Aristipp aus Kyrene (Nordafrika)	ca. 435 – ca. 355 v. Chr. Er vertrat als Philosoph die Auffassung, dass „die Freude" das höchste Gut sei. Er hielt sich wie Platon am Hof von Syrakus auf.
Aristoteles	griechischer Philosoph, 384–322/1 v. Chr.
Arpinum	Stadt in Latium, Heimatstadt Ciceros
Artemis	Tochter des Zeus und der Leto, Zwillingsschwester Apollons, Göttin der Jagd, der unberührten Natur, der Tiere, Schutzgöttin der Volksversammlungen
Artemision	Artemistempel in Ephesos
Askanios	Sohn des Aeneas
Asklepios	lateinisch: Aeculapius, Gott der Heilkunst
Askra	kleine Stadt in Böotien; Geburtsstadt des Dichters Hesiod
Assyrien	mächtiger Staat im Norden des heutigen Irak, Blütezeit 14. – 7. Jahrhundert v. Chr.
Astarte	auch Istar, semitische Göttin der Fruchtbarkeit, Herrin des Krieges, von den Griechen mit Aphrodite gleichgesetzt
Atargatis	syrische Göttin, die auch als Mater Magna verehrt wurde

Athena	Göttin, die aus dem Haupt des Zeus geboren wird; Schutzgöttin Athens, Göttin der Weisheit
Athenion	Anführer der Sklaven im 2. Sklavenkrieg (104–100 v. Chr.). Er fiel im Zweikampf mit dem römischen Konsul.
Atilius	lateinischer Komödiendichter, 2. Jahrhundert v. Chr.
Atlas	Titan, zugleich das Gebirge in Nordafrika. Er trägt das Himmelsgewölbe.
Atossa	Ehefrau des Perserkönigs Dareios (522–486), Mutter des Xerxes (486–465 v. Chr.)
Augias	König in Pisa, einer Stadt in der Peloponnes. Herakles reinigt seine Stallungen, indem er das Wasser des Alpheios hindurchleitet.
Augustinus	Kirchenvater, 334–430 n. Chr.
Augustus	Begründer des römischen Kaisertums. Er regierte von 27 v. Chr. bis 14 n. Chr.
Aulis	Ort und Hafen an der böotischen Küste gegenüber der Insel Euböa. Hier sammelt sich die griechische Flotte zur Ausfahrt nach Troja.
M. Aurelius Maximianus Herculeus	Mitkaiser Diokletians 285–305 n. Chr.
BAAL – BAALAT	phönizisches Götterpaar
Baiae	mondänes Bad in Kampanien
Bakchylides	ca. 510–ca. 452 v. Chr., lyrischer Dichter, Zeitgenosse und Konkurrent Pindars
Battos	Gründer und König der Stadt Kyrene in Nordafrika, 2. Hälfte des 7. Jahrhunderts v. Chr.
Beirut	Stadt in Phönizien
Böotien	Landschaft in der Mitte Griechenlands
Brundisium	heute Brindisi, Stadt in Kalabrien am Adriatischen Meer. Hier starb der römische Dichter Vergil 19 v. Chr.
Bruttier	italischer Stamm, dessen Heimat Bruttium war
Bruttium	Landschaft im Süden Italiens, von Sizilien durch die Meerenge von Messina getrennt
Butas	Teilnehmer am Argonantenzug, gilt auch als Vater des Eryx
Byblos	Stadt in Phönizien
C. JULIUS CAESAR	siehe Julius
Caligula	römischer Kaiser. Er regierte 37–41 n. Chr.
L. Calpurnius Piso Frugi	133 v. Chr. Konsul

Cecrops	griechisch: Kekrops, mythischer König von Athen
Ceres	altrömische Göttin, mit Demeter identifiziert
Chalkis	Stadt auf der Insel Euböa
Chariten	drei segenspendende Göttinnen
Charon	Fährmann, der die Toten über die Flüsse der Unterwelt zum Tor des Hades bringt
Charybdis	Homer beschreibt sie als ein Ungeheuer, das das Wasser der Meerenge von Messina einschlürft und ausspeit. Ihr gegenüber: Skylla.
Choephoren	„Die Weihgussträgerinnen", das 2. Stück der Trilogie „Orestie" des Aischylos
Chrysaor	Kind der Medusa, Bruder des Pegasos
Chthonische Gottheiten	mit der Erdtiefe (griechisch: chthon) und der Unterwelt verbundene Gottheiten: Hades, Demeter, Persephone, Hekate, Erinnyen
Ciane	italienischer Name für Kyane
Cicero	106–43 v. Chr., M. Tullius Cicero, 75 v. Chr. Quästor in Sizilien. Er führte im Auftrag sizilischer Gemeinden einen Prozess gegen Verres: 70 reichte er die Klage ein.
Concordia	Göttin der Eintracht
Cumae	Stadt in Kampanien, als Kyme von Euböern gegründet
DAIDALOS	berühmter Architekt, Künstler, Erfinder. Er soll für Minos das Labyrinth gebaut haben. Er flieht mit seinem Sohn Ikaros mit Flügeln aus Kreta. Ikaros stürzt ab, Daidalos kommt nach Sizilien.
Damokles	Höfling am Hof des Dionysios II., des Tyrannen von Syrakus
Damophilos	ein Gutsbesitzer
Dareios	persischer Großkönig, 522–486 v. Chr.
Deinomenes	Vater des Gelon, des Tyrannen zuerst von Gela (491 v. Chr.), dann von Syrakus (485 v. Chr.). Er starb 478 v. Chr.
Delphi	Heiligtum; Orakelstätte des Apollon in Mittelgriechenland; Stätte panhellenischer Spiele, der Pythien
Delos	Zentrum der Kykladeninseln, die im Kreis (kyklos) um sie herum liegen; Geburtsstätte von Apollon und Artemis
Demeter	Tochter des Kronos, Göttin der Fruchtbarkeit, des Ackerbaus. In Selinus wurde sie als „Malophoros", „Bringerin des Granatapfels", verehrt. Als „Eleusinia" wurde sie in Eleusis verehrt, deren Mysterien sie begründet hatte.

Demetrios	Silberschmied in Ephesos, der das Volk gegen den Apostel Paulus aufwiegelte
Diana	die griechische Artemis
Didyma	Orakelstätte des Apollon südlich von Ephesos. Der große jonische Tempel war berühmt.
Diodor(us Siculus)	griechischer Geschichtsschreiber, 1. Jahrhundert v. Chr. Er schrieb eine Universalgeschichte mit dem Titel „Bibliothek".
Diogenes Laertios	Er lebte im 3. Jahrhundert n. Chr. Er hat Biographien von Philosophen in 10 Büchern geschrieben. Sie enthalten wenig gesichertes Material, viel Anekdotisches.
Diokletian	römischer Kaiser 284–305 n. Chr.
Dion	409–354 v. Chr. Er war ein Verehrer Platons. Er stürzte 357 v. Chr. Dionysios II., den Tyrannen von Syrakus. 354 wurde er ermordet.
Dionysios I.	Tyrann von Syrakus 405–367 v. Chr.
Dionysios II.	Tyrann von Syrakus, 367–357 und 347–344 v. Chr., Sohn des Dionysios I.
Dionysos	Sohn des Zeus und der Semele, Gott des Weins, der Ekstase, des Theaters
Dioskuren	„Zeussöhne": die Zwillinge Kastor und Pollux (griechisch: Polydeukes). Nach Pindar ist nicht Zeus, sondern Tyndareos Vater des Kastor.
Dorer / Dorier	Griechen, die den dorischen Dialekt sprachen. Sie siedelten hauptsächlich auf der Peloponnes, auf Kreta, Rhodos, im Südwesten Kleinasiens, in Italien und Sizilien.
Dorieus	Spartaner. Er versuchte vergeblich, im Jahre 510 v. Chr. am Fuß des Eryx eine Kolonie zu gründen.
Drepanum	Hafenstadt an der Westküste Siziliens, heute Trapani
Duketios	ein Sikeler, der in der Mitte des 5. Jahrhunderts v. Chr. ein sikelisches Reich gründen wollte
EGESTA	troische Nymphe, Mutter des Akestes. Name der von Aeneas gegründeten Stadt; siehe Segesta
Elea	Stadt an der Westküste Lukaniens
Eleusis	berühmte Verehrungsstätte der Demeter in der Nähe Athens. Hier wurden die Mysterien der Demeter begangen.
Empedokles	vorsokratischer Philosoph aus Akragas, ca. 485 – ca. 423 v. Chr. (oder ca. 495 – ca. 435 v. Chr. ?)
Enkelados	Gigant. Athena tötet ihn, indem sie einen Felsen auf ihn schleudert. So soll Sizilien entstanden sein.

Enna	Stadt und Festung in der Mitte Siziliens, Zentrum des Demeterkults
Entellus	in Vergils Äneis ein Sikeler, der an den Spielen zu Ehren des toten Anchises teilnimmt, ein Schüler und Verehrer des Eryx
Ephesos	Stadt an der kleinasiatischen Westküste. Berühmt war der große jonische Artemistempel.
Epicharm	lebte in der 2. Hälfte des 6. und der 1. Hälfte des 5. Jahrhunderts v. Chr. in Syrakus. Der Geburtsort ist unbekannt. Er schrieb Komödien, in denen er sich auch kritisch mit der Vergangenheit und Gegenwart aueinandersetzte.
Epidauros	ein berühmtes Asklepiosheiligtum in der Argolis
Epikur	342/1–271/0 v. Chr. 306 gründete er in Athen eine Schule. Als höchsten Wert hat er die Freude (Hedone) angesehen.
Epikureer	die Anhänger Epikurs
Epiros	Landschaft im Nordwesten Griechenlands am Jonischen Meer
der erymanthische Eber	Ihn zu fangen, gehörte zu den Arbeiten des Herakles. Das Tier hauste im Erymanthosgebirge in Arkadien.
Erinnyen	siehe Eumeniden
Eryx	Stadt und Berg an der Westküste Siziliens. Auf dem Gipfel befand sich ein Heiligtum der Aphrodite. Mythischer König
Eteokles	Sohn des Ödipus. Er fällt im Kampf mit seinem Bruder Polyneikes.
Euböa	der attischen Ostküste vorgelagerte Insel
Euhemeros	aus Messana/Messina; er lebte um 300 v. Chr. , ist Autor eines Reiseromans. Darin entwarf er die Utopie eines idealen Staates, dessen Könige zu Göttern erhoben worden sind.
Euklid	Mathematiker. Über sein Leben ist nichts Gesichertes bekannt. Er war älter als Archimedes (3. Jahrhundert v. Chr.), der ihn voraussetzt. Sein Werk „Elemente" war bis ins 19. Jahrhundert die Grundlage im Schulunterricht.
Eumeniden	„die Wohlmeinenden", euphemistische Bezeichnung der Erinnyen; Titel des 3. Stücks der Trilogie „Orestie" des Aischylos
Eunus	ein syrischer Sklave, ein Führer der Aufständischen im 1. Sklavenkrieg 136–132 v. Chr.

Euphorion	Vater des Aischylos
Euripides	griechischer Tragödiendichter, 484 oder 480–406 v. Chr.
Europa	phönizische Prinzessin, die von Zeus, der die Gestalt eines Stiers angenommen hat, geraubt wird
Euryale	eine der 3 Gorgonen
FORTUNA	Göttin des Glücks; sie entspricht der griechischen Tyche.
GALATEA	Meeresnymphe, in die – nach Theokrit – der Kyklop Polyphem unglücklich verliebt war
Galenos	aus Pergamon (129–199 n. Chr.), berühmter Arzt
Gargaron	Berg im Idagebirge im Nordwesten Kleinasiens
Gellias	nach Diodor einer der reichsten Männer von Akragas
Gelon	491 v. Chr. Tyrann von Gela, 485 v. Chr. Tyrann von Syrakus. Er besiegte mit Theron von Akragas zusammen 480 v. Chr. die Karthager bei Himera.
Giganten	Riesen, Kinder der Erdgöttin Gaia. Sie versuchen vergeblich, die olympischen Götter zu entmachten.
Glaukon	jüngerer Bruder Platons; in Platons „Staat" Gesprächspartner des Sokrates
Gorgias	von Leontinoi, ca. 485–385 v. Chr., Sophist, Lehrer der Rhetorik. In dem nach ihm benannten Dialog Platons tritt er als Gesprächspartner des Sokrates auf.
Gorgonen	3 furchtbare weibliche Ungeheuer mit großen Augen und Zähnen, mit Schlangen als Attributen
Goten	germanischer Stamm. Er begründete 497 n. Chr. unter Theoderich dem Großen seine Herrschaft in Italien und Sizilien. Sie bestand bis 553 n. Chr.
Gracchen	Tiberius Sempronius Gracchus, 133 v. Chr. Volkstribun, im selben Jahr ermordet. C. Sempronius Gracchus, 123/2 v. Chr. Volkstribun, jüngerer Bruder. Beide versuchten, die sozialen Probleme zu lösen, ohne Erfolg.
HADES	Gott der Unterwelt, auch die Unterwelt selbst
Halikarnassos	Stadt in Kleinasien, Geburtsstadt des griechischen Geschichtsschreibers Herodot
Hamilkar	König von Karthago, Feldherr der Karthager 480 v. Chr. in der Schlacht bei Himera
Hanno	Feldherr der karthagischen Truppen in Akragas 212–210 v. Chr. Er übergab den Römern die Stadt und floh nach Afrika.

Hannibal	Feldherr der Karthager. Er eroberte 409 v. Chr. Selinunt und Himera. Der phönizische Name bedeutet „der, dem Baal geneigt ist".
Hekate	Göttin der Wege und des Weges in die Unterwelt
Helena	Sie ist die Gemahlin des Königs Menelaos von Sparta. Sie wird von dem trojanischen Prinzen Paris geraubt. Der Raub ist die Ursache des „Trojanischen Krieges".
Helios	Sonnengott
Hellespont	die Straße der Dardanellen, von Aischylos auch Bosporos genannt
Hephaisteion	ein im 5. Jahrhundert v. Chr. dem Hephaistos und der Athena in Athen geweihter Tempel. Er wird fälschlicherweise „Theseion" genannt.
Hephaistos	Sohn des Zeus und der Hera, Schutzgott des Handwerks, Gemahl der Aphrodite/Venus
Hera	Schwester und Gattin des Zeus; u. a. Schützerin der Ehe
Herakleia	Name der Stadt, die Dorieus 510 v. Chr. am Fuße des Eryx gründen wollte
Herakles	Sohn des Zeus und der Alkmene. Er muss 12 gefährliche Abenteuer bestehen. Am Ende seines Lebens nehmen die Götter ihn bei sich auf.
Herakliden	ein vornehmes Geschlecht in Sparta, das Herakles als seinen Stammvater betrachtete
Hercules	lateinisch, entspricht Herakles
Hermes	Sohn der Maia und des Zeus, Götterbote, von den Römern mit Merkur identifiziert
Hermes	ein Sklave
Herodot	griechischer Geschichtsschreiber, 485–ca. 425 v. Chr. Sein Thema sind die Perserkriege.
Hesiod	griechischer Dichter, Mitte des 7. Jahrhunderts v. Chr. Die wichtigsten Werke sind „Theogonie" und „Werke und Tage".
Hethiter	vom 14. Jahrhundert bis ca. 1120 v. Chr. mächtiges Volk in Zentralanatolien
Hieron I.	485 v. Chr. Statthalter von Gela, dann Tyrann von Syrakus 478–466/5 v. Chr., Bruder und Nachfolger des Gelon
Hieron II.	zunächst Feldherr, dann seit 275/74 Tyrann, schließlich seit 269 v. Chr. König von Syrakus. Er schloss ein Bündnis mit den Römern. Er starb 215 v. Chr.
Hieronymos	Enkel Hierons II. Er regierte als sein Nachfolger 215/214 v. Chr.

Himilkon	karthagischer Feldherr, begleitete Hannibal auf dem Feldzug gegen Sizilien. Er eroberte 406 v. Chr. Akragas.
Hippodamos	von Milet (5. Jahrhundert v. Chr.). Er begründete in einer Schrift theoretisch die rechtwinklige Stadtanlage.
Hippolytos	Sohn des Theseus. Seine Stiefmutter Phaidra verliebt sich in ihn. Er, der sich dem reinen, asketischen Leben verschrieben hat, weist sie zurück. Sie begeht Selbstmord und beschuldigt ihn in einem Abschiedsbrief der Zudringlichkeit. Der Vater verflucht ihn. Er kommt um. Die von ihm einzig verehrte Göttin ist Artemis. Tragödie des Euripides, aufgeführt 428 v. Chr.
Homer	Er gilt als Verfasser der Epen „Ilias" und „Odyssee", die um 700 v. Chr. entstanden sind
Hyblon	König der Sikeler. Hauptort Hybla an der Ostküste. Er stellte den Einwanderern aus Megara ein Gebiet für die Gründung von Megara Hyblaia zur Verfügung
Hygieia	Göttin der Gesundheit
Hyperaia	Wohnort, den die Phaiaken wegen der Auseinandersetzungen mit ihren Nachbarn, den Kyklopen, verlassen haben
Hyperion	Titan, Vater des Helios
Hypsas	Fluss im Westen von Akragas
IBYKOS	lyrischer Dichter aus Rhegion, Mitte des 6. Jahrhunderts v. Chr. Die Geschichte von seiner Ermordung, von der Schillers Ballade „Die Kraniche des Ibykus" berichtet, ist erfunden. Es sind von ihm nur Fragmente erhalten.
Idagebirge	in der Troas im Nordwesten Kleinasiens
idalisch	Beiname der Aphrodite nach ihrem Heiligtum in Idalium auf Zypern
Ikaros	Sohn des Daidalos. Er stürzt bei dem Versuch, mit Flügeln aus Kreta zu fliehen, ab.
Ilias	Epos Homers. Es handelt vom Kampf um Troja/Ilion.
Ischtar	semitische Göttin der Fruchtbarkeit, Herrin des Krieges, ein anderer Name für Astarte
Isis	ägyptische Göttin, von den Griechen und Römern als Allgöttin verehrt
Isthmos	Landenge von Korinth. In der Nähe lag der Austragungsort der panhellenischen isthmischen Spiele.

JAKOBUS (der Ältere)	Apostel. Er predigte nach Christi Himmelfahrt in Spanien. Er wurde 44 n. Chr. enthauptet; sein Grab wird an dem Wallfahrtsort Compostela verehrt.
Jamblichos	4. Jahrhundert n. Chr., Platoniker. Er hat u. a. ein Buch mit dem Titel „Das pythagoreische Leben" verfasst.
Japygisches Vorgebirge	an der Südküste Kalabriens
Jonier / Joner	Griechen, die den jonischen und den dem Jonischen verwandten attischen Dialekt sprachen. Sie siedelten hauptsächlich in der Mitte der kleinasiatischen Küste und in Attika.
Jonisches Meer	Südteil der Adria zwischen der Westküste Griechenlands und der Südküste Italiens und Siziliens
Josef	einer der 12 Söhne Jakobs. Ahnherr einer Gruppe israelitischer Stämme. Er wird von seinen Brüdern nach Ägypten verkauft. Standhaft widersteht er der Verführung der Frau seines Herrn Potifar. 1. Buch Moses, Kap. 39
C. Julius Caesar	100–44 v. Chr., römischer Politiker, Feldherr, Schriftsteller. Er wurde 44. v. Chr. ermordet. Er war der Adoptivvater des späteren Kaisers Augustus.
Juno	römische Göttin, Gattin Jupiters. Sie entspricht der griechischen Hera. Den Beinamen „Lacinia" führte sie nach einem Vorgebirge in Bruttium, wo sie einen Tempel besaß.
Jupiter	(lat. Iuppiter) der höchste römische Gott
Juvenal	römischer Satiriker, ca. 60 – ca. 135 n. Chr.
KALE AKTE	„Schöne Küste", eine von Duketios an der Nordküste gegründete Sikelerstadt
Kallikles	Athener, lebte im 5. Jahrhundert v. Chr., Aristokrat, Gastgeber des Gorgias in Athen. In Platons Dialog „Gorgias" vertritt er die These vom „Recht des Stärkeren".
Kanaanäer / Kanaaniter	So nannten sich die Phönizier.
Karthago	eine von den Phöniziern gegründete Stadt in Nordafrika
Kentoripa	Stadt der Sikeler, ca. 30 km südwestlich des Aetnagipfels
Keos	westliche Kykladeninsel
Kerkopen	2 Männer, manchmal als Zwerge vorgestellt. Sie treiben allerlei Unfug und werden von Herakles kopfüber an einem Tragbalken aufgehängt, den er auf der Schulter trägt.
Kerkyra	Insel im Jonischen Meer, heute Korfu

Kerkyrer	Einwohner der Insel Kerkyra
Keto	Tochter des Meergottes Pontos und der Erdgöttin Gaia. Keto und ihr Bruder Phorkys sind die Eltern der Gorgonen
Kilikien	Landschaft in der Südostecke Kleinasiens
Kleanthes	stoischer Philosoph, ca. 331–232 v. Chr.
Kleon	ein Sklave aus Kilikien, ein Führer der Aufständischen im 1. Sklavenkrieg (136–132 v. Chr.)
Klytaimestra	Sie tötet ihren Mann Agamemnon, u.a. weil er ihre Tochter Iphigenie geopfert hat
Konstantin der Große	seit 306 Kaiser, 324–337 n. Chr. Alleinherrscher des Römischen Reichs. In dem Toleranzedikt von Mailand wurde im Jahr 313 den Christen Religionsfreiheit zugebilligt
Korax	lehrte im 5. Jahrhundert v. Chr. in Syrakus Rhetorik. Er gilt als Lehrer des Teisias und mit ihm zusammen als Begründer der Theorie der Rhetorik
Kore	„Mädchen", Tochter der Demeter. Ihr Name ist Persephone
Korinth	bedeutende griechische Stadt am Golf von Korinth, Stätte panhellenischer Spiele, der Isthmien, Mutterstadt von Syrakus
Kos	Insel vor der Südwestküste Kleinasiens. In hellenistischer Zeit stand sie in enger Verbindung zu Alexandria.
Kreon	König von Theben. Er verbietet, Polyneikes zu begraben. Antigone begräbt ihren Bruder trotz des Verbots. „Antigone", die Tragödie des Sophokles, ist 442 v. Chr. aufgeführt worden
Kreta	Insel im ägäischen Meer. Hier gebiert Europa dem Zeus den Minos
Kritias	Er stammte aus einer alten attischen Familie; er war ein Schüler des Sokrates. Nach Athens Niederlage im Peloponnesischen Krieg war er einer der „Dreißig", die die Stadt regierten. Er ging skrupellos gegen die Gegner vor. Er fiel 403 v. Chr.
Kronion	Sohn des Kronos: Zeus
Kronos	Titan, Gott, Sohn des Uranos, den er entmachtete. Er wird von seinem Sohn Zeus entmachtet
Kroton	Stadt an der Südküste Bruttiums
Kyane	Nymphe; Nebenfluss des Anopos, der südlich von Syrakus ins Meer mündet
Kykles	Vater des Sängers und Dichters Arion

Kyklopen	einäugige Riesen, bei Homer Menschenfresser ohne Zivilisation, bei Vergil Schmiede, die im Aetna als Gehilfen des Hephaistos arbeiten
Kyme	1. Stadt auf der Insel Euböa 2. älteste griechische Kolonie in Italien, an der Kampanischen Küste, lateinisch: Cumae
Kypris	Aphrodite, die nach ihrer Geburt aus dem ins Meer gefallenen Samen des Kronos in Zypern an Land gestiegen sein soll
Kyrene	Stadt in Libyen
LACHES	Feldherr Athens im 1. sizilianischen Krieg 427/426 v. Chr.
M. Volusius Laevinus	Er verwaltete von 210–206 v. Chr. die Provinz Sizilien.
Laios	Vater des Ödipus. Er wird von seinem Sohn, der ihn nicht kennt, getötet.
Laistrygonen	Riesen. Sie vernichten die Flotte des Odysseus bis auf ein einziges Schiff.
Lakedaimon	Sparta
Laktanz	ca. 250 – ca. 325 n. Chr. Er hat zahlreiche Schriften über das Christentum verfasst; er war Lehrer des Kaisers Konstantin.
Laren	römische Hausgötter, Beschützer des Herdes
Latiner	italischer Stamm, zu dem auch die Römer gehörten
Latium	Region in Mittelitalien. In ihr liegt Rom.
Lavinium	die erste von Aeneas in Latium gegründete Stadt
Leda	Gattin des spartanischen Königs Tyndareos, Mutter der Dioskuren Kastor und Pollux und der Helena, die Zeus in der Gestalt eines Schwans zeugt. Nach einer anderen Überlieferung ist Tyndareos der Vater des Kastor.
Lemnos	Insel in der nördlichen Ägäis
Lesbos	der kleinasiatischen Küste vorgelagerte Insel
Leto	Von Zeus schwanger, gebiert sie die Zwillinge Apollon und Artemis.
Liber	italischer Gott der Fruchtbarkeit, das männliche Pendant zu Libera, als Dionysos hellenisiert
Libera	altitalische Göttin, Pendant zu Liber, Tochter der Ceres, als Kore oder Persephone hellenisiert
Libyen	Bezeichnung für Afrika westlich des Nils
Libysches Meer	der zwischen Nordafrika und Sizilien gelegene Teil des Mittelmeers

L. Licinius Lucullus	103 v. Chr. Proprätor in Sizilien. Er wurde 101 v. Chr. wegen Unterschlagung verurteilt und ging ins Exil.
P. Licinius Nerva	Proprätor in Sizilien 104 v. Chr. Er war der Anlass für den Ausbruch des 2. Sklavenkriegs.
Titus Livius	römischer Geschichtsschreiber (59 v. Chr. – ca. 17 n. Chr.). Der Titel seines Werks: „Ab urbe condita", „Von der Gründung der Stadt an". Es bricht 9 v. Chr. ab.
Lukas	1. Jahrhundert n. Chr., Begleiter des Apostels Paulus, Verfasser des Lukasevangeliums und der Apostelgeschichte
Lukian	ein Syrer, der im 2. Jahrhundert n. Chr. lebte und zahlreiche satirische Schriften auf Griechisch verfasst hat
Lukrez	ca. 97 – ca. 55 v. Chr., römischer Epiker. Er stellte in einem Lehrgedicht „Über die Natur" die Physik der epikureischen Philosophie dar.
Lykurg	König der Edonen, eines thrakischen Stamms
Lystra	Stadt in Kleinasien
MAENADEN	„die Rasenden", Frauen im Gefolge des Gottes Dionysos
Magna Graecia	Bezeichnung ursprünglich für die griechischen Kolonien am Tarentinischen Meerbusen; später auch für ganz Unteritalien, vereinzelt auch für Unteritalien und Sizilien
Maia	Mutter des Hermes, von Zeus als Stern an den Himmel versetzt
Manius Aquilius	101 v. Chr. mit Marius Konsul. Er beendete den 2. Sklavenkrieg. 100/99 v. Chr. verwaltete er die Provinz Sizilien als Prokonsul.
Mantua	Stadt in Oberitalien. In der Nähe ist 70 v. Chr. der Dichter Vergil geboren worden.
Marathon	Ort in Attika, bei dem die Griechen 490 v. Chr. die Perser besiegten
M. Claudius Marcellus	Er eroberte als Proconsul 212 v. Chr. Syrakus.
Mars	römischer Kriegsgott
Massilia	griechische Kolonie, heute Marseille
Matthaeus	Das unter seinem Namen überlieferte Evangelium ist zwischen 80 und 100 n. Chr. entstanden; der Verfasser ist unbekannt.
Meder	Perser
Medusa	eine der drei Gorgonen. Sie ist als einzige sterblich. Perseus schlägt ihr den Kopf ab.

Megallis	Ehefrau des Gutsbesitzers Damophilos
Megara	Stadt an der Landenge, die Mittelgriechenland mit der Peloponnes verbindet
Menelaos	mythischer König von Sparta, Gemahl der Helena
Milet	bedeutende Stadt in Kleinasien
Melkart	phönizischer Gott, schon früh in Verbindung mit Herakles gebracht
Merkur	römischer Gott, Götterbote, entspricht dem griechischen Hermes
Messenien	Landschaft in der Peloponnes
Minoer	Träger der minoischen bronzezeitlichen Kultur auf Kreta. In der 2. Hälfte des 2. Jahrtausends v.Chr. eroberten die Mykener die Insel.
Minos	König auf Kreta. Er verfolgte Daidalos bis nach Sizilien, wo er getötet wurde. Minos war wahrscheinlich kein Eigenname, sondern ein erblicher Titel.
Minotauros	halb Stier, halb Mensch, Spross eines Stiers und der Pasiphae, der Gattin des Minos
Mithras	indoiranischer Gott. Er wurde in der römischen Kaiserzeit besonders von Kaufleuten und Soldaten verehrt.
Moloch	Begriff, der im Alten Testament fälschlich als Name eines Gottes verwendet wird. Er bezeichnet Menschenopfer.
Motye / Mozia	von den Phöniziern an der Westküste Siziliens gegründete Handelsniederlassung
P. Mucius Scaevola	Er war Konsul 133 v.Chr., in dem Jahr, in dem Ti. Gracchus ermordet wurde. Er war gegen Gewaltanwendung.
Musen	Töchter des Zeus und der Mnemosyne, der Göttin der Erinnerung. Sie sind Göttinnen des Gesanges und der Dichtung.
Muttines	Anführer der Numider in Agrigent. Er verriet 210 v.Chr. die Stadt an die Römer.
Mykener	Träger der spätbronzezeitlichen Kultur auf dem griechischen Festland. Ihr Name ist von der Burg Mykene in der Peloponnes abgeleitet. In der 2. Hälfte des 2. Jahrtausends v.Chr. machten sie sich auch zu Herren von Kreta.
NAUSIKAA	Tochter des Königs der Phaiaken. Sie trifft als erste den schiffbrüchigen Odysseus und führt ihn ihrem Vater zu, der ihn in seine Heimat geleiten lässt.

Nausithoos	König, der die Phaiaken aus ihrer Heimat führt und in Scheria ansiedelt
Nautes	Berater des Aeneas
Nemea	Stadt in der Argolis (Peloponnes), Austragungsort panhellenischer Spiele
Nereis	Ehefrau Gelons II., des Sohnes und Mitregenten Hierons II.
Nereus	Meeresgott
Nomai	Stadt unbekannter Lage, bei der Duketios vernichtend geschlagen wurde
Numider	Afrikaner, die südlich und westlich Karthagos siedelten. Sie unterstützten im 2. Punischen Krieg die Römer.
Nymphen	weibliche göttliche Wesen
ODYSSEE	Epos Homers, das von der Heimfahrt des Odysseus nach der Zerstörung Trojas berichtet
Odysseus	griechischer Held im trojanischen Krieg. Von seiner Heimfahrt berichtet Homers „Odyssee".
Oedipus/Oidipus	Er tötet Laios, von dem er nicht weiß, dass er sein Vater ist.
Oeta	Gebirge in Thessalien
Okeaniden	Töchter des Okeanos
Okeanos	ein göttliches Wesen und der die Erdscheibe umfließende Strom
Oktavian	63 v. Chr. – 14 n. Chr. Ihm wurde 27 v. Chr. vom Senat der Ehrenname Augustus verliehen. Er begründete das römische Kaisertum.
Olympia	Ort in der Peloponnes, Austragungsort panhellenischer Spiele
Olympier	die Götter, die auf dem 2985 m hohen Olymp an der Grenze zwischen Makedonien und Thessalien ihren Wohnsitz haben: Zeus, seine Geschwister und Kinder
Orest	Sohn des Agamemnon und der Klytaimestra. Er tötet seine Mutter, um die Ermordung seines Vaters zu rächen.
Orestie	Tragödientrilogie des Aischylos, aufgeführt 458 v. Chr.: Agamemnon, Choephoren, Eumeniden
Orpheus	berühmter mythischer Sänger. Er begleitet sich auf einem Saiteninstrument. Begründer von Mysterien
Ortygia	Name einer Insel bei Syrakus, Kultstätte der Artemis, die auch den Beinamen „Ortygia" hatte

P. Ovidius Naso	römischer Dichter, 43 v. Chr. – 18 n. Chr. Er schrieb u. a. ein Epos mit dem Titel „Metamorphosen", „Verwandlungsgeschichten".
PAESTUM	im frühen 6. Jahrhundert v. Chr. als Poseidonia von der achäischen Kolonie Sybaris aus gegründet; berühmt durch Tempel des 6. und 5. Jahrhunderts v. Chr.
Palikaren	Zwillingspaar, Kinder des Herakles, als Götter und Heroen verehrt. Bei ihnen schwor man, sie bestraften die Eidbrüchigen. Ihr Heiligtum bot Asyl.
Palike	eine von Duketios im Inselinneren als Zentrum eines Sikelerreichs gegründete Stadt; benannt nach den Palikaren
Pallas	Beiname der Athena
Panormos / -us	„Allhafen", antiker Name für Palermo
Paris	trojanischer Prinz. Er raubt Helena, die Gemahlin des Königs Menelaos von Sparta, weil Aphrodite ihm „die schönste Frau" als Dank dafür vergesprochen hat, dass er nicht Hera oder Athena, sondern ihr den Preis der Schönheit zuerkannt hat.
Parmenides	bedeutender vorsokratischer Philosoph, ca. 540 – ca. 470 v. Chr.
Paros	Kykladeninsel in der Ägäis, berühmt durch ihren Marmor
Parthenon	Tempel auf der Akropolis von Athen, der der Athena Parthenos, der Jungfräulichen Athena, geweiht war. Der Fries zeigt u. a. die Prozession am Fest der Göttin, den Panathenäen.
Pasiphae	Gattin des kretischen Königs Minos, Mutter des von einem Stier gezeugten Minotauros
Paulus	Apostel, geboren ca. 10 n. Chr. Er erlitt wahrscheinlich unter Nero in Rom den Märtyrertod.
Pausanias	griechischer Reiseschriftsteller, ca. 115 – ca. 180 n. Chr.
Pegasos	Flügelross. Es wird von der Gorgone Medusa geboren, als Perseus sie tötet. Der Pegasosflug als die Inspiration des Dichters ist eine moderne Vorstellung.
Peloponnes	südliche Halbinsel Griechenlands, benannt nach Pelops
Pelops	Sohn des Tantalos. Er gewinnt im Wagenrennen die Tochter Hippodameia des Königs Oinomaos und wird König von Elis, einer Landschaft im Norden der Peloponnes. Als Heros wurde er in Olympia verehrt.
Penaten	römische Hausgötter, Beschützer der Vorräte

Penthesilea	Amazonenkönigin, die von Achill getötet wird. „Penthesilea": Drama von Heinrich von Kleist (1807)
Pergamon	Stadt an der kleinasiatischen Küste. In römischer Zeit war besonders das Heiligtum des Asklepios/Aesculapius berühmt.
Pergamonaltar	der in der kleinasiatischen Stadt Pergamon in der 1. Hälfte des 2. Jahrhunderts v. Chr. errichtete Altar. Der Fries zeigt den Kampf der Götter gegen die Giganten. Heute im Pergamonmuseum in Berlin
Periander	ca. 600–560 v. Chr. Tyrann von Korinth
Perikles	athenischer Staatsmann, seine Lebenszeit: bald nach 500–429 v. Chr.
Perilaos / Perilaus	Künstler, der den bronzenen „Stier des Phalaris" geschaffen hat
Persephone	Tochter (Kore) der Demeter. Sie wird von Hades geraubt. Die Mutter einigt sich mit Zeus: Die Tochter bleibt 1/3 des Jahres in der Unterwelt, weilt 2/3 auf der Erde.
Perseus	ein Heros. Er schlägt u. a. der Gorgone Medusa den Kopf ab und schenkt ihn Athena, die ihn unterstützt hat.
Petrus	Jünger und Apostel Jesu. Er erlitt nach kirchlicher Überlieferung 66 oder 67 n. Chr. in Rom den Märtyrertod.
Phaiaken	ein Volk, das auf der Insel Scheria lebt und den schiffbrüchigen Odysseus freundlich aufnimmt und nach Hause geleitet
Phaidra	Gemahlin des Theseus. Sie verliebt sich in ihren Stiefsohn Hippolytos, der sie zurückweist. Sie tötet sich, beschuldigt aber in einem Abschiedsbrief Hippolytos der Zudringlichkeit.
Phalaris	ca. 572–554 v. Chr. Tyrann von Akragas
Phidias	griech.: Pheidias, Bildhauer. Er war ca. 460–430 v. Chr. tätig; berühmte Werke: Gold-Elfenbein-Statue der Athena für den Parthenon, plastischer Schmuck am Parthenon, Gold-Elfenbein-Statue des Zeus für den Zeustempel in Olympia
Philistis	Ehefrau Hierons II., des Tyrannen von Syrakus
Phoenizier	Sie bewohnten das Gebiet des heutigen Libanon. Ein Volk der Seefahrer und Händler. Es gründete Handelsniederlassungen, u. a. auch in Sizilien.
Phokis	griechische Landschaft westlich von Böotien. In ihr liegt Delphi.

Phorkys	Sohn des Meeresgottes Pontos und der Erdgöttin Gaia. Er zeugt mit seiner Schwester Keto die Gorgonen.
Phrygien	Landschaft in Kleinasien
Pindar	griechischer Dichter der Chorlyrik, ca. 520 – ca. 440 v. Chr. Er schrieb Lieder für die Sieger sportlicher Wettkämpfe.
Piraeus	Hafenstadt von Athen
Pisa / Pisatis	Landschaft, in der Olympia liegt. Pisa ist auch eine Stadt in Elis. Der Name Pisa ist auch synonym mit Olympia verwendet worden.
Piso	siehe Calpurnius
Pithekusen	die Kyme (Cumae) vorgelagerten Inseln Ischia und Procida. Sie sind vulkanisch.
Pittakos	2. Hälfte des 6. / 1. Hälfte des 5. Jahrhunderts v. Chr., Staatsmann in Mytilene auf Lesbos. Er wurde zu den 7 Weisen gezählt.
Plataiai	in Böotien. Hier besiegten die Griechen 479 v. Chr. das persische Heer.
Platon	griechischer Philosoph, 427–347 v. Chr., Verfasser von Dialogen, in denen meistens Sokrates das Gespräch führt. Gründer der Akademie. Er reiste dreimal nach Sizilien, um Einfluss auf Dionysios I. und Dionysios II. zu nehmen.
Plautius Hypsaeus	135 v. Chr. Prätor in Sizilien
Plinius der Jüngere	61/62 – ca. 112 n. Chr., Politiker. Von ihm ist eine umfangreiche Sammlung von Briefen überliefert.
Plutarch	griechischer Schriftsteller, 45 – nach 120 n. Chr. Er schrieb u. a. Parallelbiographien berühmter Römer und Griechen.
Pluton	Gott der Unterwelt, Hades
Polos	Lehrer der Rhetorik, 5./4. Jahrhundert v. Chr., Gesprächspartner des Sokrates in Platons Dialog „Gorgias"
Polybios	griechischer Historiker, ca. 200–118 v. Chr., Verfasser u. a. einer Universalgeschichte der Jahre 264 – 145 v. Chr.
Polyneikes	Sohn des Ödipus. Er und sein Bruder Eteokles töten sich im Kampf gegenseitig.
Polyphem	Kyklop; bei Homer wild und unbändig, bei Theokrit ein unglücklich verliebter Schafhirt. Bei Vergil sind die Kyklopen Schmiede, Helfer des Hephaistos
Polyzalos	Bruder Gelons, des Tyrannen von Gela. Er siegte mit einem Viergespann 478 oder 474 v. Chr. bei den pythischen Spielen und weihte eine Statuengruppe nach Delphi. Zu ihr gehört der berühmte Wagenlenker.

Sextus Pompeius	Sohn des Cn. Pompeius. Von den Triumvirn Octavian, Antonius und Lepidus geächtet und proskribiert, eroberte er Sizilien. Nach anfänglichen Erfolgen erlitt er 36 v. Chr. eine schwere Niederlage. In Bithynien wurde er im Jahr darauf ermordet.
M. Porcius Cato Censorinus	234–149 v. Chr., Politiker, Autor eines Geschichtswerks und einer Schrift über die Landwirtschaft
Porta Collina	Tor in der alten Stadtmauer Roms am Quirinal
Poseidon	Sohn des Kronos, Gott des Meeres
Potifar	Oberst der Leibwache des Pharaos. Seine Frau versucht, Josef aus Israel zu verführen. Der bleibt standhaft, wird von der Frau aber beschuldigt, zudringlich gewesen zu sein. 1. Buch Moses, Kap. 39
Probus	römischer Kaiser 276–282 n. Chr.
Prometheus	Titan. Er wird von Zeus am Kaukasus aufgehängt, weil er ihn um das Opferfleisch betrogen und aus dem Himmel das Feuer gestohlen habe, um es den Menschen zu bringen.
Pseudo-Vergil	Name eines unbekannten Autors eines Lehrgedichts mit dem Titel „Aetna", das zwischen 60 und 65 n. Chr. entstanden ist. Es ist unter dem Namen Vergils überliefert.
Ptolemaios II.	König von Ägypten 285–247 v. Chr. Er war mit seiner Schwester Arsinoe verheiratet. Deshalb führte er den Beinamen „Philadelphos", „Der die Schwester liebt".
Punier	Phönizier
Pyrrhos	König von Epiros, einer Landschaft im Nordwesten Griechenlands. 279 v. Chr. wurde er von den Syrakusanern gegen die Karthager zu Hilfe gerufen. Er herrschte als König über Syrakus, bis er 276, als die Gefahr gebannt war, vertrieben wurde.
Pythagoras	vorsokratischer Philosoph. Er verließ 532/1 v. Chr. seine Heimat Samos und gründete in Kroton (Unteritalien) eine Lebensgemeinschaft. Er vertrat die Lehre der Seelenwanderung.
Pythia	Bezeichnung für die Priesterin, die die Orakelsprüche des Apollon in Delphi verkündete
Pythische Spiele	panhellenische Spiele, die in Delphi ausgetragen wurden
QUIRINAL	einer der 7 Hügel Roms

RHEGION	Stadt in Nähe der Meerenge zwischen Italien und Sizilien
Rheia / Rhea	Gattin des Kronos, Mutter des Zeus
Rhodos	griechische Insel in der Ägäis
Rupilius Rufus	132 v. Chr. Konsul. Er beendete den 1. Sklavenaufstand 132 v. Chr. und regelte die Verhältnisse in Sizilien neu.
SABINER(innen)	ein in der Nachbarschaft Roms lebender Volksstamm. Aus ihm raubten die Gründer Roms Frauen, um mit ihnen Familien zu gründen.
Salvus	Anführer der Sklaven im 2. Sklavenkrieg (104–100 v. Chr.). Er wurde von seinen Anhängern Tryphon genannt. Es ist unsicher, ob er ein Sklave war. Man kennt sein Lebensende nicht.
Samos	der kleinasiatischen Küste vorgelagerte Insel. Sie besaß ein berühmtes Heraheiligtum.
Saturnus	Er entspricht dem griechischen Kronos.
Satyros	Sklave, der sich nach der letzten verlorenen Schlacht des 2. Sklavenkrieges als letzter selbst tötete
Satyrspiel	Drama, das im Anschluss an die 3 Tragödien aufgeführt wurde. Der Chor bestand aus Satyrn, Begleitern des Gottes Dionysos. Den Inhalt bildeten ins Komische gewandelte heroische Stoffe.
Segesta	römischer Name für die Stadt Egesta
Selinus	Fluss, der westlich der nach ihm benannten Stadt Selinus ins Meer mündet
L. Annaeus Seneca	4–65 n. Chr., Erzieher Neros, Stoiker, Verfasser zahlreicher philosophischer Schriften und Briefe
C. Servilius	102 v. Chr. Prätor in Sizilien, 101 von Freunden seines Vorgängers Lucullus angeklagt und verurteilt
Sidon	Stadt in Phönizien
Sidonien	Phönizien
Sidonier	Phönizier
Sikanos	Es ist unklar, welchen Fluss Thukydides meint.
Simonides	griechischer Dichter der Chorlyrik, ca. 556 v. Chr. geboren, 468 in Akragas gestorben
Sisyphos	versucht u. a. vergeblich, dem Tod zum entrinnen. Zur Strafe muss er im Totenreich einen Felsblock immer wieder von neuem auf einen Berg wälzen.
Skamandros	Fluss, der in der Nähe von Egesta ins Meer mündet

Salamis	Insel im Saronischen Golf. Hier besiegten 480 v. Chr. die Griechen die Perser in einer Seeschlacht.
Sibylle	gottbegeisterte Prophetin. Nach ihr sind die sibyllinischen Bücher benannt, eine Sammlung von Ritualvorschriften.
Skylla	Homer beschreibt sie als ein Scheusal, das die Schiffer, die die Meerenge von Messina durchfahren, wie Fische fängt und verzehrt. Ihr gegenüber Charybdis
Sokrates	Philosoph. Er lebte und wirkte in Athen. Seine Lebenszeit: 469–399 v. Chr.
Sophokles	Tragödiendichter, 497/96–406 v. Chr.
Sophron	Er lebte in der 2. Hälfte des 5. Jahrhunderts v. Chr. in Syrakus, er schrieb Possen.
Soter	Retter, Beiname des Heilgottes Asklepios
Sparta	Stadt in der Peloponnes, Gegner Athens im Peloponnesischen Krieg
Spartacus	ein kriegsgefangener Sklave, Thraker. Er floh aus einer Gladiatorenschule und zettelte einen Aufstand der Sklaven an: 73–71 v. Chr.
Sphinx	dämonisches Wesen, Löwe mit Menschenkopf und Flügeln
Stesichoros	griechischer Dichter der Chorlyrik, seine Lebenszeit: ca. 640–ca. 555 v. Chr. Er wirkte in Himera.
Stheno	eine der 3 Gorgonen
Stoa	um 300 v. Chr. in Athen gegründete philosophische Schule
Strabo(n)	griechischer Historiker und Geograph: 65 v. Chr.–nach 23 n. Chr. Erhalten ist ein Werk mit dem Titel „Geographika".
Stymphalos	See in Arkadien
Sueton	Er lebte ca. 70–nach 121 n. Chr., Titel seiner Werke sind: „De vita Caesarum", Biographien der Kaiser von Caesar bis zu Domitian, „De viris illustribus", „Über berühmte Männer" (nur fragmentisch erhalten).
Sulmo	eine kleine Stadt in den Abruzzen in Italien, heute Sulmona, Geburtsort des Dichters Ovid
Susa	im Iran gelegen, Hauptstadt des Perserreichs zur Zeit der Großkönige Dareios und Xerxes 522–465 v. Chr.
TAINARON	Ort und Hafen an der Südspitze der Halbinsel Mani (Peloponnes)
Tanit	phönizische Göttin, Schutzgöttin von Karthago

Tarent	Stadt in Süditalien (Apulien) am Golf von Tarent
Teisias	Er gilt mit Korax zusammen als Begründer der Rhetorik als lehr- und lernbarer Technik. Er ist der Verfasser eines Lehrbuchs. Er lebte im 5. Jahrhundert v. Chr. in Syrakus.
Terillos	Tyrann von Himera, 483 v. Chr. von Theron vertrieben
Thales	Philosoph aus Milet, Vorsokratiker, ca. 625 – ca. 547 v. Chr.
Thanatos	Gott des Todes
Theben	Hauptstadt Böotiens, Geburtsort Pindars
Themistokles	Führer der griechischen Flotte, die 480 v. Chr. die persische Flotte bei Salamis besiegte
Theogonie	„Die Entstehung der Götter", Epos des griechischen Dichters Hesiod (Mitte des 7. Jahrhunderts v. Chr.)
Theokrit	Er stammte aus Syrakus, lebte im 3. Jahrhundert v. Chr. Er begründete das Genus der Hirtengedichte, der Bukolik. Seine Kritik galt dem dekadenten Stadtleben.
Therapnai	Kultort der Dioskuren bei Sparta
Timaios	Historiker aus Tauromenion (Taormina), ca. 350–255 v. Chr. Er schrieb u. a. eine Geschichte Unteritaliens und Siziliens von den Anfängen bis 264. Er ist die wichtigste Quelle Diodors. Es sind nur Fragmente erhalten.
Titanen	die vor den olympischen Göttern herrschende Göttergeneration. Im Titanenkampf werden sie besiegt und in den Tartaros geworfen.
Theron	Er gelangte 488 v. Chr. zur Herrschaft über Akragas, 483 über Himera. Mit Gelon von Syrakus besiegte er 480 v. Chr. die Karthager bei Himera. Er starb 472 v. Chr.
Theseion	ein dem Hephaistos und der Athena in Athen im 5. Jahrhundert v. Chr. geweihter Tempel. Wegen der Metopendarstellungen – Taten des Theseus – wird er fälschlicherweise Theseion genannt.
Thetis	eine Nereide (Tochter des Meergottes Nereus), die Mutter des Achill
Thersandros	Sohn des Polyneikes, des Sohnes des Ödipus
Theseus	mythischer Held, König von Athen, Sohn des Aigeus
Thrasybulos	Bruder und Nachfolger Hierons I., Tyrann von Syrakus. Er wurde nach kurzer Regierungszeit vertrieben (466/65).
Thrasydaios	Sohn Therons, des Tyrannen von Akragas. Er herrschte 472/471 v. Chr. über die Stadt, aus der er nach seiner Niederlage in einem Krieg gegen Syrakus vertrieben wurde.

Thrinakia	Insel des Sonnengottes Helios
Thukydides	griechischer Historiker, ca. 455 – ca. 400 v. Chr.
Tiberius	römischer Kaiser 14–37 n. Chr.
Timarchides	freigelassener Sklave, der in den Diensten des Verres stand
Timoleon	Korinther. Er landete 345/44 v. Chr. mit einer Flotte in Sizilien, um Syrakus gegen die Karthager beizustehen; er einigte die Griechenstädte und schlug die Karthager, rief Neusiedler aus Griechenland und Italien nach Sizilien. 336 v. Chr. legte er das Strategenamt nieder. Er starb – erblindet und hoch geehrt – in Syrakus.
Titus	römischer Kaiser 79–81 n. Chr.
Trajan	römischer Kaiser 98–117 n. Chr.
Trinakria	Sizilien
Troja	Stadt im Nordwesten Kleinasiens, Schauplatz des trojanischen Kriegs. Er ist das Thema des homerischen Epos mit dem Titel „ Ilias"
Trojaner	Einwohner von Troja
Troizen	Stadt an der Nordküste der Argolis
Tryphon	Syrer, der den syrischen Königsthron usurpiert hatte und von 142–138 v. Chr. regierte. Nach ihm wurde Salvus, einer der Anführer des 2. Sklavenkrieges, von seinen Anhängern genannt.
Tusculanum	ein Landgut Ciceros in der Nähe der Stadt Tusculum in Latium
Tyndareos	König von Sparta. Eine Version des Mythos macht ihn – und nicht Zeus – zum Vater des Kastor, der folglich als Sterblicher geboren wird.
Tyndariden	Söhne des spartanischen Königs Tyndareos: Kastor und Pollux, die Dioskuren. Nach Pindar war Zeus der Vater des Pollux (griechisch: Polydeukes).
Tyche	Göttin des Glücks, des Schicksals. Pindar nennt sie Tochter des Zeus. Lateinisch: Fortuna. Sie besaß einen Tempel in Syrakus. Ein Stadtteil von Syrakus war nach ihr benannt.
Typhoeus	siehe Typhon
tyrisch	phönizisch
Tyros	Stadt in Phönizien
Typhon / Typhoeus / Typhos	Titan, der sich in einen Kampf mit Zeus einlässt. Er unterliegt und wird bestraft. Der Ätna lastet auf ihm.
Tyrrhenisches Meer	das Meer zwischen Italien und den Inseln Elba, Korsika, Sardinien, Sizilien

URANOS	Himmelsgott. Er entsteht mit der Erdgöttin Gaia aus dem Chaos. Er wird von seinem Sohn Kronos entmachtet.
VALERIUS MAXIMUS	Er schrieb ein Buch „Denkwürdige Taten und Werke", das er dem Kaiser Tiberius widmete.
Vandalen / Wandalen	germanischer Stamm. Er gründete in Afrika ein Reich, das 442 n. Chr. von Rom anerkannt wurde und bis 534 n. Chr. existierte.
Venus	römische Liebesgöttin, mit der griechischen Aphrodite gleichgesetzt. Sie trug den Beinamen „Erycina" nach dem Heiligtum auf dem Eryx.
Vergil	P. Vergilius Maro, römischer Dichter, Verfasser u. a. der Aeneis. Er lebte 70–19 v. Chr.
C. Verres	73–71 v. Chr. als Proprätor Verwalter der Provinz Sizilien. 70 führte Cicero einen Prozess gegen ihn. Verres verließ Rom und ging ins Exil nach Massilia (Marseille). Dort fiel er 43 den Proskriptionen des Antonius zum Opfer.
Vitruv	Er lebte in der 2. Hälfte des 1. Jahrhunderts v. Chr. Sein Werk trägt den Titel „Über die Architektur".
Volcanus/Vulcanus	römischer Gott, mit Hephaistos identifiziert
L. Valerius Flaccus	Prätor 63 v. Chr., beteiligt an der Aufdeckung der Catilinarischen Verschwörung; 62 Statthalter der Provinz Asia. Er wurde wegen Erpressung angeklagt. Cicero erwirkte seinen Freispruch – obwohl er gewiss nicht unschuldig war.
XENOPHANES	vorsokratischer Philosoph, ca. 580–nach 478 v. Chr.
Xenophon	ca. 430–ca. 355, vielseitiger Schriftsteller; Schüler des Sokrates
Xerxes	486–465 v. Chr. persischer Großkönig. Er wurde 480 v. Chr. bei Salamis, 479 v. Chr. bei Plataiai von den Griechen besiegt.
Zeus	Sohn des Kronos, den er entmachtet. „Vater der Götter und Menschen". Als „Zeus Meilichios" wurde er in Selinus verehrt. Spender von Wohlstand und Reichtum. Zeus Hikesios: Schutzgott der Bittflehenden Zeus Xenios: Schutzgott der Fremden und Gäste Zeus Horkios: Schwurgott, bei dem die Teilnehmer der Olympischen Wettkämpfe schwören mussten, sich an die Regeln zu halten

ORTE IN SIZILIEN

Aetna	vulkanischer Berg an der Ostküste zischen Catania und Taormina; 1,3; 6,2; 18,4; 23,2; 24
Agrigento	siehe Akragas
Aitna	Stadt am Fuß des Ätna; 18,1
Akragas	Stadt an der Südküste; 3; 4,5; 5; 6,2; 10,1; 11; 12; 13; 14; 15,1; 18,4; 20,2; 21,3; heute Agrigento
Akrai	Stadt westlich von Syrakus; 18,1
Argyrion	Ort im Landinnern, nordöstlich von Enna
Drepanum	Hafen der Siedlung auf dem Berg Eryx an der West-küste; 2,3
Catania	siehe Katania
Egesta	Stadt östlich des Eryx; 2,1; 2,3; 6,2; 8,1; 9,1; 10,1; 18,4; heute: Segesta
Engyon	Stadt im Landesinnern; 11,1
Enna	Stadt, die als Mittelpunkt Siziliens gilt; 3; 6,1; 17
Erice	siehe Eryx
Eryx	Berg und Stadt an der Nordwestküste; 2,1; 2,3; 8,1; 8,5; 9; 11,1; heute: Monte Giuliano
Gela	Stadt an der Südküste; 11,2; 11,5; 15,1; 18,1; 18,2; 18,4; 20,2; 21,1
Monte Giuliano	siehe Eryx
Herakleia	siehe Minoa Herakleia
Himera	Stadt an der Nordküste östlich von Palermo; 4; 5; 11,4; 11,5; 12,5; 15,1; 17; 18,1; 18,4; 20,2; 21,1
Kale Akte	„Schöne Küste", Stadt in der Mitte der Nordküste; 3
Kamarina	Stadt an der Südostküste; 15,1; 18,1; 18,4
Kasmenai	Stadt westlich von Syrakus; 18,1
Katania	Stadt an der Ostküste; 23,2; 24
Kentoripa	Stadt westlich von Catania (heute Centuripe); 11,2
Lentini	siehe Leontinoi
Leontinoi	Stadt zwischen Syrakus und Catania, ein Stück land-einwärts gelegen; 3; 8,1; 10,1; 23,1; heute: Lentini
Lilybacum	Stadt an der Westküste; 6,2; 8,3; 10,1; 18,4; heute: Mar-sala
Marsala	siehe Lilybaeum; 1,3
Megara Hyblaia	Stadt an der Ostküste nördlich von Syrakus; 3,4; 10,1; 18,1; 18,2

Messana/Messina	Stadt an der Nordostküste an der Straße von Messina, ursprünglicher Name: Zankle; 1,2; 4; 6,1; 24: 25
Minoa Herakleia	Stadt an der Südküste zwischen Selinunt und Agrigent; 9,1; 11,1; 18,4; heute: Sciacca
Morgantina	Stadt im Landesinnern südöstlich von Enna, in der Nähe von Piazza Armerina; 6,2
Motye	Stadt an der Westküste; 2,1; 2,5
Palike	Stadt im Landesinnern zwischen Caltagirone und Catania; 3
Panormos/Palermo	Stadt an der Nordküste; 2,1; 5; 7,1
Piazza Armerina	Ort im Landesinnern südöstlich von Enna; 15
Porto Empedocle	Hafenstadt von Agrigent; 12,5
Sciacca	siehe Minoa Herakleia
Segesta	siehe Egesta
Selinunt	siehe Selinus
Selinus	Stadt an der Südküste; 4; 7,2; 7,4; 7,10; 8,1; 8,2; 10; 11,1; 11,5; 12,1; 12,5; 13,1; 18,4; 23,2; heute: Selinunt
Soloeis/Solus	Stadt an der Nordküste östlich von Palermo; 2,1; heute: Solunt
Solunt	siehe Soloeis
Syrakus	Stadt an der Südwestküste; 3; 4; 5,1; 6,2; 8,1; 8,2; 8,3; 10,1; 11,4; 11,6; 15,1; 17–22; 23,1; 24
Taormina	siehe Tauromenion
Tauromenion	Stadt an der Ostküste; 24,1; heute: Taormina
Termini Imerese	Stadt an der Nordküste westlich von Himera; 5
Triokala	Stadt in der Nähe von Agrigent; 6,2
Zankle	siehe Messina

Glossar zur Architektur

Abakus	Deckplatte, die das Kapitell abschließt
Adyton	das Allerheiligste, der Raum der Cella, in dem das Kultbild stand
Anten	die die Vorhalle begrenzenden Wände
Architrav	der Hauptbalken, der auf den Säulen ruht und den Oberbau trägt
Atlanten	männliche Steinfiguren, die an Stelle von Säulen das Gebälk tragen, Synonym für Telamone
Cella	Innenraum des Tempels
Diazoma	Quergang im Zuschauerraum des Theaters, von dem aus man seinen Sitzplatz erreichen konnte
Dorischer Tempel	wichtiges Kennzeichen ist die Säule; sie hat keine Basis, 16–20 scharfe Kanneluren und ein aus Echinus und Abakus bestehendes Kapitell. Der Architrav besteht aus einem Fries mit Metopen und Triglyphen.
Echinus	Teil des dorischen Kapitells. Kissenartiger Wulst zwischen Säulenschaft und Abakus.
Entasis	Schwellung des Säulenschafts
Jonischer Tempel	wichtiges Kennzeichen ist die Säule; sie hat eine Basis und ist schlanker als die dorische Säule; sie hat 20–24 Kanneluren. Das Kapitell besteht aus einem Volutenpolster und dem Abakus. Der Fries besteht aus einem reliefgeschmückten Band.
Kanneluren	senkrechte, konkav eingeschnittene Vertiefungen an Säulen
Kapitell	Kopfstück einer Säule
Kurvatur	Krümmung der Horizontalen von Gebälk und Stylobat
Metope	rechteckige Platte – häufig mit Reliefs geschmückt oder bemalt – zwischen 2 Triglyphen am dorischen Tempel
Monolith	Bauteil – meistens eine Säule – aus einem Stück
Naos	Tempel
Opisthodomos	Gegenstück des Pronaos, Raum, der sich an die Rückwand der Cella anschließt
Peristasis	die die Cella umgebenden Säulen
Pronaos	Vorhalle der Cella
Stylobat	die Basis, auf der sich die Säulen erheben
Telamone	männliche Steinfiguren, die an Stelle von Säulen das Gebälk tragen. Synonym für Atlanten

Triglyphe	eine Steinplatte zwischen den Metopen des dorischen Tempels, die dreimal unterteilt ist
Volute	spiralförmig gewundenes Ornament am jonischen Kapitell

LITERATUR

Architektur/Kunst/Kultur

Helmut Berve/
Gottfried Gruben/
Max Hirmer
Griechische Tempel und Heiligtümer, München (Hirmer), 1961

Adolf H. Borbein
(Hrsg.)
Das alte Griechenland, Kunst und Kultur der Hellenen, Gütersloh (Bertelsmann), 1995, S. 104 ff.

Fabio Bourbon/
Furio Durando
Magna Graecia. Kunst und Kultur der Griechen in Italien, München (Hirmer), 2004

Vinzenz Brinkmann/
Raimund Wünsche
(Hrsg.)
Bunte Götter. Die Farbigkeit antiker Skulptur, München (Glyptothek), 2004²

Erika Brödner
Die römischen Thermen und das antike Badewesen, eine kulturhistorische Betrachtung, Darmstadt (WBG), 1983

Birgit Carnabuci
Sizilien. Griechische Tempel, römische Villen, normannische Dome und barocke Städte im Zentrum des Mittelmeers, Köln (Dumont), 2005

Filippo Coarelli
(Hrsg.)
Römisches Süditalien und Sizilien. Kunst und Kultur von Pompeji bis Syrakus, Petersberg (Michael Imhof-Verlag), o. J.

Martin Dreher
Die Westgriechen: andere Griechen? in: Gymnasium 2009/6, S. 519–546

Ingeborg Guadagna
Sizilien, Leichlingen (Schroeder-Verlag), 1981²

Ernst Langlotz
Die Kunst der Westgriechen in Sizilien und Unteritalien, München (Hirmer), 1963

Dieter Mertens
Städte und Bauten der Westgriechen. Von der Kolonisation bis zur Krise um 400 v. Chr., München (Hirmer), 2006

Eckart Peterich
Italien III, München (Prestel), 1972³

Nikolaus Pevsner/ John F. H. Honour	Lexikon der Weltarchitektur, Darmstadt (WBG), 1971
Hans Schiebold	Heizung und Wassererwärmung in römischen Thermen. Historische Entwicklung – Nachfolgesysteme – Neuzeitliche Betrachtungen und Untersuchungen, Siegburg (Deutsche Wasserhistorische Gesellschaft), 2010
Andreas Willi	Sikelismos, Basel (Schwabe), 2008
Sizilien	Von Odysseus bis Garibaldi, Ausstellungskatalog, Berlin (Deutscher Kunstverlag) 2008

Geschichte

Martin Dreher	Das antike Sizilien, München (Beck), 2008
Josef Fischer	Griechische Frühgeschichte bis 500 v. Chr., Darmstadt (WBG), 2010
Adolf Holm	Geschichte Siziliens, Band 2, Aalen (Scientia-Verlag), 1979 (Nachdruck der Ausgabe: Leipzig 1874)
Martin Jahne	Die römische Republik. Von der Gründung bis zu Caesar, München (Beck), 2008[2]
Friedrich Kolb	Die Stadt im Altertum, Düsseldorf (Patmos), 2005
Caroline Lehmler	Syrakus unter Agathokles und Hieron II. Die Verbindung von Kultur und Macht in einer hellenistischen Metropole, Frankfurt/Main (Antike-Verlag), 2005
Detlev Lotze	Griechische Geschichte von den Anfängen bis zum Hellenismus, München (Beck), 2007[7]
Glenn E. Markoe	Die Phönizier, Stuttgart (Theiss), 2003
Theresa Müller	Die griechische Kolonisation im Spiegel literarischer Zeugnisse, Tübingen (Gunter Narr), 1997
Gilbert und Colette Charles-Picard	Karthago: Leben und Kultur, Stuttgart (Reclam), 1981

Michael Sommer	Sizilien. Insel im Schnittpunkt der Kulturen, Darmstadt (WBG), 2008
Volker Reinhard/ Michael Sommer	Sizilien. Eine Geschichte von den Anfängen bis heute, Darmstadt (WBG), 2010
Michael Stahl	Gesellschaft und Staat bei den Griechen: Archaische Zeit, Paderborn (Schöningh), 2003
Klaus Zimmermann	Karthago. Aufstieg und Fall einer Großmacht, Stuttgart (Theiss), 2010

Literaturgeschichte

Hermann Fränkel	Dichtung und Philosophie des frühen Griechentums, München (Beck), 1962
Manfred Fuhrmann	Geschichte der römischen Literatur, Stuttgart (Reclam), 2005
Thomas Paulsen	Geschichte der griechischen Literatur, Stuttgart (Reclam), 2005

Zu Homer:

Kurt Roeske	Die späte Heimkehr des Odysseus. Homers Odyssee, Texte und Deutungen, Würzburg (Königshausen & Neumann), 2005

Zu Pindar und Bakchylides:

Thomas A. Szlezák	Was Europa den Griechen verdankt, Tübingen (Mohr Siebeck), 2010, S. 107–130

Zu Platon:

Michael Foucault	Die Regierung des Selbst und der anderen, Frankfurt/ Main (Suhrkamp), 2009
Ludwig Marcuse	Plato und Dionys, Geschichte einer Demokratie und einer Diktatur, Berlin (Blanvalet), 1968

Zu Cicero:

Klaus Bringmann   Cicero, Darmstadt (WBG), 2010

Wissenschaft: Archimedes

Wilbut R. Knorr   Archimedes, in: Jacques Brunschwig/Geoffrey Lloyd
                          (Hrsg.): Das Wissen der Griechen, München (Wilhelm
                          Fink), 2000, S. 498–505

Reviel Netz/   Der Kodex des Archimedes. Das berühmteste Palimp-
William Noel   sest der Welt wird entschlüsselt. München (Beck), 2008
                          (5. Auflage)

Paul Strathern   Archimedes und der Hebel. Leben und Werk des größ-
                          ten Mathematikers der Antike, Frankfurt/Main (Fri-
                          cke), 1999

Religion

Jan N. Brenner   Götter, Mythen und Heiligtümer im antiken Griechen-
                          land, Darmstadt (WBG), 1996

Walter Burkert   Griechische Religion der archaischen und klassischen
                          Epoche, Stuttgart (Kohlhammer), 1977

ders.   Antike Mysterien, München (Beck), 1990

ders.   Wilder Ursprung. Opferritual und Mythos bei den
                          Griechen, Berlin (Klaus Wagenknecht), 1991

Hans Kloft   Mysterienkulte der Antike. Götter, Menschen, Rituale,
                          München (Beck), 1999

Kurt Latte   Römische Religionsgeschichte, München (Beck), 1960

Kurt Roeske   „Zeus, wer er auch immer sein mag" (Aischylos). Gott
                          und Mensch in der Antike, in: Deutsch-Griechische
                          Gesellschaft Wiesbaden 1959–2009, Wiesbaden (Chel-
                          mos), 2009, S. 37–56

Jörg Rüpke   Die Religion der Römer, München (Beck), 2001

Tanja Susanne Scheer (Hrsg.)	Tempelprostitution im Altertum, Berlin (Verlag Antike), 2009
Erika Simon	Die Götter der Griechen, München (Hirmer), 1969; 4. Auflage 1998
Ulrich Sinn	Olympia. Kult, Sport und Fest in der Antike, München (Beck), 1991
Paul Veyne	Die griechisch-römische Religion. Kult, Frömmigkeit und Moral, Stuttgart (Reclam), 2008

Mythos

Gerhard Binder/ Bernd Effe (Hrsg.)	Mythos. Erzählende Weltdeutung im Spannungsfeld von Ritual, Geschichte und Rationalität, Trier (WVT), 1990
Carl-Friedrich Geyer	Mythos. Formen – Beispiele – Deutungen, München (Beck), 1996
Karl-Joachim Hölkeskamp	Mythos und Politik in der Antike. Bemerkungen zu Begriffen und (Be)deutungen, in: K. J. Hölkeskamp/St. Rebenich (Hrsg.): Phaethon. Ein Mythos in Antike und Moderne, Stuttgart (Franz Steiner), 2009, S. 7–20

Literarische Werke der Neuzeit

Johann Wolfgang Goethe	Italienische Reise, Frankfurt/Main (Insel-Verlag), 1976
Johann Gottfried Seume	Spaziergang nach Syrakus, München (DTV), 1994
Marie Luise Kaschnitz	Syrakus, aus: Neue Gedichte, Sizilischer Herbst, Berlin (Claasen), 1957
Gerhard Zwerenz	Sizilianisches Gespräch, abgedruckt in: FAZ vom 27.11.1957
Rolf Hochhuth (Hrsg)	Von Syrakus aus, Reinbek (Rowohlt), 1995, S. 236, 265/66, 269

BÜCHER

- Begegnungen. Athen im Spiegel antiker Texte und Bilder.
  Zusammen mit W. Rottenkolber, Ffm (Haag + Herrchen), 1992
- Attika im Spiegel antiker Zeugnisse, ein kulturhistorischer Reisebegleiter,
  Ffm. (Fischer & Fischer Medien), 2003
- Nachgefragt bei Sokrates, ein Diskurs über Glück und Moral,
  Text und Interpretation der Apologie Platons, Würzburg (Königshausen
  & Neumann), 2004
- Die späte Heimkehr des Odysseus, Texte und Deutungen, Würzburg
  (Königshausen & Neumann), 2005
- Die verratene Liebe der Medea, Text, Deutung, Rezeption der Medea des
  Euripides, Würzburg (Königshausen & Neumann), 2007
- Venus und Aphrodite, von Homers lockender Hera bis zu Petrons ver-
  führter Witwe, Texte, Erläuterungen, Illustrationen, Würzburg (Königs-
  hausen & Neumann), 2008
- Antigones Tödlicher Ungehorsam, Text, Deutung, Rezeption der Antigo-
  ne des Sophokles, Würzburg (Königshausen & Neumann), 2009

HORBÜCHER in der Reihe LEBENDIGE ANTIKE

Bei Königshausen & Neumann in Würzburg
- Narziss und Echos Goldmund. Ovid / Benjamin Britten, 2005
  Brigitte Goebel (Rezitation), Kurt Roeske (Moderation) Christian Petrenz
  (Oboe)
- Ende gut – alles gut. Odysseus und Penelope. Szenen aus Homers Odys-
  see, 2007, Brigitte Goebel (Rezitation), Kurt Roeske (Moderation), Silke
  Aichhorn (Harfe)

Im Medienhaus Huff in Mainz
- Medea. Liebe – Rache – Wahnsinn (2008), Brigitte Goebel (Rezitation),
  Kurt Roeske (Moderation), Christian Petrenz (Oboe)
  Komposition: Anno Schreier: Medea-Phantasien für Oboe solo

*Kurt Roeske wurde 1933 in Potsdam geboren. Er studierte Klassische Philologie in
Frankfurt und Tübingen. Nach mehrjähriger Tätigkeit als Lehrer und Fachleiter für
Griechisch in Frankfurt übernahm er 1971 die Leitung des Dilthey-Gymnasiums in
Wiesbaden, von 1979 bis 1986 jene der Deutschen Schule in Athen und von 1986
bis zu seiner Pensionierung im Jahr 1997 die des Rabanus-Maurus-Gymnasiums
in Mainz. Von 1997 bis 2007 war Kurt Roeske Geschäftsführer der „Freunde der
Johannes-Gutenberg-Universität" in Mainz.*

ABBILDUNGSNACHWEIS